经济所人文库

杨春学集

中国社会科学院经济研究所学术委员会 组编

中国社会科学出版社

图书在版编目（CIP）数据

杨春学集/中国社会科学院经济研究所学术委员会组编.
—北京：中国社会科学出版社，2022.1
（经济所人文库）
ISBN 978-7-5203-9724-7

Ⅰ.①杨⋯　Ⅱ.①中⋯　Ⅲ.①经济学—文集　Ⅳ.①F0-53

中国版本图书馆 CIP 数据核字（2022）第 022955 号

出 版 人	赵剑英
责任编辑	王　曦
责任校对	殷文静
责任印制	戴　宽

出　　版	中国社会科学出版社
社　　址	北京鼓楼西大街甲 158 号
邮　　编	100720
网　　址	http://www.csspw.cn
发 行 部	010-84083685
门 市 部	010-84029450
经　　销	新华书店及其他书店
印刷装订	北京君升印刷有限公司
版　　次	2022 年 1 月第 1 版
印　　次	2022 年 1 月第 1 次印刷
开　　本	710×1000　1/16
印　　张	22.5
字　　数	325 千字
定　　价	126.00 元

凡购买中国社会科学出版社图书，如有质量问题请与本社营销中心联系调换
电话：010-84083683
版权所有　侵权必究

中国社会科学院经济研究所学术委员会

主　任　高培勇

委　员　（按姓氏笔画排序）

　　　　　龙登高　朱　玲　刘树成　刘霞辉
　　　　　杨春学　张　平　张晓晶　陈彦斌
　　　　　赵学军　胡乐明　胡家勇　徐建生
　　　　　高培勇　常　欣　裴长洪　魏　众

总　序

作为中国近代以来最早成立的国家级经济研究机构,中国社会科学院经济研究所的历史,至少可上溯至1929年于北平组建的社会调查所。1934年,社会调查所与中央研究院社会科学研究所合并,称社会科学研究所,所址分居南京、北平两地。1937年,随着抗战全面爆发,社会科学研究所辗转于广西桂林、四川李庄等地,抗战胜利后返回南京。1950年,社会科学研究所由中国科学院接收,更名为中国科学院社会研究所。1952年,所址迁往北京。1953年,更名为中国科学院经济研究所,简称"经济所"。1977年,作为中国社会科学院成立之初的14家研究单位之一,更名为中国社会科学院经济研究所,仍沿用"经济所"简称。

从1929年算起,迄今经济所已经走过了90年的风雨历程,先后跨越了中央研究院、中国科学院、中国社会科学院三个发展时期。经过90年的探索和实践,今天的经济所,已经发展成为以重大经济理论和现实问题为主攻方向、以"两学—两史"(理论经济学、应用经济学和经济史、经济思想史)为主要研究领域的综合性经济学研究机构。

90年来,我们一直最为看重并引为自豪的一点是,几代经济所人孜孜以求、薪火相传,在为国家经济建设和经济理论发展作出了杰出贡献的同时,也涌现出一大批富有重要影响力的著名学者。他们始终坚持为人民做学问的坚定立场,始终坚持求真务实、脚踏实地的优良学风,始终坚持慎独自励、言必有据的学术品格。他们是经济所人的突出代表,他们的学术成就和治学经验是经济所最宝贵的财富。

　　抚今怀昔，述往思来，在经济所迎来建所90周年之际，我们编选出版《经济所人文库》（以下简称《文库》），既是对历代经济所人的纪念和致敬，也是对当代经济所人的鞭策和勉励。

　　《文库》的编选，由中国社会科学院经济研究所学术委员会负总责，在多方征求意见、反复讨论的基础上，最终确定入选作者和编选方案。

　　《文库》第一辑凡40种，所选作者包括历史上的中央研究院院士、中华人民共和国成立后的中国科学院学部委员、中国社会科学院学部委员、中国社会科学院荣誉学部委员、历任经济所所长以及其他学界公认的学术泰斗和资深学者。

　　《文库》第二辑共25种，在延续第一辑入选条件的基础上，第二辑所选作者包括经济所学术泰斗和资深学者，中国社会科学院二级研究员，经济所学术委员会认定的学术带头人。

　　在坚持学术标准的前提下，同时考虑的是入选作者与经济所的关联。他们中的绝大部分，都在经济所度过了其学术生涯最重要的阶段。

　　《文库》所选文章，皆为入选作者最具代表性的论著。选文以论文为主，适当兼顾个人专著中的重要篇章。选文尽量侧重作者在经济所工作期间发表的学术成果，对于少数在中华人民共和国成立之前已成名的学者，以及调离经济所后又有大量论著发表的学者，选择范围适度放宽。为好中选优，每部文集控制在30万字以内。此外，考虑到编选体例的统一和阅读的便利，所选文章皆为中文著述，未收入以外文发表的作品。

　　《文库》每部文集的编选者，大部分为经济所各学科领域的中青年学者，其中很多都是作者的学生或再传弟子，也有部分系作者本人。这样的安排，有助于确保所选文章更准确地体现作者的理论贡献和学术观点。对编选者而言，这既是一次重温经济所所史、领略前辈学人风范的宝贵机会，也是激励自己踵武先贤、在学术研究道路上砥砺前行的强大动力。

《文库》选文涉及多个历史时期，时间跨度较大，因而立意、观点、视野等难免具有时代烙印和历史局限性。以现在的眼光来看，某些文章的理论观点或许已经过时，研究范式和研究方法或许已经陈旧，但为尊重作者、尊重历史起见，选入《文库》时仍保持原貌而未加改动。

《文库》的编选工作还将继续。随着时间的推移，我们还会将更多经济所人的优秀成果呈现给读者。

尽管我们为《文库》的编选付出了巨大努力，但由于时间紧迫，工作量浩繁，加之编选者个人的学术旨趣、偏好各不相同，《文库》在选文取舍上难免存在不妥之处，敬祈读者见谅。

入选《文库》的作者，有不少都曾出版过个人文集、选集甚至全集，这为我们此次编选提供了重要的选文来源和参考资料。《文库》能够顺利出版，离不开中国社会科学出版社领导和编辑人员的鼎力襄助。在此一并致谢！

一部经济所史，就是一部经济所人以自己的研究成果报效祖国和人民的历史，也是一部中国经济学人和中国经济学成长与发展历史的缩影。《文库》标示着经济所90年来曾经达到的学术高度。站在巨人的肩膀上，才能看得更远，走得更稳。借此机会，希望每一位经济所人在感受经济所90年荣光的同时，将《文库》作为继续前行的新起点和铺路石，为新时代的中国经济建设和中国经济学发展作出新的更大的贡献！

是为序。

于 2019 年 5 月

编者说明

《经济所人文库》所选文章时间跨度较大，其间，由于我国的语言文字发展变化较大，致使不同历史时期作者发表的文章，在语言文字规范方面存在较大差异。为了尽可能地保持作者个人的语言习惯、尊重历史，因此有必要声明以下几点编辑原则：

一、除对明显的错别字加以改正外，异形字、通假字等尽量保持原貌。

二、引文与原文不完全相符者，保持作者引文原貌。

三、原文引用的参考文献版本、年份等不详者，除能够明确考证的版本、年份予以补全外，其他文献保持原貌。

四、对外文译名与今译名不同者，保持原文用法。

五、对原文中数据可能有误的，除明显的错误且能够考证或重新计算者予以改正外，一律保持原貌。

六、对个别文字因原书刊印刷原因，无法辨认者，以方围号□表示。

作者小传

杨春学，男，彝族，1962年11月26日生于云南新平，1995—2017年在中国社会科学院经济所工作。

1979年考入云南大学经济系政治经济学专业，通过《资本论》的学习而对经济史产生了浓厚的兴趣，想探究落后国家贫困的根本原因。本科毕业论文题为《德国易北河以东地区的农奴制复辟问题》，获得刘云龙先生的精心指导。1983年考入同校外国经济思想史专业（硕士研究生），师从赵崇龄教授，学位论文为《李斯特经济发展理论研究》。

1986年毕业后，入职云南财贸学院（现为云南财经大学），先后在商业经济系、金融系、经济研究所（独立建制）从事教学和研究工作，讲授西方经济学概论、西方货币理论、国际金融等课程。在云南财贸学院工作期间（1986—1992年），围绕硕士学位论文的进一步深化，曾发表《论李斯特对〈国富论〉的发展》（1986）、《论李斯特的教育经济思想及其现实意义》（1987）、《李斯特思想再认识：经济发展理论》（1988），并翻译和出版李斯特的《政治经济学的自然体系》（其后附有《美国政治经济学大纲》）。

1992年考入中国社会科学院研究生院经济系，师从朱绍文先生，博士学位论文为《经济人与社会秩序分析》。1995年毕业后，入职中国社会科学院经济研究所，历任助理研究员、副研究员、研究员（2016年晋升为二级研究员），曾任经济思想史室副主任、当代西方经济理论研究室主任、副所长（2009年12月—2017年6月）、中国社会科学院研究生院经济系主任（2010年8月—2017年7月）、《经济学动态》主编（2010年5月—2017年7月）。其间，2001—2002年，以主任助理的身份，在云南经济贸易委员会挂职。

在经济研究所工作期间（1995—2017年），主持的主要课题有中国社会科学院重大课题两项——"经济增长理论的发展与比较研究"和"对自由市场的两种理解：芝加哥学派与奥地利学派的比较研究"、国家社会科学基金重点项目"经济思想史的知识社会学研究"、中国社会科学院创新工程项目"经济制度比较研究"（结项报告为《所有制理论与经验的国际比较研究》）。参与的主要课题有中国社会科学院重大课题"和谐社会建设与社会公平政策选择"、国家社会科学基金特别委托项目"西藏历史和现状综合研究"、国家社会科学基金特别委托项目"社会主义初级阶段基本经济制度研究"。

出版的著作主要有《经济人与社会秩序分析》（1997）、《凯恩斯》（2000）、《经济增长理论的内生化历程》（2007，主笔之一）《经济学名著导读》（2012，主编）、《对自由市场的两种理解：芝加哥学派与奥地利学派的比较》（2013，合著）、《排除农牧民的发展障碍——青藏高原东部农牧区案例研究》（2014，主编之一）、《中国基本经济制度——基于量化分析的视角》（2015，合著）、《突破思想瓶颈：改革40年的政治经济学》（2018，主编）、《市场与计划：谁是资源配置机制的最佳选择？》（合著，2019）。

《经济人与社会秩序分析》《利他主义经济学的追求》《和谐社会的政治经济学基础》等8项著述曾获中国社会科学院优秀科研成果奖。作为第二作者参与的集体性成果《包容性发展与社会公平政策的选择》获第十六届（2014年度）孙冶方经济科学奖（著作）。2013年获国务院颁发的政府特殊津贴证书。2016年获"中国社会科学院2013—2015年度科研岗位先进个人"荣誉称号。

2017年7月调入首都经济贸易大学，并获北京市属高校"高层次人才引进和支持计划"项目支持，任经济学院教授、硕士和博士生导师，兼任中国社会科学院大学教授、博士生导师；首都经济贸易大学校学术委员会主任（2019— ）、《经济与管理研究》主编（2018— ）。

兼任中国比较经济学研究会副会长（2013— ）、中国《资本论》研究会副会长（2016— ）、中国少数民族经济研究会副会长（2018— ）、北京外国经济学说研究会副会长（2011— ）。

目 录

论李斯特对《国富论》的发展 …………………………………… 1
关于经济学史上的"A. 斯密问题"及一种可供参考的解释 ……… 11
近代资本主义精神与新教伦理的关系
　　——韦伯命题的历史评论 ………………………………… 24
对英国产业革命中崛起的企业主阶层的经济学分析 …………… 36
利他主义经济学的追求 …………………………………………… 57
经济人与制度建设 ………………………………………………… 75
经济人的"再生":对一种新综合的探讨与辩护 ………………… 84
和谐社会的政治经济学基础 ……………………………………… 106
"社会主义经济核算争论"及其理论遗产 ……………………… 129
如何压缩贫富差距?
　　——美国百年历史的经验与教训 ……………………… 152
社会主义政治经济学的"中国特色"问题 ……………………… 175
私有财产权理论的核心命题:一种思想史式的注解和批判 …… 199
论公有制理论的发展 …………………………………………… 228
新古典自由主义经济学的困境及其批判 ……………………… 246
自由主义与主流经济学:基于经济思想史的考察 ……………… 267
西方经济学在中国的境遇:一种历史的考察 …………………… 289
所有制适度结构:理论分析、推断与经验事实 ………………… 313

编选者手记 ……………………………………………………… 339

论李斯特对《国富论》的发展

根据传统的评论，德国著名经济学家弗里德里希·李斯特（1789—1846）是以斯密为代表的古典经济学的反对者，他既反对斯密的自由竞争和自由贸易思想，也反对价值论。反对就意味着否定。这样，如果说李斯特对《国富论》作出过创造性的发展，似乎是一种谬论。其实不然。的确，李斯特在他的著作中对古典经济学（特别是斯密的学说）作了认真的述评。李斯特高度评价斯密的贡献，指出斯密"第一次成功地将分析法应用到政治经济学"中，并以此方法阐述了若干最重要的经济原理，从而"才使政治经济学成为一门科学有了可能"，因而他对经济学的贡献"在数量上超过了他以前或以后的任何人"。但是，"他的学说存在着许多缺点"，因此需要科学地发展。[①]

本文并不想对李斯特的经济学说作系统的评价，仅就主要方面，评论他对《国富论》的补充和发展。

一

李斯特对斯密《国富论》的最重要的发展是生产力学说。他批判斯密等人只重视价值和交换价值的分析，忽视了对生产力的研究。他再三强调他并不否定斯密价值理论的正确性，承认"就价格水平、地租、利润、工资、供给和需求、资本和利率方面而言，我们把价

[①] 李斯特：《政治经济学的国民体系》，中文版，第294页。

值理论看作不变地存在于一切民族和一切时代的坚定不移的原理。"①但是，要充分地解释"国民财富的性质和原因"，仅有价值、交换价值等概念是不够的，还需要使用"生产力概念"。换言之，除价值论外，还必须建立一个生产力理论。②

关于生产力问题，斯密的分析是肤浅的。他的主要论点是：劳动是财富的唯一源泉，增进国民财富的最重要途径是提高劳动生产力，即提高一国劳动者的劳动熟练程度、技巧和判断力；劳动生产力的这些要素，甚至包括机器的发明和运用，都是分工的结果。③ 对斯密的这种观点，李斯特评论说，一切财富都是人通过脑力和体力的活动（即劳动）而取得的，是这种活动的结果，这是毫无疑问的。但并不能以此为理由说，劳动是财富的唯一源泉。因为一国物质财富生产量的多寡，不仅仅取决于投入的劳动量，最重要的是取决于社会生产物质使用价值的能力，即"国民生产力"。体力型的劳动力并不是生产力的唯一要素，"个人的身心力量"、科学技术和文化水平等"社会状态"、"国家所掌握的自然资源"、"国家所拥有的作为个人以前身心努力的物质产品的工具（即农业的、工业的与商业的物质资本）"，都是国民生产力的要素和源泉。

李斯特是这样来论证他的生产力思想的：如果说劳动创造财富，那么什么创造劳动，亦即促使人的大脑和手足从事生产活动的是什么？使这种活动取得有效结果的又是什么？他的回答是，劳动的起因是对个人直接有鼓励、激发和促进作用的那种精神力量，这直接取决于"个人的生产力"状况，特别是劳动力的智力素质，使个人的劳动可以获得有效成果的是社会的各种状况和个人在劳动中能够利用的各种物质资源。因为有劳动能力和愿望的劳动者要能充分发挥作用，主要还有赖于个人所处的社会状况。这包括"科学与艺术

---

① 李斯特：《政治经济学的自然体系》，1983年英文版，第41页。
② 李斯特：《政治经济学的国民体系》，中文版，第122、121、47页。
③ 亚当·斯密：《国民财富的性质和原因的研究》上卷，郭大力、王亚南译，商务印书馆1979年版，第5—11页。

是否发达：公共制度与法律对于宗教品质、道德和才智、人身和财产安全、自由和公道这些因素是否能有所促进？国内的物质发展、农工商业这些因素是否受到一视同仁的、相称的培养？国家是否有足够强大的力量，可以保障它的国民在财富和教育方面世世代代发展下去，可以使他们不仅能够充分利用本国的天然资源，而且通过国外贸易和殖民地的占有，还能够把国外的天然资源供他们自己来利用？"①

  从上述这种对生产条件的研究中，李斯特得出的结论是，构成现代文明社会的物质财富基石的，主要不是直接形式的体力劳动，不是人本身在实际生产过程中的劳动强度，而是智力劳动，是人的创造能力的发挥和运用。因此作为社会创造使用价值的能力的生产力，不仅取决于国民的身心素质，如是否勤恳耐劳、节俭、有活力和进取精神，也取决于这个国家的国民可以利用的资源（包括自然资源和过去劳动所创造的物质资料）；不仅取决于它的科学技术和文化水平、组织管理经验，也取决于它的政治体制、公共管理、自由程度、政治保障和法律的稳定性。在这些因素中，李斯特特别强调劳动力的素质和科学技术的作用，明确指出只有科学技术发达、拥有充足的有经验的管理者和智力型劳动力的国家，才能够有效地利用其现有的物质资源，开发新的自然资源。②

  斯密在寻求"国民财富的性质和原因"的答案时，第一次意识到劳动生产力的重要作用。但是，由于他把劳动者在劳动时所表现出来的熟练、技巧和判断力等生产力因素都看作分工的结果，即使对他自认为的生产力的起因——分工，也只是用交换、资本积累的增加和市场的扩大这些因素来解释，这就使他不能深入探讨生产力概念的思想内容，即便是对他极为重视的劳动力本身也没有作出全面的分析，教育在他那里所起的直接作用只是纠正分工对人的不良后果。斯密的生产力思想并没有在原来的古典经济学家之中获得发

---

  ① 李斯特：《政治经济学的国民体系》，中文版，第121页。
  ② 参见《政治经济学的自然体系》，英文版，第66—67页。

展。即便是李嘉图，虽然满怀热情地歌颂生产力的发展，也只是更明确地提到资本积累、机器的运用对生产力发展的作用而已，仍然没有超出斯密的分析。他们都没有对生产力的内涵作出明确的说明，并且常常把生产力与作为生产力表现形式的劳动生产率混为一谈。

李斯特第一次明确宣布，生产力是开发"新的生产资源"、创造物质财富的能力或"动力"。① 他直接从斯密所确定的劳动是财富的创造者的观点出发，把分析深入到劳动的动因、劳动力的素质和劳动力作用的有效发挥中，把教育、科学技术、劳动者的技能和经营管理经验、过去劳动所创造的物质资料和自然资源与生产力概念不可分割地联系在一起，把它们看成社会生产力的构成要素，从而形成了较完整的广义生产力概念，创造性地发展了斯密的有关思想。他直接从社会生产的研究中抽出生产力概念，这在方法论上也是正确的。但是，由于他没有科学的抽象法，把宗教、法律、行政管理，甚至婚姻制度和王位的继承等一切社会、政治制度因素都看作生产力的源泉，谓之"政治生产力"，却是完全错误的。他没有认识到这些因素虽然会抑制或促进生产力的发展，但本身并不是经济因素，更不是生产力的源泉。

二

李斯特对《国富论》的另一个重要的直接发展是协作和社会分工理论。我们知道，斯密是极为重视分工问题的。《国富论》开篇的前三章所考察的都是分工。他以闻名于世的制针工场为例对分工作了经典性的解释，指出分工的主要经济效果在于提高劳动生产率。这是因为，第一，分工使各个劳动者专注于某一种工序，有助于劳动技能的提高；第二，分工使各个劳动者专门从事某一固定的工作，可以避免转换工种上的虚耗劳动时间；第三，分工有助于机器的发

---

① 李斯特：《政治经济学的国民体系》，中文版，第47页。

明、改进和利用。后人都把这一分析奉为经典。

李斯特对这种分析却不以为然，认为这虽然是斯密的一个杰出的思想，但它并没有彻底揭示出分工有助于劳动生产率的提高这一自然法则的本质。这一法则的本质特征，不限于同一生产过程划分为几个工序分别由几个人来完成，更重要的是各种活动力、智力和资源为了同一生产而进行的联合或协作。他仍沿用斯密制针工场为例来说明这一论点。① 分工要产生充分推进生产的作用，参加同一生产的每个人就必须在体力、精神上共同协作，在空间上彼此尽量靠近，而且各部分的劳动之间必须有适当的比例，上一工序必须按时按量为下一工序提供半成品或原料，以保证生产过程的连续性；否则就会打乱整个生产的秩序，生产成本就会增加，分工的利益就会减少，或者，若其中一人脱离了协作的关系时，其余的人轻者收入大减，重者岂不陷入失业状态？因此，在分析分工与劳动生产率提高的关系时，应该强调的不仅是"分"（即某人固定从事某种劳动），还有"合"，亦即从事同一物品生产的不同工序的各个人之间在精神和时空上的配合或协作。的确，虽然协作是在分工的基础上自发地产生的，但二者是同一个发展过程即社会劳动过程发展的两个方面，而且是客观上不可分割的两个方面。如果只重视专业化，而忽视协作关系的重要性，必然无法对分工促进劳动生产率的作用作出完整的解释，因为协作也有它自己的规律——直接产生一种大于各分量和的新的生产力。

斯密的制针工场例子所说明的只是企业内部的分工，他并没有具体地深入分析社会分工。在他看来，可以以企业内部的分工作为一种模式来建立整个社会经济的分工，从而混淆了这两种不同层次的分工的本质区别。企业内部的分工、协作与社会分工、协作，是不能作简单的类推的。企业内部的分工总是直接地和有计划地进行的，而社会分工则是通过各产业、各企业之间的商品交换来实现的；

---

① 李斯特：《政治经济学的国民体系》，中文版，第 132—133 页。

因而企业内部的协作基本上只是生产的综合体，而整个社会经济的协作始终是一个生产和消费的综合体。

　　李斯特意识到了这一点，并以相互联系的观点来考察社会分工。制针工场要依赖于其内部个别个人生产力的协作，才会获得发展。同样的道路，无论哪一种产业，都只有依赖于其他一切产业的密切配合，才会获得顺利的发展。例如，要使机器制造业顺利地进行生产，必要的充分条件是：从供给方面看，它能够从其他产业获得所需的各种资源，如从采掘业和钢铁工业那儿购买到必不可少的原材料，从农业部门买到必需的基本生活资料，从劳动力市场上雇用到合格的工人；从需求方面看，各个需要使用机器的产业愿意向它购买产品，即销售有保证。如果买不到钢铁、煤等原材料，或是它的产品无人购买，都会导致机器制造业的停滞或衰退，进而对其他相关的产业产生不利的连锁反应。为了从理论上阐明这一观点，李斯特提出了"生产力的平衡或协调"的概念。① 所谓生产力平衡，就是国民经济各部门（包括精神生产）之间形成的一种相互适应、相互促进的和谐状态。他认为，就整个社会来说，一国最重要的分工是"精神工作与物质工作之间的划分"，而在"物质生产中最重要的……是农业与工业之间的划分"，"商业只是农业与工业之间以及它们各部门之间的交流中介"，但对国民经济也是不可或缺的。建立在这种社会分工基础之上的国民经济各部门是相互依存、相互制约的，从而形成一个不可分割的有机整体。这种相互联系的机制，就是相互需求和相互供给。因此，客观上要求各产业之间彼此形成一种相互适应的关系。由此产生的相互促进而形成的综合力，是一国生产力和经济获得高度发展的最基本源泉。这种综合生产力必然大于个别部门生产力的简单总和。要获得这种重要的"合"力，农工商业和航运铁路交通业必须共同地、按比例地发展；艺术和科学、教育以及一般的文化事业等精神生产必须与物质生产处于同等的基

---

① 李斯特：《政治经济学的国民体系》，中文版，第141页。

础上；各部门内部的各行业之间也必须形成按比例的发展。①

无疑地，李斯特的协作思想是对斯密的分工学说的崭新的发展。协作也会创造一种新型的生产力，而且正是由于协作的性质才使分工提高劳动生产率成为可能，这是斯密根本没有考虑过的。"生产力平衡"概念虽然是《国富论》劳动分工学说在整个国民经济范围上的重建，但是在新的思想基础之上却展开了斯密没有具体论述的社会分工思想。特别地，李斯特把精神生产和物质生产作为社会分工的最高层次，认为社会经济的发展要求二者处于同等受重视的地位，这些观点是颇为深刻的，至今仍有新意。斯密的正统后继者，由于坚信"看不见之手"的作用——指引国民经济和谐发展，因而对《国富论》的分工学说没有作出像李斯特那样的新贡献。但是，李斯特并没有把斯密的分工论发展到较完整的程度，他既没有深入分析协作如何造成新的生产力，对协作本身也没有作历史的剖析，因而没有建立起科学分工和协作学说。这一项工作是由卡尔·马克思完成的。②

三

李斯特对《国富论》的发展，并不限于生产力和分工问题。实际上，他的许多思想与斯密并没有本质的冲突。他的各种观点几乎都是在肯定斯密某一理论的基本要素的基础上提出的。例如关于劳动自由、废除农奴制和封建义务、取消内地关卡和桥梁道路通行税、统一度量衡等观点，都是符合斯密学说的精神的。但是，他的这类观点往往被人们所误解。其中，误解最大的是对外贸易思想。

李斯特以倡导幼稚工业保护学说而闻名于经济理论史学界。然而这只是他的国际贸易思想的一部分。斯密和李嘉图无条件地宣扬自由贸易学说的绝对有效性。因此，李斯特指责他们没有考虑到各

---

① 参见李斯特《政治经济学的国民体系》，中文版，第 153、323 页。
② 参见《资本论》第 1 卷，第 13—14 章。

国经济发展水平的不平衡性的事实。他坚持认为,自由贸易和保护贸易二者本身是无所谓好坏优劣的。究竟何种政策有利于经济的发展,要视该国当时所具备的各种条件和所达到的经济发展水平而定。如果一国正处于经济发展的第一阶段,各种社会制度还没有获得充分的发展,工业有待建立,还是一个典型的传统农业国,那么此时该国就应该采取自由贸易政策,加强与先进国家和地区的经济技术交往,输出农产品,输入工业品。以此作为一种手段,在求得农业发展的同时,打破停滞的状态。当经济发展到第二个阶段,这一阶段的特点是,工业尚处于初步发展的新兴时期,并已具备使这种工业成长壮大的物质资源和人力资源的条件,但国际市场上已存在着一个在这一工业上拥有绝对竞争优势的国家。在这种情况下,对外就必须采取保护幼稚工业的贸易政策,以此促进这一产业的成熟,从而带动整个经济向前发展。一旦幼稚工业脱离了"幼稚"状态,已经成长起来,并有足够的力量与外国资本竞争,这就预示着一个新时代的开始——经济发展进入了第三个阶段。在这个发展阶段,必须逐步恢复自由贸易政策,让本国产业在国内外市场上与他国进行无限制的自由竞争,使从事农工商业的国民在精神上不至于松懈,这样还可以鼓励他们不断努力于保持既得的优势地位。[1]

斯密和李嘉图都错误地认为,各国应专业化生产什么产品主要是由各自的自然资源状况决定的,因而也没有考虑到国际分工格局会随着社会经济条件的变化而变化。在他们看来,工业生产力是某些国家,特别是英国所特有的天赋才能,这就潜在地否定了落后国家借助人为的经济政策实现工业化的努力。李斯特透彻地揭示了这一弱点,说英国"绝没有从上帝手里取得垄断工业的永久权利,不过在时间上它比别的国家占先了一步而已"。优势只是相对于一定时间而言的一个相对概念,是一种可变的状态。影响优势的因素不仅仅是自然条件,还有各种社会经济条件,诸如劳动力的素质、管理

---

[1] 参见李斯特《政治经济学的国民体系》,中文版,第101—105、155—156页。

制度的效率、科技发展水平，等等。对工业来说，特别具有重大意义的因素是后一类，这类因素是社会历史发展的结果，其特点是动态性，因而可以借助人为的方式培养这类因素，形成某种优势。李斯特幼稚工业保护说的根本立足点，就在于此。他明确指出，凡是具有建立工业所必需的物质、精神和社会条件的国家，在工业优势上就具有同等的能力，即使是暂时落后的国家，也可以根据国情，选择适当的政策（包括外贸政策），培养各种生产力因素，发展社会生产力，最终建成发达的工业。[①]

虽然斯密采用的是演绎和历史相混合的方法，但是他对国际贸易理论的某些方面缺乏历史的和动态的理解，对各国资本主义发展的差别如何使落后国家实行贸易保护成为必要和可能，没有能够获得认识。李嘉图也是如此。李斯特看到了他们这一缺陷，并通过经济发展阶段学说表述了具有重大现实意义的落后国家贸易政策的通论。在这个意义上，李斯特显然已经成功地弥补了《国富论》在贸易理论上的缺点。

四

如果说李嘉图在资产阶级所能容许的范围内，把斯密的价值论和分配论推向了最高峰，那么可以说，李斯特则把《国富论》中其他领域的一些光辉思想，特别是生产力和分工学说推向了一个新的高峰，极大地丰富了斯密的学说。即使是我们一直认为李嘉图已经作了较完善发展的比较利益说，他也以其对优势概念的动态理解作了重要的补充。

李斯特之所以能够对《国富论》作出重要的补充和发展，主要是因为：

第一，虽然李斯特与斯密生活在不同的时代和国度，但都是新

[①] 埃里克·罗尔：《经济思想史》，中文版，第223页。

兴产业资本利益的代表,二者有着共同的目标——促进新兴资本主义的发展。李斯特时代,英国已进入机器大工业生产时代,但德国的大工业还只是在障碍丛生的环境中刚刚起步。李斯特所赞美的就是德国的这种"新生的生产力"。正是在这种意义上,英国当代经济学家埃里克·罗尔认为,"李斯特应属于古典学派才比较贴切"。①

第二,李斯特所处的时代,经济较发达,因而他能够对斯密所生活的工场手工业时代尚未明显地表露出的重要因素作出分析和总结。例如他所概括的各项生产力因素,特别是他强调的科学技术、劳动力的智能、管理等要素,作为相对独立的生产力因素而在社会经济生活中发挥决定性的作用,是在英国产业革命中第一次鲜明地表现出来的。

第三,李斯特坚信经济理论没有抽象的绝对有效性。他总是基于历史和现实细致地考察所接受的经济观点,并在具体的经济条件下提出自己的观点。这特别明显地表现在他的贸易政策思想上。

第四,李斯特有一个较公正地对待任何一位经济学家及思想的可贵准则:"一个作家,他的理论基础也许始终是完全错误的,但是对科学的个别部分仍然有可能提出极有价值的见解和推动。"② 这一评价标准也适用于李斯特自己。

(原载《经济问题探索》1986 年第 8 期)

---

① 埃里克·罗尔:《经济思想史》,中文版,第 223 页。
② 李斯特:《政治经济学的国民体系》,中文版,第 303 页。

关于经济学史上的"A. 斯密问题"
及一种可供参考的解释

一

所谓"A. 斯密问题",是德国历史学派于19世纪中叶提出来用以说明亚当·斯密的理论体系之矛盾,并借此对斯密信徒们的理论方向和方法论提出批判的一个诘难。这个诘难曾经轰动一时,即便现在也是一个使西方经济学说史家感到头痛的问题。这个诘难的基本内容是:《道德情操论》(*The Theory of the Moral Sentiments*, 1758)中的人性论述与《国民财富的性质和原因的研究》(*An Inquiry into the Nature and Causes of the Wealth of Nations*, 以下简称《国富论》)(1776)中的人性论述是不一致的,因而构成斯密整个理论体系的一个逻辑矛盾。具体而言,最初提出这一诘难的历史学派(主要是海斯贝克、莱昂和昂肯等人)认为,斯密在前一部分论著中把"同情心"或利他主义视为人类行为的最强有力的动机,以此作为一种形成社会纽带和秩序的主要源泉;但在《国富论》中,他又把追求自身利益或利己主义看作人类行为的最根本动机,并把它视为社会秩序和公共利益的根本源泉。在他们看来,《国富论》的"经济利己主义者"的行为是根本不考虑国家、民族和社会的利益的,因此不能把这种行为视为普通利益的主要来源。

这种诘难提出之后,立即就有学者试图解释这个所谓"A. 斯密问题",德国旧历史学派的重要代表人物之一卡尔·克尼斯就是最早的解释者。克尼斯于1853年在《历史方法观的政治经济学》中认为，斯密写作《道德情操论》时，深受休谟和哈奇逊的影响而把同情心看作公益行为的轴心，但是在1764—1766年陪伴巴克勒公爵到欧洲大陆旅游期间，因为受到重农学派的"唯物"哲学的影响，观点发生巨变，把社会秩序和公益的基础从同情心改变为利己心。克尼斯的这种解释曾获得广泛的接受，尽管仍有争议。

之后，英国历史学家 H. T. 巴克勒于 1861 年提出一种颇为不同但影响深远的解释。他认为，斯密不曾改变自己的看法，不外是在探讨同一问题的两个方面而已："在《道德情操论》中，他把我们的行为归因于同情；在《国富论》中，他则把这些行为归因于私利。人们不用细读这两部著作就能证实这个根本差别的存在，并且会发现两者是相辅相成、互为补充的。所以，要想了解一方，就必须研究双方。"[①] 他的具体解释是，斯密的前一论著以同情心是人类大部分行为的动机为前提，并把论证限制在这一前提之内，而后一论著以利己心是其余的人类行为的动机为前提，并把论述限制在此前提之内。换言之，斯密在探讨人的经济行为时以假设受利己心的支配为前提，而探讨其他行为时以同情心动机为前提。因此，两部论著在逻辑上并无矛盾。巴克勒的这种解释曾遭到许多德国学者的反驳。威道尔德·冯·斯卡尔钦斯基在 1878 年曾对这种反驳意见作过权威性的总结和表述。他继承克尼斯等人的观点，指出，斯密的观点前后确实经历过变化。但他补充说，斯密在这两本书中没有就人性问题提出过什么新的观点，他的伦理学观点不过是休谟哲学的翻版，经济学则继承了重农学派的衣钵。

在新历史学派与奥地利学派关于方法论的大论战中，"A. 斯密问题"又成为争论的焦点之一。新历史学派责难说，古典学派把人的经济行为仅仅归结为受私利动机所推动，这样一种假设是毫无根据的：因为人类的行为动机是多种多样的，仅仅把自利动机分离出来并以此为基础来解释人类复杂的行为，势必导致错误的结论，忽

[①] 转引自 D. 拉波希尔《亚当·斯密》，中译本，中国社会科学出版社 1990 年版，第 117 页。

视经济活动的伦理动机。门格尔等人讽刺说，德国历史学派的"伦理主义经济学"只是"中世纪禁欲论的世界观"的翻版，最多也不过是"对人类经济的道德描述"。他们指出，古典学派并非没有认识到人类行为动机的复杂性，斯密本人就曾在《道德情操论》中详尽地研究过各种行为动机；只不过从科学方法论的角度出发，出于严密的抽象演绎法的需要，斯密等人在研究问题时把那种被认为是最顽强的动机——追求自身利益的强烈愿望——抽象出来，作为其分析基点。就是说，《道德情操论》和《国富论》在人类的行为动机和人的本性问题上的观点并没有什么冲突。

这场论战虽然以新历史学派的败北而渐渐消声，但"A. 斯密问题"并没有得到彻底的解决。这一问题一直以这样或那样的方式被提到，时至今日也没有成为历史。例如，美国著名的经济思想史学家 R. L. 海尔布鲁诺和里马就持不同的解释。海尔布鲁诺认为，《道德情操论》旨在探讨道德的认可与否定的起源，回答这样的问题：人类作为一种自利的动物，是如何去形成道德判断，以使其自利心受到制约，或上升到一种更高的层次呢？斯密的答案是，人类能够以一个超然的第三者的身份，去形成对某一情境的一种同情性认识，亦即具有非自私自利的、己所不欲勿施于人的胸怀。《国富论》不过是把调解社会上所有成员的自利冲突的机制归结为竞争。① 海氏对"A. 斯密问题"的否定是断然的：即使是《道德情操论》，也把人视为利己的动物！

里马的解释却是：个人获得社会赞许的愿望以及对他自己道德心的评判是社会道德的基础。"这种道德判断和标准的社会起源理论，是弥漫于《国富论》的个人与国家利益和谐的学说之根本基础。个人所追求的所有经济利益主要是在社会过程中获得的。个人、作为他们生活在其中的社会之产物，必须关心社会的认可。因此看来，可以把《道德情操论》中阐述的同情学说解释为《国富论》中提出

---

① R. L. 海尔布鲁诺：《改变历史的经济学家》，中译本，志文出版社 1983 年版，第 100、107—110 页。

的自然秩序学说的理论先驱。"①

至于我国的经济学界，广为流传的观点仍然是：《道德情操论》从同情心出发来研究道德世界，而《国富论》却以利己心为出发点来研究经济世界。但是，对这二者的关系并没有给予进一步的解释，实际上，根本就不曾认识到西方史学界上早已著名的"A. 斯密问题"的意义。也许是有鉴于此，陈岱孙教授以醒目的标题《亚当·斯密思想体系中，同情心和利己主义矛盾的问题》来解释之。陈老认为，"A. 斯密问题"是"一个假象"。言下之意，这是一个不成其为问题的问题。他的主要理由是：这两部论著，作为斯密"道德哲学"这一学科的两个构成部分，"两个不同的论点成为两本书各有的强调重点，是完全可以理解的；不能因之而认为两者就必然构成不可调和的矛盾"。况且，在《道德情操论》中，斯密已多次提到利己主义。②

要对斯密经济学的深层结构进行反思，就需要研究它的基本价值体系并认识它与文化背景的关系。《道德情操论》无疑是《国富论》的价值体系和文化背景的重要组成部分。对这二者关系的任何简单解释，都是不利于深化斯密经济学的研究的。因此，"A. 斯密问题"绝非一个无足轻重的问题，有必要进一步深入探讨之。

二

在斯密的这两部论著中，真的不存在"A. 斯密问题"所揭示的矛盾吗？我认为，这种矛盾是确确实实地存在的。依我的理解，这种矛盾主要体现在两个方面：

第一，斯密探讨经济问题时无一例外地以利己心作为行为假

---

① 英格利德·哈恩·里马：《经济分析的发展》，理查德·D. 欧文出版公司1986年版，第72—75页。

② 陈岱孙：《亚当·斯密思想体系中，同情心和利己主义矛盾的问题》，《真理的追求》1990年第1期。

设，而且在《国富论》中探讨其他的社会问题时仍然使用这一假设。但是，在《道德情操论》中，他探讨非经济问题时却以同情心为主要基点。

第二，在《国富论》中，斯密把经济内在秩序的形成归于利己心，并且把受这种动机支配的个人行为视为普遍利益的源泉。但在《道德情操论》中，他却把社会政治秩序的形成归之于以同情心为基础的道德行为和道德准则，特别地，把利己心视为混乱或不安的根源。

我们先考察第一方面。在分析人的经济行为时，斯密一直是以利己心为基点或假设的。即便在《道德情操论》中也是如此。例如，他写道：农业工人、佣人、管家和其他打杂的下人，"所有这些人都是通过地主的奢侈和任性才获得那份生产必需品的，但是期望通过他的人道和公正获得这些东西则是徒劳的。……雇用成千工人为他们干活的唯一目的就是去满足自己虚荣和贪得无厌的欲望，但是对于所有生产进步的成果，他们都要与穷人一起分配。他们被一只看不见的手引导，分配给所有人的生活必需品几乎相等……于是就增进了社会的利益，提供了人类繁衍的手段，虽然他们没有意识到这一点，也没有打算这样做"[①]。

但是，除了涉及经济的段落之外，在《道德情操论》中，斯密把作为利他主义行为动机而出现的"同情心"看作整个社会的一种主要黏合剂。在这种意义上，斯密认为，同情心能帮助人们形成适应社会需要的态度，并会对个人的行为产生一种赞同与否定的机制。由于几乎所有的人都希望得到别人的尊重和讨厌受到蔑视，这种机制会使社会规范在行为上和态度上趋向一致。

在《道德情操论》中，斯密强调，自爱自保虽然是人的"原始感情"，但并不具有道德价值和社会意义。只有以同情心为基础的"社会感情"才能使我们"顾及他人，少为自己，节制我们的自私感情，

---

① 斯密：《道德情操论》，英国贝尔出版公司 1911 年版，第 236—237 页。

发扬仁慈、仁爱，这就构成了完美的人性"①。在他看来，人毕竟是社会动物，人性的完美是对利己感情的超脱，是仁慈仁爱的光大。因此，人性的完美是一个由自爱到他爱的逐步完成的过程。人的这种社会本质包含着对社会的爱。"对于一个有德性的人来说，爱自己阶层或集团的利益必然更甚于爱自己个人的利益；而爱国家的利益又更甚于爱本阶层和集团的利益。"②"按照完善的谨慎、严格的正义和合理的仁慈之规则而行动的人，可以说是具有最完美德性的人。"③

因此，通观《道德情操论》，始终被强调的主题就是人与人之间的相互同情，把仁慈、公正作为人的行为的最高道德法则。在他看来，自爱这种"原始感情"并非人性之本，人性的根本在于它所具有的仁爱与同情的本质。一个真正有德性的人，应该关心他人、同情他人、爱人如己、爱社如家，因为，对这种完美的人来说，其幸福存在于与他人的相互同感之中。即便是对于定义为"关于保存的必要条件之取得"的"谨慎"，他亦强调"它综合了英勇、广泛而强烈的仁慈、对正义原则的尊重以及所有为自我要求的合理程度所维持的美德"，以示有别于孟德维尔等人的自爱美德。

与《道德情操论》不同，在《国富论》中，斯密认为并且强调，追求自身的经济利益这一动机体现在人类行为和活动的每一个方面，而不唯独经济活动如此。关于经济活动中利己心的中心地位的论述，最经典且最常被引用的是那个众所周知的面包师的例子。我们重点考察《国富论》如何把利己动机假设运用于非经济行为的分析，因为这是被学者所忽略的领域。实际上，既然个人"改善自身状况的愿望……从胎里出来一直到死，从没有一刻放弃过这种愿望"，那么，为什么这种愿望会因为某些人从事其他的非经济活动而被打断或放弃呢？当然不会！因此，《国富论》在许多处把个人利益原则运用于研究政治行为和社会行为。

---

① 斯密：《道德情操论》，英国贝尔出版公司1911年版，第27页。
② 斯密：《道德情操论》，英国贝尔出版公司1911年版，第338页。
③ 斯密：《道德情操论》，英国贝尔出版公司1911年版，第349页。

在政治行为方面，《国富论》提及最多的是各种立法和政策制定的深层动机。斯密尝试着以集团的经济利益来解释这些政治行为。例如，立法当局在规定雇主和雇员的关系时，向来都是以雇主为顾问的，因此，有关立法（如固定工资法）所反映的是雇主的经济利益。君主，出于削减债务和减少债务支付的经济动机，采取通货贬值政策和打击高利贷行为的高利贷法。[①] 就是说，公共决策者们的政治行为也是以维护某一集团的经济利益或追求个人利益为动机的。甚至政府的起源亦是财产所有者出于保护财产的考虑。[②]

在社会行为方面，《国富论》所提到的最著名例证也许是教育方面。斯密认为：如果教师的收入与学生的学费相脱离，那么就会使教师的义务与利益处于对立的状态，有违教师的个人利益原则。由于无论他是否履行义务以及履行效果如何，其报酬都完全一样；在这种情况下，他的真实利益就在于对教学尽量敷衍了事、找点有利可图的其他事做。如果权力掌握在学校法人团体之手，而其成员又是教师，那么这些教师就会形成一种默契，各个人以容许疏忽义务为条件，而宽宥同辈疏忽其义务。他们会把这样做看作共同的利益。[③] 斯密指出，当时的牛津大学就是这种典例。在他看来，要解决这种问题，向教师进行道德说教是一种愚蠢的举动，有效的救治方法在于建立一种以努力和成就为基础的报酬制度。

我们接着来考察第二方面。

在《道德情操论》中，斯密把人的美德看作社会秩序得以建立的基础，而美德起源于人与人之间的同情。正是这种同情心，产生出克己自制、仁慈仁爱、正义感这类人的最高尚的品质。一方面，这些品质使一个人能够以"公正的旁观者"的"他我"身份审视自

---

① 参见斯密《国民财富的性质和原因的研究》上卷，中译本，商务印书馆1979年版，第24、30、83页。

② 参见斯密《国民财富的性质和原因的研究》上卷，中译本，商务印书馆1979年版，第273页。

③ 参见斯密《国民财富的性质和原因的研究》下卷，中译本，商务印书馆1979年版，第320—321页。

己的行为，使自我的良心永远苏醒，使自己能够永远履行道德义务，从而达到自觉地按"同情命令式"而行动的境界，亦即按照一般的道德法则行事。另一方面，也正是这些品质，使个人能够爱社如家，亦即：第一，是对现存制定的宪法或政权形式的某种尊重和尊敬；第二，是像我们所能够做到安全、尊敬和愉快一样，诚挚地希望给我们的同类公民提供条件。[1]

但是，与同情不同，自爱自利往往会导致"非社会情感"，诸如"暴躁、乖逆、慵惰、淫逸和沉溺于口腹声色"，这类恶德会"扰乱个人以及整个人群的幸福"[2]。因此，《道德情操论》多次以批判或控制的形式提出利己心。

然而，在《国富论》中，斯密却把利己动机视为社会经济秩序形成过程和公共利益的核心。具体而言，个人对财富的追求推动着各个人进行分工协作、交换、积累资本、把各种生产要素投向最需要的行业等最终有利于社会的事业。但是，这种自利心及其行动不会造成混乱的局面。社会上所有成员追求自身利益的过程中会自发地产生调节机制——竞争和伴随之的"看不见之手"。因为，当一个人的贪婪之心促使他逾越公认的行为准则时，其他人便会利用他的贪婪之心，把他的生意抢走。因此，受"看不见之手"的引导，个人的自利动机将会被人与人之间的竞争行动所转化，从而产生出意想不到的结果：社会的繁荣与和谐。

从上述两大方面的考察可以看出，两部论著的主题思想确实是不一致的，甚至还有冲突。在《道德情操论》中，个人是基于同情心并受"公正的旁观者"所指导而把人类引向幸福与完善的。但在《国富论》中，却是"看不见之手"把人的利己活动引向公共利益。

在《道德情操论》中，斯密把集体利益和国家利益置于个人利益之上，认为只有如此行事，才能形成有德之人；但在《国富论》中，他却从个人利益引申出公共利益，后者是前者的一种副产品；

---

[1] 斯密：《道德情操论》，英国贝尔出版公司1911年版，第339页。
[2] 斯密：《道德情操论》，英国贝尔出版公司1911年版，第四部分第二章。

然而，这种"经济人"如何能成为《道德情操论》中那种有德性的人呢？实际上，到晚年，斯密本人也明确地意识到后一种矛盾。因此，他在1789年修订的《道德情操论》中增加标题为"论道德情操的堕落。堕落的原因是我们倾向于羡慕有钱有势者，而鄙视贫穷卑贱者"的一章。在此章中，他指出，人们崇奉地位和财产，虽然有助于维护社会秩序和确立权威，但与智慧和道德相比，是完全错误的，而且"是使我们的道德情操堕落的巨大而极普遍的原因"。这一事实说明，尽管在经济生活领域，斯密不得不承认追求自身利益的动力作用，但他始终没能把对利己动力的赞美与有德性人的形成协调起来。

三

作为后世的研究者，我们的职责在于，如何对上述矛盾作出解释？要对这种矛盾作出符合斯密原意的理解和解释，第一，必须考虑到早期关于利己与利他关系的学术争论；第二，必须考虑到斯密有关法律和政治制度方面的看法，特别是他1762—1764年所写但直到1896年埃德温·坎南才整理出版的《关于法律、警察、岁入和军备的演讲》（下文简称《演讲》）；第三，必须细致地考察斯密关于支配人类行为的利己心与同情心的作用关系及其协调机制对社会所起的作用效果的分析。就整体和思想主流而言，在斯密本人看来，后人提出的"A. 斯密问题"是不存在的，最起码是不成其为严重问题的。

在《道德情操论》中，斯密就把支配人类行为的动机归纳为自爱、同情心、自由愿望、正义感、劳动习惯和交换倾向六种，并认为，这些动机之间存在着相互制约的关系，因而，会通过自身的细致平衡，使个人的利益不至于与其他人的利益和公共利益发生冲突，不仅如此，还会在追求自身利益的过程中包含其他人的利益。例如，自爱虽是人的本能，但它会受到作为"人的本性"特征的同情心的约束，使自爱产生的追求私利的行为处于某种合理的范围之内。

斯密的这种观点显然得益于围绕着霍布斯的《利维坦》(1651)而展开的一场旷日持久的争论,特别是直接来源于参与和推动这场争论的昆布兰、沙夫茨贝里、巴特勒和哈奇逊等人的论著。他们极力反对霍布斯、洛克、孟德维尔的人性自私论,认为人性结构中除自爱利己外还有仁爱和利他动机,而且理性的人生来就具有一种道德感或道德力。正是这种道德力,协调着自爱与仁爱,使利己本性的发挥不至于窒息利他本性的发展,从而形成个人利益和社会利益之间并行不悖、互相促进的关系。

正是在总结这些前辈的观点的基础上,斯密在《道德情操论》中形成他自己的各种动机自然平衡和调节的看法,后来的著述把主要行为动机由同情心转移到利己心上,再在《国富论》中具体运用之。这种分析重心的转移,我们在他18世纪60年代初期的著述中就可以找到。[①] 此时,他就已经把个人的利己心看作人的各种情欲和情感的基础,看作行为选择的准绳:利己心是"支配个人的一切行动,使其在某一问题上根据利害观点采择某一行动的原则"[②]。

斯密并不认为,受自我利益动机支配的个人行为不会与社会发生冲突。相反,他在许多方面都提到和分析这种冲突。不同的是,《道德情操论》把冲突的化解重托于同情心和正义感,18世纪60年代初的著述主要寄希望于"正义的法则"——法律,《国富论》寄希望于竞争机制。但是,必须特别注意的是,这三部著述中都始终把外在强制视为制约自利行为的重要力量,只不过是强调的程度不同而已。在对外在强制的强调方面,可以看到洛克、休谟等人对斯密的显著影响。

在《道德情操论》中,斯密就已看到,人本身是不完善的动物,集各种各样相互冲突的品质于一身,"可以增进或扰乱个人以及整个

---

① 我认为,斯密对人的行为的主要动机之看法确实有变化,但显然并非出自早期德国历史学派所说的那种原因。

② 斯密:《关于法律、警察、岁人和军备的演讲》,中译本,商务印书馆1962年版,第260页。

人群的幸福","一切政治只不过是对于个人的智慧及品德的缺陷之不完善的补救而已"。良好的社会制度和政治制度将能够给那些既有益于个人完善又有助于其他人的幸福的人之品质提供发挥作用和培养的环境，同时又能够有效地控制那些损人害己的恶劣品质。[①]

在18世纪60年代初的著述中，斯密侧重于分析上述"补救手段"。在他看来，正义"是靠权威来贯彻的，是人为法的规则和法规领域"，与同情心和仁爱一样，仅仅借助于它，只是"为人类完美德性的取得提供必要但不是充足的条件"。《道德情操论》所详尽分析的同情心和仁爱，与《演讲》所分析的"正义的法则"，共同构成"完美德性"的充足条件。他认为，"正义的法则"要借助于行政立法、权威和强力等来确证和维持，因而它是一种社会性道德的贯彻，具有外在的客观强制性。换言之，《道德情操论》中的"自我动机"在这里将受到作为正义感的具体体现的法律的强制约束。但是，在这里，斯密仍然没能彻底摆脱早期的观点："每个人都感觉到这个原则（即公共利益）对维护社会正义和安宁的必要性"，"使人们去服从政府的，正是这种公共利益感，而不是私人利益感"。[②] 就是说，人们之所以遵守法律和其他社会制度，并非出于利己的考虑，而是出自基于同情心的公共利益的考虑。

《国富论》却在把人的所有行为都归结为追求个人利益的基础上，综合和发展早期的思想。具体化到经济学中，斯密就形成这样一种总体的看法：自由竞争市场并不能带来一个完美无缺的世界，但它能够造成这样一种环境，在这种环境中，每一个不完善的人都可以按照自己的方式，根据自己对利益的不完善的构思，从事对经济目的之追求；然而，正是在这种追求过程中，每个人的创造能力都能得到充分的发挥，并且受"无形之手"的引导，这种制度最有可能造成一个富足与昌明的社会。当然，在这种社会经济中，仍将

[①] 参见斯密《道德情操论》第四部分第二章。
[②] 斯密：《关于法律、警察、岁入和军备的演讲》，中译本，商务印书馆1962年版，第37页。括号内的文字为引用者所注。

存在法律和其他人为的限制，但它们所扼制的只是人的破坏性的本能和行为，亦即那些出于"卑下的自私自利"动机而有损于整体利益的行为。

这里，我们要特别强调《国富论》对于个人追求自身利益的行为会无意识地产生出有利于社会整体这种结果所要求的"适当的法律和制度的框架"。斯密认为，市场经济的内在规律——竞争和"无形之手"会使经济人的行为自愿地限制在彼此有利的界线之内。但是，在遵守这种制度时，各个经济人仍然都可能会破坏追求纯财富最大化的基本要求，某方的私人优势超过另一方时就会发生前者侵犯后者利益的现象，例如工业家或商人密谋"欺骗甚至压迫大众，以谋取暴利"就属于这种情况。因此，还需要某种制度化的外在强制行为约束，防止厂商滥用权力、操纵市场和哄抬物价，以保证所有个人的正当利益。

就是说，要保证经济人的自利行为有利于社会，仅有市场规律的限制是不够的，还必须有外在的规则或法律制度的强制。斯密本人就具体地指出过，为防止厂商不择手段地追求自我利益，某些政治管理措施是必要的。例如，国家应当制定法律以保证公平交易、信守合同；国家不应对某些行业或经济群体提供优惠。即使是在"最明白最单纯的自然自由制度"下，也只是把经济权力分散于整个社会，而不是简单地取消政府的权力。在这种情况下，政府要发展教育、制定法律和建立制度，以此促进个人利益追求者转向公共利益，但不能由此而袒护某一产业或集团的利益。

关于斯密这方面的思想，有学者曾精辟地指出："《国富论》的主题是关于建立这样一种社会制度，在这种制度中，追求自己私利的个人必然会对社会总体利益作出贡献。"[①] 的确，在斯密看来，只要能建立起这样一种制度（那就是他心目中的"自然秩序"），那么，就不必以道德说教去劝说人们行善，只需将自利的本能合理化

[①] R. 赫策尔、项晓军、冯蓉蓉：《"回到亚当·斯密"的西方经济思潮》，《国外社会科学》1981 年第 4 期。

为一种社会德性,这样,就可以放心地使善事成为自利行为的一种副产品。

真的就可以放心了吗?不。正如我们前面提到1789年《道德情操论》修订的情况所表明的那样,斯密晚年已经认识到,经济人孜孜不倦地追求物质利益,最终会成为"道德情操堕落的巨大而极普遍的原因"。这种结果是无论如何也无法与同情心和仁爱为本的"德性完美者"联系在一起的,更无法与斯密心目中的那个以同情心为"人的本性"的人道社会协调一致。

实际上,有关利己和利他的协调和关系问题,西方学者的探讨和争论已持续三百多年,至今也没能在理论上形成较为一致的看法。承认斯密也没能解决这一理论难题,并无损于他作为一个伟大学者的形象。他,作为一个经济学家,终生致力于要在理论上认识和解决道德与物质利益的关系,以及如何调解个人利益与社会利益的矛盾,并确立相应的社会经济制度。虽然这一理论努力没有使问题获得真正科学的彻底解决,但却对人类历史—思想史和实践产生了巨大的影响。正是在这种意义上,我们可以引用西斯蒙第对斯密的下述评论作为本文的结束语:"我们是依靠他才发现他自己所没有发现的真理的;然而,如果一定要把他没有完全阐明的观点一一罗列出来,就未免是一种可笑的虚荣了。"①

(原载《云南财贸学院学报》1992年第4期)

---

① 西斯蒙第:《政治经济学新原理》,中译本,商务印书馆1983年版,第45页。

近代资本主义精神与新教伦理的关系

——韦伯命题的历史评论

马克斯·韦伯（1864—1920）作为西方一代思想大师，其研究成果是多方面的；就经济学方面而言，最能体现他的学术精粹的是他在《新教伦理与资本主义精神》[①]（1904—1905）、《经济与社会》[②]（1921—1922）和《世界经济通史》[③]（1923）等著作中所探讨的近代资本主义精神形成的分析。其论点曾引起西方学术界的广泛研究，但我国经济学界尚未给予应有的重视。有鉴于此，本文力图根据他的有关著述和有关的历史背景，评论他的著名论点。

一　对韦伯分析逻辑的历史诠释

与他那个时代其他德国学者一样，韦伯深信：每个历史时代都有它自立的"精神"，包括人们的行为规范、价值目标、奋斗目的等，赋予每个时代以它自己的特殊性质。这种表现为人的社会心态的时代精神的发展，虽然也取决于社会的技术、法律和行政管理制度等因素，但与特定社会的文化背景有着某种内在的渊源。这种精神在很大程度上可以决定一个社会经济建设的成功或失败。但与其他学者不同，韦伯强调宗教精神对个人的经济心态的形成和发展有

[①] 参见韦伯（Weber, Max）《新教伦理与资本主义精神》，黄晓东、彭强译，四川人民出版社1986年版。

[②] 参见 *Economy and Society*, Beckeley, University of California Press, 1978.

[③] 《世界经济通史》，姚曾廙译，上海译文出版社1981年版。

着深刻的影响。他具体关心的，主要是新教伦理与近代资本主义精神之间的关系。因为，他认为，以"形式理性"的精确计算和客观考虑来实现"本质理性"所追求的价值或目标，这种现象只是普遍出现在近代资本主义阶段。

什么是韦伯的"近代资本主义精神"呢？那就是西欧近代兴起的市场经济所要求的一套新的经济伦理规范和生活态度。因而，"资本主义精神"是一个复合词，它的基本内容包括：人人应承担"诚实交易""遵守承诺""守时"等义务和责任，并且以"刻苦""勤奋""忠诚"等态度来对待各自的职业，以精确的理性计算来使资本和劳动的组织合理化，小心而又有远见地追求经济成功。

韦伯强调，这些经济伦理中所体现出来的"资本主义精神"使近代资本主义有别于以往社会经济制度中所存在的那种利用特权、与政治权力勾结、不合理的投机甚至不择手段地追求物质财富的"谋利欲"有着本质的差别。"谋利欲"并不是近代资本主义市场经济精神的本质表现，甚至与后者毫无关系。

因此，贪得无厌的心态绝不等于资本主义精神。相反，资本主义精神倒是可以等同于节制，甚而可以等同于合理缓和这种不合理的冲动。因为体现这种精神的经济行为典型地表现为：以利用市场交易机会谋利为基础，对可供利用的达到预期目的之方法进行谨慎的计算和调整，以期取得最大利润。

显然，符合资本主义精神的道德之源泉不可能来自统治着中世纪西欧的天主教的经济道德观。这种道德观认为，经济动机是人的一种强有力的欲求，但不值得称赞，因为经济生活与道德目的无关；追求维持生计所必需的财富是人的正当权利，但追求更多的财富则不是进取，而是贪婪，贪婪是一种不可饶恕的罪恶[1]。因此，中世纪社会处处限制、约束谋利行为。

历史毕竟要无情地按照它自身的内在规律向前发展，冲破各种

---

[1] R. H. Tawney, *Religion and the Rise of Capitalism*, London, Pengium Books, 1948, p. 44.

人为的束缚。不管反对谋利的说教势力多么强大，进入 16 世纪之后经济关系的巨大变化已经使这类说教显得极为虚伪。这种变化的压力开始慢慢地修改着"商人从来得不到神的欢心"这一古老的断语，并创造出"全世界只靠金钱和尘土来维持"这一箴言。16—17 世纪的英国政府甚至出于发展贸易和经济的考虑，实施宗教宽容政策，接纳受迫害的西班牙新教徒、法国胡格诺教徒等。但即便在那时的英国，在利用市场交易赚钱并将超出直接需要之外的财富自愿积累起来以便再投资方面，仍然缺乏意识形态上的合理性。就是说，中世纪社会的宗教制度不能满足新兴的商人和资本家的宗教和道德需要，社会只是把这一新兴阶层的行为当作事实加以宽容而已，因而就出现了一个道德真空。在韦伯看来，新教伦理正好适应历史的要求，填补了这一真空，从而解除了人们适应市场以追求谋利时的心理障碍，促进了近代资本主义精神的兴起和发展。

韦伯论证这一命题的起点是加尔文主义新教的"预定论"和"天职观"。据说，上帝创世时就把人分为"选民"和"弃民"两种，并由此决定了人世间努力的成功或失败。根据这种教义的解释，个人是否可以得救，已由上帝决定在先，即便是最虔诚的信仰和崇高的善行这类后天的行为，也无法改变已被决定的命运。但对于自然想知道自己是否属于"上帝的选民"的人们，加尔文肯定地告诉他们只有一条道路：听从"神的召唤"，恪守信义，并为赎罪而在世俗职业中努力恪尽天职，从而就能获得超度。

根据韦伯的解释，这种"预定论"的教义本来是具有浓厚的宿命论色彩的，但这种教义所引起的人内心的焦虑和孤独并没有导致新教徒听天由命，相反，它的客观实践后果却是促使他们采取积极的入世禁欲主义的生活态度。因为，加尔文教牧师的布道鼓励教徒把日常世俗生活的成功视为自己属于被选之列的一种可能的证据。这样一来，个人就必然把为了找到某种这类的证据而努力作为他的宗教义务的一部分，把真正履行世俗职业推崇为个人道德行为的最高形式。在实践中，这种"天职观"意味着"自助者天助之"。更何况加尔文还进一步把日常工作的意义归结为:"我们将不以非法行为,不以欺骗和罪恶手段,不以掠夺和坑害邻居的行为来获取财富或名誉,但我们将在保证不犯罪的范围内来追求财富或名誉。"这一切都有助于新教成员在经济生活中的成功。当然,追求财富这类尘世生活成功的目的,不是个人的享受,一切都只是为了荣耀上帝。

因此,正是新教使得谋利活动得到了宗教伦理和社会道德的普遍认可,使得近代资本主义初期的新兴中产阶级得以化解心理上的负担,专心致志于以合理的方式去追求财富。随着新教伦理的普遍传播,这种经济伦理,作为一种价值取向,成为个人的社会行动的直接推动力,最终形成具有节俭、勤勉、进取的工作态度,热爱劳动并以系统地计算投入与产出的基础追求财富的"职业人"的人格特征。

需要强调的是,韦伯只是认为,新教伦理对资本主义精神的产生和发展具有重要的意义:一旦这种资本主义精神深入人心而普遍化之后,它也就不再需要以布道这类宗教实践活动来摧毁残余的"传统经济主义"障碍,而可以从市场经济内部的世俗源泉那儿获得充分的力量支持。他所强调的是,新教伦理是"养育现代经济人的摇篮的护卫者"。

还要特别注意的是,在讨论中,虽然韦伯很谨慎地一再声明,他并不试图对资本主义精神的产生作出单一因果关系的解释,但实际上他提出的是两种并存的论点,可分别称之为强论点和弱论点。强论点是:资本主义精神产生于基督新教的禁欲主义,亦即二者之间有一种直接的因果关系。弱论点是,新教伦理与资本主义精神之间有一种特殊的、密切的亲和关系,但并不意味着后者仅仅是前者的产物。这两种论点的差异,对于我们理解韦伯命题的历史评论是至关重要的。

二 对韦伯命题的合理程度的历史分析

韦伯不是第一个注意到新教与资本主义兴起之间关系的学者。

在他之前,恩格斯和马克思就曾对此作过一些评论。例如,恩格斯指出,"加尔文的信条适合当时资产阶级中最勇敢的人的要求。"[①]马克思认为,货币崇拜有其自己的清心寡欲的一方面,它自己的克制,它自己的牺牲——节俭和经济,轻视世界上暂时的享乐,追求永久的财宝。因而英国清教或荷兰新教与赚钱之间有联系;但是,韦伯却是对新教伦理与资本主义精神之间的关系作出系统的分析和论证,并对后来的学者们在这方面的分析产生巨大影响的第一个学者。他的主要兴趣不是新教的具体教义本身,而是新教所倡导的社会行为模式的客观实践后果。

从历史上看,正如韦伯所分析的那样,新教的"天职观"和"内在禁欲主义"在其教徒中造成了一种与近代资本主义市场经济顺利地产生和运行十分适应的行为准则和工作伦理。从某些教义中,我们很容易看到对新教徒显赫的经济成就有直接影响的因素。具体而言:

第一,加尔文教派圈认为,所有的工作都是神圣的,都是在光耀上帝。这在客观上对"市民社会"实行现代劳动分工起到了促进作用,使教徒对各自的工作具有强烈的责任感和献身精神,努力在各自的世俗职业中恪尽天职,从而对财富和价值的形成作出了重大的贡献。

第二,新教圈的"内在禁欲主义"生活观,一方面鼓励教徒在世俗生活中要勤劳、节俭、朴素,并把致富成功视为上帝祝福的象征;另一方面竭力反对听任本能地追求生活享受。在实践中,这就给财富积累赋予了一种宗教的意义,使教徒得以集中精力于经济活动,同时又摒弃物质世界的穷奢极欲,促进了近代资本主义的资本积累和经济发展。

第三,新教圈牧师强调,财富的聚集只要来自勤奋劳动就是许可的。不仅如此,还把合法盈利的机会视为上帝显示给其"选民"

---

① 《马克思恩格斯全集》第22卷,人民出版社1965年版,第349页。

的应召机遇。这种观念将谋利行为解释为天意，在实践中就给新兴中产阶级无穷地追求财富的最大化提供了宗教根据，鼓励人们竞争和进取，同时又使这种追求受到一定的伦理规范的约束，从而使教徒在追求利润时必须自制，只能通过经济合理的方式去实现。

第四，新教徒唯有在信仰领域才不同异教徒相处，而在其他交往方面则持诚实公正的态度，特别是在经济活动的交往中，他们非常蔑视基于血缘、地缘和门第的人为差别或歧视，一视同仁，只注重基于业务的经济理性行为。在实践中，这种行为模式的长期影响就是逐渐消除商业交往的观念偏见，促进了各种教徒之间的经济自由交往，进而有利于新教职业伦理的传播。

从上述几个方面可以看出，新教确实为新兴的市民阶层提供了在教会控制范围之外的个人经济伦理准则，而且提供了近代资本主义市场经济兴起所必需的守时、节俭、守信等品质的宗教根据。从这个意义上说，新教对近代资本主义精神的形成作出了贡献。也正是在这种意义上，我们可以说，韦伯的"弱论点"已经得到历史证据的基本支持。作为一种强有力的社会力量，最能体现出韦伯的"资本主义精神"的人物是英美18世纪末和19世纪初形成的工业企业家或中产阶级。他们的出身往往十分卑微，但在他们身上，集中精神的能力、对职业的责任感，常常同一种善于计算收入的严密经济头脑、能够极大地提高工作效率的冷静自制和节俭结合在一起。正是这些人创办了现代各种产业，推动着传统社会转变成为近代资本主义市场经济社会的历史过程的完成。在18世纪末的英国主要工业部门中，大量的成功者是清教徒；美国近代初期的新英格兰地区中，最早发迹的商人和制造业主几乎都是清教徒。这些事实绝非偶然，可以视为新教伦理与近代资本主义精神之间确实存在一种密切关系的证明。

但是，只要对西欧中世纪晚期的经济史作一番考察就会发现：韦伯所说的"资本主义精神"所体现的那些经济行为的品质或要素，绝不是新教及其实践活动的结果。在宗教改革之前的西欧商品经济较发达的地区，我们可以在银行家、工场主身上看到谋利活动的有条不紊的追求和利用复式簿记对财产运转的谨慎管理，在小商人和手工业者身上看到节俭朴素的生活态度、勤劳进取的工作作风、生产性积累的精神，在有些文献中看到把经济交往中的忠实、守信和守时视为美德的行为规范的记述。只是那时这些构成韦伯所称之为的"资本主义精神"的要素，不像后来那样普遍、那样对社会经济生活产生巨大的影响而已。换言之，韦伯的"强论点"是很难成立的。韦伯也并非没有注意到上述史实，但却强调，新教伦理"必定是推动我们称之为资本主义精神的生活态度普遍发展的、可以想象的、最有力的杠杆"。这种论断究竟有多少历史根据，我们就来看看韦伯和后来的学者所提供的证据情况。

三 对韦伯命题的某些实证辩驳的评论

韦伯本人对其主题所提供的经验证据是很不充分的。在《新教伦理与资本主义精神》一书中，关于资本主义精神载体的"经济人"的证据，他所依赖的基本上是本杰明·富兰克林的著名例证，以及富兰克林劝说富商的观点和新教徒的观点之间的近似。他分析新教徒的入世禁欲主义表现及其与资本主义精神的契合关系时，主要是以英国17世纪宗教思想家巴克斯特的观点为代表。虽然他一再强调要从新教牧师布道的实际效果来理解新教伦理与资本主义精神的关系，但他对这个命题的引文几乎都是从神学家和布道者的著述中摘录出来的，实际上也就是把新教牧师的布道视为全体信徒的情感和行动指南的相当准确的反映。但这与经验证据是两回事，充其量只能算作一种似乎有道理的预感或推论。

有鉴于此，一部分韦伯研究学者试图通过广泛地探索近代西欧（特别是英国）的有关史料，从而给韦伯的"强论点"提供充分的经验基础。在这方面，最引人注目的研究者是 G. 马歇尔。他通过详细研究苏格兰17世纪和18世纪初期具有加尔文主义倾向的企业家的经营活动之后指出，在这些企业家的行动中，可以发现符合韦伯关于资本主义精神的各种要素，诸如把资本投向预期收益最高的行业、利用市场提供的机会营利、进行广告宣传以吸引更多的顾客等[1]。虽然马歇尔所提供的这些证据是有价值的，但它们并没有给我们提供关于这些资本家心态的足够信息，以致我们不能肯定他们充满"资本主义精神"，更不能证明韦伯的"强论点"成立。

持不同意见的学者强调，近代新教资本家并不具备韦伯所说的那种典型精神。就像15世纪意大利天主教企业家一样，两个世纪之后的欧洲大量加尔文主义富有者也卷入炫耀性消费的时尚，甚至追求贵族地位，例如，把绅士的富有历史象征意义的旧住宅买来当作别墅，作为他们新近发迹或昔日高贵的纪念，因而，他们的某些心态好像正与"入世禁欲主义"相反。因此，可以说加尔文主义宗教遗产几乎与欧洲新教商业界精英没有什么关系。[2]

还有一类经验研究，主要集中于近代世界观变化的分析，力图以此来证明韦伯命题。17世纪欧洲生活中一个最显著的变化是，对时间的日益理性的、严格的态度。这首先是与钟点时间联系在一起的。与中世纪农民的时间概念所体现出的工作态度形成鲜明的对照，近代初期欧洲人日益强调严格计算时间和守时的观念，到18世纪，已发展出"时间就是金钱"的工作态度。这种新观念体现出讲究效率的工作风范。这类史实被一些学者用来为韦伯命题服务。但有的研究者认为，这种时间观念的出现先于韦伯所强调的宗教改革时期，最明显的征兆是：早在15世纪初，欧洲主要城市都有公共大钟，指示商业活动和工作的时间。

转向"近代资本主义精神"的第二个可能的世界观标志是1550—1750年科学发展和宗教之间的关系。例如，英国著名的科技史专家默顿考察了这一时期科学与技术在清教徒社会中日益兴起这一史实

---

[1] G. Marshall, *Presbyteries and Profits*, *Calvinism and the Development of Capitalism in Scotland*, 1560–1707, Oxford University, Press, 1980.

[2] Trevor Roper, Religion, the Reformation and Social Change, *Historical Studies* 4, 1963.

后指出，清教主义与新的科学观之间有着许多共同之处：反对权威主义、对人类未来的可能事态持乐观态度、坚持理性经验论、对经验的强调等。他还引述某些信仰清教的科学家关于把从事科学研究以追求真理视为荣耀上帝的观点，扩展了韦伯命题，认为新教徒自我约束、简朴勤勉的态度，加上与新科学观一致的清教主义，促进了近代西欧从事科学技术研究的兴趣[1]。尽管默顿的具体论证也遭到许多学者的批评和非议，但韦伯研究者仍然借此认为，韦伯关于新教主义和世界观变化之间所假设的正相关关系是存在的。

根据有些研究者的解释，韦伯的经验证据更多地依赖于通过宗教影响的分析而对西方人的心态和非西方人的心态进行比较，借助于这种比较，以反题的方式证明自己的论点。例如，韦伯就曾从反题的角度提出儒教不可能像新教那样生发出"资本主义精神"的观点。然而，第二次世界大战后，属于儒教文化圈的日本、"亚洲四小龙"所取得的"经济现代化"的成就，证明儒教文化不能培育出"资本主义精神"的论断是一种武断。于是，一方面，许多学者借此也向韦伯命题的上述经验基础提出挑战，尤有甚者认为，从儒教伦理中就可以直接引出"资本主义精神"。另一方面，有些批评者却认为，在这些东方国家的现代化过程中，真正起作用的价值观是西方式的，而不是儒家文化。事实上，这些国家或地区的市场经济之成功，仅就文化因素而言，在多大程度上应归功于儒家文化或西方文化的影响，是有待于进一步的细致分析和系统研究的问题。

我们无法在此详细评论上述各类经验研究和争论双方的长短，但有一点似乎是很明了的，即新教伦理与近代资本主义精神之间，的确存在着一种深刻的历史关系。至于二者之间的具体关系如何，还有待于进一步的细致分析和证明。但是，不论什么样的经验研究及有关评论，都必须注意到：第一，韦伯的"资本主义精神"是一种"理念型"的分析性概念，具有理想型的色彩。因此，要在具体

---

[1] R. K. Merton, *Science, Technology and Society in Seventeenth Century England*, London, 1938.

的历史中找到完全对应的企业家或这种"精神"的载体是非常困难的,甚至是不切实际的。第二,不能把韦伯命题解释为"近代资本主义精神"只会体现在新教徒身上。实际上,这种精神一旦得到社会的认可,哪怕只属于新教的各社会集团的认可,随着他们在社会结构中的经济地位不断上升,就会通过文化选择的机制,得以延续并最终扩散到非新教徒身上。从历史上看,随着近代资本主义的发展到后来,即使天主教也只得修改它的禁欲观念,甚至也不反对谋利行为。

四 韦伯命题的经济学意义

虽然众多的研究者指出韦伯分析的缺陷甚至武断的错误之处,但韦伯关于近代资本主义精神命题的生命力,并不在于他多么准确地证明了这种精神的形成与新教伦理的关系,也不在于他多么准确地刻画了这种精神的实质特征,甚至也不在于命题本身所具有的纯学术意义,而在于他敏锐地认识到:如果一个社会的民众能以价值合理性为动力,以工具合理性为行动准则,并将信念伦理与责任相互交融地结合起来,那么,社会经济组织就能够较好地协调经济合理主义与人性原则的冲突,从而保证社会经济的有序运行。现代学者之所以一直热衷于韦伯《新教伦理与资本主义精神》等论著的研究,正是因为被这种深刻的洞察力显示的现实意义所震撼。

依我的体会,从经济学角度看,韦伯在此所显示的智慧可以具体化为以下三个方面问题:

第一,对经济业绩的追求,必须与"经济伦理"(对经济行为的道德判断或经济行为的内驱力)取得一种内在的密切联系。这是一个关系到人们以什么样的态度对待劳动,以及以什么样的行为取向追求业绩的重要问题。如果完成某种职业与最高尚的精神和文化价值观念没有直接相联,那么,对经济业绩的追求就会采取与经济合理主义截然相反的各种手段,不顾责任伦理,对各种职责和义务缺乏严肃的态度，甚至为谋利而不择手段。

第二，要实现高效率的经济体系，仅仅有"工具合理性"原则是不够的。追求有效率地实现最大限度的利润，当然必须以精确地考核投入与产出为根本，合理地计算资本，从效能的角度组织劳动。但由此而产生的高效率只是一种形式上的合理性，并不必然意味着自我的真正实现。因此，如果工具合理性不能与某种非享乐主义的价值观或信仰（即"价值合理性"）取得一种内在的联系，则人们以全盘"理性化"为手段所追求的各种目标，所从事的经济活动与文化创作等，就会降格为只追求一些无法高尚其志的价值，生活本身缺乏值得奉献的理想，物质生活的富足中尽是一些空虚的心灵。从长期看，空虚的心灵是不可能支撑起社会经济的健康运行的。

第三，新的经济伦理、价值观和行为规范在总体上是一种无意识的文化选择和适应的产物，但在这一过程中，有意识地倡导或评价又绝不是可有可无的。这种倡导或评价的作用在于使人的经济行为有所趋避，有所选择，缓和新的经济文化同传统文化之间的冲突，进而逐渐赋予某些优良的传统文化以崭新的内容和意义，从而最终助成新"精神"的成熟并占支配地位。在韦伯看来，新教在近代资本主义的兴起过程中所起的重要作用，就体现在这一方面。

使韦伯内心痛苦的是，现代资本主义社会中的人们正在失去往昔那种严肃的生活态度和心灵的充实感。"理性化"过程的发展，虽已造就出高效率的经济体制，但却背离了清教主义价值关怀的初衷。不但新教伦理所倡导的勤俭美德早已不受重视，即使作为精神基础的"彼岸"价值也已凋萎，甚至连个人的人格尊严亦开始逐渐丧失，取而代之的却是自我否定的、机械地追求货币利润的精神。在这种追求中，把利润的追求看得重于对人的尊重，把消费看得重于创造活动，这一切都是对人性本身的彻底背离。过去以响应"上帝感召"为天职的人们已经成为"没有精神的专家，不懂情感的享乐者"。正是有感于这种现实，韦伯试图通过阐明新教伦理在现代资本主义形成过程中所产生过的影响，从中找出支撑资本主义市场经济的伦理和道德支柱，从而促使生活在这种社会中的人们进行反省，找回失去的"灵魂"，摆脱"形式的合理性和实质的非理性"所铸成的"铁笼"。

然而，西方社会至今也无法摆脱这个"铁笼"。特别是第二次世界大战之后的近几十年中，西方文化中的某些成分，如"随心所欲"的人生准则、极端的享乐主义、自我宽容、颓废和腐化堕落，正在严重地损害着西方社会的道德秩序和社会经济秩序。也许，这正是西方学者研究韦伯的真正动机吧。他们想从他的思想中得到治疗西方经济文化病的启示或可供利用的智慧，重建一种能把社会责任感、各种人类美德与个人追求业绩的精神有效地结合起来的经济伦理。

对我国学者来说，亦面临着类似的现实问题。虽然韦伯把他所赞美的人的那些品质，如有理想抱负、自我克制、恪尽天职的献身精神、勤劳致富等，冠之以"近代资本主义精神"一词，但实质上它们却是真正的市场经济的工作伦理和道德基础。反躬自省，我国时下的"经商热"在某种程度上所反映出的，不正是缺乏这种"精神"吗？"经商热"中某些人的行为，诸如损人利己、损公肥私、弄虚作假、以权谋私、欺诈等，不正是韦伯所斥之为"贱民资本主义"的那种营利欲的表现吗？难道我们能指望从这种贱民精神的泛滥中建立起一种具有创造力的、生机勃勃的社会主义市场经济吗？绝对不可能。正如韦伯所认识到的那样，一国社会经济的健康发展同人民的勤劳、节俭、恪尽天职的工作态度、守时守信的职业道德总是成正比例的，财富就随着这些因素的变化而增进或减退。但是，个人的勤劳节俭、进取精神，如果没有相应的完善的社会公共制度和法律，就绝不会有任何重大的创造性成就；相反，只会导致"贱民式的"、不择手段的"金钱欲"，最终丧失忠于职守、奉公守法、尊重劳动等优秀品质。这一极为深刻的见解，是我们建设社会主义市场经济的过程中绝对不能忘记的。

（原载《经济研究》1994 年第 5 期）

对英国产业革命中崛起的企业主阶层的经济学分析

一 引言

经济史学家巴里·萨利曾经指出:"英国工业革命是个人主义的胜利。这个结论不仅仅指发明家和企业家具有进取的、追求利润的个人主义特点,而且因为调节供求和分配资源的机制也取决于私人经济机构的决定。"[①] 暂且不论这一判断是否完全符合史实,但有一点是可以肯定的:在这一历史时期崛起的企业主阶层,是推动产业革命的一支关键力量。

为什么产业革命起源于英国而不是欧洲大陆?史学家们可以列举出许多"原因"或"独特的因素",诸如英国人对科学技术的独特热情、殖民剥削和掠夺使英国资本充足、"圈地运动"创造出的自由劳动力和土地所有权的变更、市场需求的扩大、相对自由的政治环境、独特的"三层"式"社会机构"的开放性,等等。我们不准备探讨英国工业革命起源问题,也不否认这些因素的重要性。在这里,我们所要强调的仅仅是:最终使这一切因素发挥促进社会生产力巨大飞跃的作用的,是一群善于利用历史赋予人们实现改善自身社会经济地位的机会的"新人"(New Men)。

18 世纪在英国,被史学家称之为"新人"的是身兼数职的工场主,可统称为"企业主"。他们是工业家、工厂工作的组织者,同时

[①] 巴里·萨利:《1700—1914 年的国家和工业革命》,[意] 卡洛·M. 奇波拉主编:《欧洲经济史》第三卷,商务印书馆 1989 年版,第 254 页。

是资本家,最后又是商人,因而,成为实业家新的典型。这种"新人"既不同于之前的手工工场主,也不同于同时代的那些富商巨贾等特权阶层,此前的工场主在本质上是商人,确切地说是包买商,他们并不直接参与生产过程的管理;且受雇于商人的工匠亦受行会的各种规章限制。① 至于那个时代的大商人、金融家和土地贵族虽然也参与市场活动,但他们的经营活动仍依赖于一些特权,是商业资本主义的既得利益集团,我们绝不低估他们在资本主义经济发展过程中所起的作用。例如,以汤森勋爵为首的一伙土地贵族竞相改良农业技术和引进良种,从而对近代农业发展所作出的贡献;布里奇沃特公爵等人以巨资开凿运河,为解决工业革命早期的运输问题所作出的贡献,等等。② 但是,真正使英国经济从 18 世纪中叶开始发生本质的巨变、从而走向工业化社会的主要行为载体,却绝不是这些特权阶级,而是亚当·斯密所说的那些"中下层平民"。这些"平民"在工业化过程中逐渐发展成为"中等阶级"(Middle Classes 或 Middling Classes)。③ 所谓"中等阶级"是一个复杂的组合体,其含义非常广泛,从中小商人、作坊老板、手匠人一直延伸到居住在城镇的各种专业人员,还包括受圈地运动之害最少且能从其出卖土地中得到合理款项的自耕农移民。当时,英国正在兴起的那种开放且充满竞争的市场经济给这些被排除在社会政治领域之外的人们提供了一片沃野,他们活跃于经济生活的各个领域,无所不在,无所不至,合群、劳碌、人弃我取、不强取、不豪夺,永远以自己的辛勤劳作和朴素节俭,实现改变自身社会和经济地位的追求。新兴的企业主阶层就是从他们之中产生的,是他们中的幸运者和佼佼者。按法国经济史学家克鲁泽的说法,中等阶层构成了

---

① 参见保尔·芒图《十八世纪产业革命》,中译本,商务印书馆 1991 年版,第 42—47 页。
② 参见保尔·芒图《十八世纪产业革命》,中译本,商务印书馆 1991 年版,第 93—100 页。
③ 据考证:"中等阶级"一词是 18 世纪 90 年代之后才出现的,参见雷蒙德·威廉斯《文化与社会》,中译本,北京大学出版社 1991 年版,第 17 页。

"资本家后备军",他们中产生了成功的工业家,不断对工业本身"进行革命"。①

的确,我们在英国早期企业主的来源方面所看到的不是单一社会阶层的变迁,而是一个新的经济主体集团的半自发的诞生,它的成员来自社会的许多领域。但是,他们都有一个共同的特点,那就是从低微的处境起步,以工业革命早期新兴企业主最集中也最活跃的两个部门来看,在有名的棉纺织业企业主中,阿克莱特原为贫困的理发师;戴维·戴尔幼年时是牧童;威廉·拉德克利夫出身于破落的地主家庭,为谋利而幼年就在家庭作坊学习纺纱织布;罗伯特·皮尔的祖父和父亲都是兼营织布和纺物的富裕自耕农;杰德迪亚·斯特拉特以及其他许多人都出身于朴素的自耕农。再看冶金和铁器业这一行业的企业主,他们一部分来自原来的承包商阶层,从投入大部分固定资本的土地所有者那里租赁矿山,也租赁高炉和锻铁工场;但大多数却是从小作坊里直接产生的,例如艾伦·沃克原来是制钉匠,威廉·霍克斯、约翰·威尔森的父亲当过炼铁厂的工头,被称为"钢铁大王"的克劳谢曾经是五金制造商的学徒……不过,总的说来,第一代企业主绝大多数出身于农村,其中又以自耕农为多。

可以毫不夸张地说,第一代企业主的成功所凭借的不是家族门第和财产,而是他们出于改善自身处境而对财富的执着追求,是他们的经商能力,是他们敢于去试探所有可能获利的源泉的那种不屈不挠的进取精神和冒险精神,也许还有一定程度的运气。正是他们努力在发展生产力方面的优越性,导致当时英国的各个经济部门有可能相继发生革命性的变化,走上实质性增长的道路,并给整个社会带来新的面貌。与此同时,他们在实践活动中也完成了价值观念的转变,并作为成功者而对中下层等级起到一种示范和表率的作用,告诉他们,只要通过格外的努力和卓越的成就,一个生活在社会底

---

① [法]弗朗索瓦·克鲁泽:《早期工业家的起源问题》,剑桥大学出版社 1985 年版,第 142 页。

层的人不难上升到较高的社会等级。第二代、第三代企业主除有一部分是家业的继承者外，还有不少是从"中下等级"中上升到企业主阶层的。他们的成功与可供模仿之榜样的存在有密切的关系。

当然，作为一个阶层的崛起，企业主的出现是一个为数众多的、集团性的现象，这肯定与当时英国的一系列社会经济、政治和文化条件有必然的历史联系，这些条件也就是那些促成英国产业革命的因素。正是那些条件或因素的有机结合，使英国这个特定的国家而不是其他国家成为具有重大历史意义的工业革命的国家，进而形成现代意义上的第一个企业主阶层。但是，这仍然不足以解释如下的问题：英国所有的阶层几乎都被卷入追求财富的洪流之中，为什么在相同的社会经济条件下，恰恰就只有一小部分人获得成功而成为企业主呢？这当中自然有运气的成分，但肯定还有某些更深刻的、根本性的原因。

本文试图通过对这些企业主的经济行为、经济伦理和价值观的具体分析，寻求这一问题的答案；并进而考察他们为改变自身形象的各种努力所造成的某些影响。

二 "新人"的经济行为

正如前面所说的，第一代企业主们基本上来自社会地位低微的"中下等级"，他们对财富的追求，不仅仅是出于改善自己的物质生活条件的欲望，更重要的是出于改善自己的社会地位的抱负。他们面对工业革命所提供的致富机会，雄心勃勃，怀着"自助者天助之"的信心，力图通过财富上的成功去创造新的"体面的"门第和荣誉。因而，对他们来说，财富本身倒成为一种手段，社会地位的"升迁"才是主要的目标。这种手段与目标的微妙关系具有深远的经济意义，使他们对财富的追求一开始就带有类似于马克斯·韦伯所说的那种"合理谋利"的倾向。也就是说，他们的主要欲望不在于获取财富以供挥霍，且在追求财富的过程中主观上也易于接受交换经济的规范：

在市场中，运用经济的手段，依照"公平交易"这一古老的商业准则，通过自身的努力和社会认可的方式进行谋利，积累财富。

对财富的固执追求和改善自身社会处境的强烈愿望，促使他们勤劳奋斗，不断努力于每天攫取尽可能最大的工作量，要让各种行动服从于财富追求和理性判断这种坚定的决心，使他们每一个人经常反省他是否能因为改变其企业的经营方法而扩大利润；而当时英国社会政治制度给他们提供的自由和财产安全，使每个人有可能按照他认为有利于自己的判断来调整他的经济活动，并毫无顾虑地把他的财产倾注于新的有利可图的未来投资，这些就是新兴企业主的经济行为的心理学基础。这类心理学因素反映在他们的实际行动中，就往往具体化或表现为敏锐的商业意识、创造性地开拓市场的能力、不屈不挠的进取、坚韧不拔的毅力、灵活而又强有力的组织和领导才能、粗中有细的冒险精神，等等。让我们从具体的历史事实中来看看他们的这些经济行为特点。

（1）企业主们往往以是否有利可图作为衡量一切事物的第一尺度，具有浓厚的商业意识和敏锐的商业头脑，并能够有效地把潜在的谋利机会转变为现实的生产力和财富的源泉。这类能力突出地反映在他们对待新技术的行为方面。参与市场活动的大多数人都能意识到实用的新技术在降低成本、创造新产品或提高产品质量等方面的潜在价值，但是只有少数人不仅能够认识到明显化的实用技术的价值，还能正确地估价某些商业价值不明显的新技术的远景，更重要的是，他们具有把这些技术发明转化为利润源泉的商业头脑和能力，表现出他们作为企业主的精明和才干。第一代企业主中，以自己的发明而创办起大工业者极少，但他们却非常善于利用他人的发明或略加改进而发财致富。像哈格里夫斯（多轴纺纱机，1765年）、塞缪尔·克朗普顿（走锭精纺机，1779年）、埃德蒙德·卡特赖特（机械织机，1785年）等新技术的最初创造者，虽然是天才的发明家，却缺乏利用其发明的精明，因而都未能建立成功的企业。托马斯·海斯这位天才曾屡次显示出他的发明才能，除1768年发明被证明是阿克莱特剽窃的水力纺纱机外，还研制成一架带有56个锭子的双轴纺机（1772年），好几次力图自己开设纱厂，却终因缺乏筹集资本的技巧、缺乏经商才能和发财的坚强意志而失败，最后只能满足于受雇的工程师地位。像1733年发明飞梭的约翰·凯伊，因为缺乏管理劳动的精明而与其工人发生冲突，不得不到法国，更是发明家缺乏经商才能的悲剧典型。

当然，成功的企业主中也不乏兼有发明家的天赋和实干家的精明的人。其中，最典型的例证是近代陶瓷工匠约瑟亚·韦奇伍德，他把自己对艺术的造诣、对各种黏土的研制以及决定或改变黏土颜色等的化学分析同他的工业活动结合起来，并把自己的研究成果转化为开拓市场和改进产品式样的现实生产力。第一代企业主绝大多数并不像韦奇伍德那样有能力在自己的领域获得发明并取得专利权，但是他们也特别关注发明，敏于理解发明的实用价值，非常善于利用他人的发明并使之成为自己的利润源泉。斯特拉特就是这种典型的企业主，1756年，其妻弟谈起工匠罗珀发明了一种机器模型。这本来是件极偶然的事，但斯特拉特立即抓住机会，借五英镑买下那个模型，之后，又在罗珀的帮助下加以改进，发明提花机并经过不懈的努力取得专利权。他凭借此专利，开厂致富，成为企业主。1769年，他结识潦倒的阿克莱特并立即从后者所持有的发明中看出生财之道，于是拨资相助，并与其他几个人一起帮助阿克莱特取得水力纺纱机专利权。作为回报，斯特拉特利用此项专利开办棉纺厂，为他日后成为英国棉业巨子打下了坚实的基础。何止斯特拉特精于发现并利用他人的发明，詹斯·瓦特的合伙人马修·博尔顿、约翰·威尔金森以及其他大大小小的企业主都精于此道，只不过表现形式不同而已。

（2）企业主们不仅精于利用潜在的获利机会，而且具有一种本质上不同于海外殖民活动的竞争性冒险精神以及对付风险的技巧。新兴的企业主置身于不同于特权商人的自主自由的商业竞争领域，其生存和发展完全建立在市场之上，自然不能免除市场内在的风险。

这种风险源自市场交易本身的不确定性因素，诸如购买者和竞争者的反应、出乎预料的供求关系变化、商品和原料价格的变动，等等。这是所有的企业主必须面对的考验。但新兴的企业主们却以一种全新的积极方式来对付这类风险。例如以谨慎估价未来可能的成本和收益作为决策的依据来安排生产、努力发现新的产品来源和新的客户来对付竞争等，以诸如此类的方式来巧妙地利用市场以降低或防范市场风险。

再以新技术的转化为例。即便凭商业意识预见到某项新发明的价值，也还得有人以坚韧的冒险精神来把它转化为实用的生产技术，因为整个转化过程必须经得住市场的最终检验，具体而言，发明转化为实用技术的研制成本初时是未知的；其收益取决于最终产品的优点及其成本以及在仿制者通过竞争降低边际利润之前利用该项产品获利的机会，这些也是未知的。赖特兄弟（银行家），因利润迟迟不见而从阿克莱特那里收回其合伙股金，就是缺乏商业冒险精神的一个佐证。在富于冒险精神和深思熟虑地对付风险方面，马修·博尔顿堪称典范。

要实现像瓦特研制蒸汽机那样的技术创新，不仅需要资本，还需要有勇气把资本投入一种前途未定的事业中去的精神。博尔顿买下罗巴克与瓦特的合伙合同时，罗巴克的债权人都认为"这个机器不值一文"。博尔顿看到这是一项具有无限潜在价值的专利，但也冷静地认识到"那一切还只是个影子、纯粹的想象，要实现它，还需要许多光阴和金钱"[①]。的确，蒸汽机从研制、改进到获得大批量的订货历时十年，研制费用远远超过起初估计的1万英镑，达到4.7万英镑；推销过程也充满艰辛。在这一过程中，博尔顿从未怀疑过最终会成功。特别值得一提的是，博尔顿、瓦特及其代理人往往为了推销其产品而奔赴法国、荷兰、俄罗斯等，调查和预测市场情况，亲自出面商谈合同和监督合同的履行；且这些合同的形式设计得颇

---

① 1786年3月29日博尔顿致瓦特的信，转引自保尔·芒图《十八世纪产业革命》，中译本，商务印书馆1991年版，第259—260页。

有特色。例如只向买者要求支付每架蒸汽机的制造和安装费,外加上比使用同等马力的气压机所节省的燃料费的1/3。

(3) 他们具有组织者的才能和领导者的禀赋。企业主不仅仅是工厂设备和厂房的主人,他们还要亲自组织生产和销售,特别是要亲自监督劳动并使大量的工人服从于共同的纪律。在产业革命早期,那些习惯于家庭内作业的工人是不愿意去工厂干活的,认为"参加工厂工作,就如进入兵营或监狱一样"①。所以,初期的工厂工人是由一些毫无集体劳动经验的人员组成的。例如,被圈地运动赶出土地的农民、退伍士兵、贫民等。他们对工厂生产的严格分工、纪律严明的上班制度,很不习惯。因此,早期企业主不仅面对劳动力来源困难的问题,还必须对雇工加以教育和训练,使之遵守纪律。"可以这样说,工厂主必须把他们改变成为肉体机械,这种机械要同自己成为其助手的那些木制和铁制的机械在行动上保持一致,在动作上一样准确,在唯一的事业目的上同样精确地配合起来。小作坊里通常的那种自由放任被极其严格的规则所代替:工人进厂、出厂和饮食都是在钟声所指示的一定的时间进行的。"② 企业主还要根据产品的种类把工厂分成不同的车间,在每个车间里,又根据工人各自的专业,将他们分为不同的工种,并选派工头严密监视工人在指定的位置勤奋努力和精确地工作。在制造蒸汽机的著名的索霍工厂,博尔顿把工人训练得完全符合机械运动本身所规定的严密纪律,据说,齿轮和铁锤的和声的不协调就足以提醒工人机器要停顿或发生故障。

此外,企业主还要把其组织才能和创新精神有机地结合起来,运用到其他具体的日常业务管理上。例如,预测和开拓市场、组织原材料的进货和成品的销售、以创新性的商业技能对付日益加剧的竞争,等等,韦奇伍德为了对付市场竞争,不仅制造各种级别、类型的陶器,而且以降低价格且保证质量等推销技巧,使他

---

① 参见保尔·芒图《十八世纪产业革命》,中译本,商务印书馆1991年版,第307页。
② 参见保尔·芒图《十八世纪产业革命》,中译本,商务印书馆1991年版,第307页。

的产品畅销欧洲各地，进入各个阶层的家庭。他为监督生产情况和产品质量，拖着假腿跑到制造场所，亲自打碎所看到的有缺点的产品，并在有关工人的工作台上写下"乔赛亚·韦奇伍德认为这是不行的"。①

（4）不难想象这些企业主在克服各种传统偏见的阻力和发挥其才能的过程中所必备的非凡的精力和献身于工作的热情。在18世纪末，一个企业主拥有几个工厂并不稀奇，每个工厂都有上千英镑的资本。例如，阿克莱特同时经营着八个到十个工厂。多数企业主还同时经营多种企业：威尔金森是一个制铁工厂厂主，同时又经营农场；詹姆斯·瓦特不仅是索霍工厂的合伙人之一，还是一个陶器工厂的厂主。像彼得·斯塔布斯这样的小企业主也同时投资于不同的领域：旅馆、酿酒、文物等。很显然，要管理好这样的企业是非付出大的精力不可的。阿克莱特对发展他的企业有着无穷无尽的精力，常常工作到深夜；为了亲自监督其各地的工厂和组织供销，他常年乘坐四匹马拉的轻便马车，奔走在英国各地。韦奇伍德的商标驰名当时的欧美各国，也是通过他那孜孜不倦的勤劳、通过对哪怕最小的合作者实行经常的监督才得以实现的。

仅从上述四大方面，我们就可以看出新兴企业主行为的概貌，他们具有后世经济学家熊彼特所说的那种企业家才能（Entrepreneurship），不同之处在于他们同时就是企业的所有者，他们是富于创新的创业者，是生产新产品、运用新工艺、组织新企业和闯入新市场的急先锋；他们有抓住别人注意不到的机会的卓越本领，或者能够通过自己的勇敢和想象力来创造机会；他们追求利润，但深知只有遵循自由市场的供求变化规律，才能实现目标，因而都力争降低成本或成为吸引顾客的新产品的第一个提供者。因此，他们的谋利行为往往是与社会经济的发展和技术进步相一致的。特别值得注意的是，我们前面所提到的企业主仅仅是企业主阶层的一小部分，此外

---

① S. 斯迈尔斯：《J. 韦奇伍德》，转引自保尔·芒图《十八世纪产业革命》，中译本，商务印书馆1991年版，第307页。

还有成千上万大企业主和小企业主，他们都具有同样的创业者的精神和行为方式，只不过某些才能的发挥程度不同而已。

企业主阶层不仅仅是英国经济增长曲线不断提高的推动者，还代表着一种新的社会（工业化社会）和一种新的经济制度（资本主义市场经济）。在他们身上，我们可以看到一种不同于行会工匠、特权商人和金融家以及土地贵族的崭新生活方式：往日那富有者悠闲舒适的生活态度让位于一种刻苦节俭、不断进取的生活态度；这种新生活方式的动力轴心就是对利润的追求。他们从创新中所获得的可观财富不是用来放贷取利或专门经营奢侈品，也不是用于挥霍性的消费，而是用来进行具有潜在的有利可图前景的新投资，这一点可以从他们走向成功的历程中得到证明。

从许多成功的事例中，我们看到企业主最初往往是依靠小本经营中的获利和亲朋好友的借贷而筹集起一小笔资金。例如，罗伯特·欧文原来只是一个布商助理，1879年从其兄弟那里借到100英镑后开始与一个织布机制造商合伙经营，从而走上企业主的道路。因此，他们初期就得过简朴的生活，即使稍后开始发财，仍和过去一样节俭朴素，把不多的利润用于扩大经营。再往后，即使其利润收入已经很可观，大多数企业主也仍然不得不把利润主要用于再投资，因为不继续扩大再生产就意味着经济上的落后。就是说，受制于潜在的市场法则和对手的竞争，他们必须不断进取。

我们强调新兴企业主的"合理谋利"行为，并不等于说他们的所有行为都是无可指责的。实际上，他们普遍有各种不端行为。受利己心的驱使，他们不断地竭力使发明家的正当权利化为乌有：搅拌炼铁法的发明者亨利·科特的破产就与使用其专利权的那些炼铁厂厂主乘人之危而不支付使用费有直接的关系；瓦特和博尔顿不得不对蒸汽机使用者支付约定特许权使用费时的卑鄙行为和仿造者的侵权行径提出许多诉讼；多数企业主对待女工和童工的心狠手辣，更是众所周知的事实。不过，从总体上看，他们亲自参与管理的努力以及在实践中表现出的各种才能，是值得赞赏的。特别是和封建领主的超经济剥夺相比，与土地贵族完全脱离生产过程、仅凭血统和地位就能获得优越的生活和丰裕的收入这种情况相比，他们的谋利行为的主流仍然是一个历史的进步。

这种进步若与同时代的商业化贵族的经营行为相比，则更为突出。工业革命开始后，也有一部分贵族从事工商经营活动，但坐享利润者多，直接参与生产管理者甚少；而且多数人都有好逸恶劳的习性和强烈的政治社会权力欲，致使他们经营的企业竞争乏力，日趋不景气。例如，在约克郡西部，初期的多数纺织厂是贵族领主建立的，但之后不久即有人退出管理。到 1850 年，该区仅有 6% 的纺织厂仍归贵族所有。他们虽参与工商业活动，却自恃身份和门第观念，蔑视工商企业管理。①

三 "新人"的经济伦理和价值观

新兴企业主阶层的经营方式和生活方式对传统的偏离虽然表面上难以觉察，但却是使新的伦理和价值观渗入近代经济生活的实践之中的关键。例如，他们仅仅要做到节俭，就不仅要有异常坚强的性格和气质，还要有一种截然不同于传统的经济价值观，才能避免丧失忍耐自制，避免道德上的沦丧和经济上的败落。除了远见和极强的活动能力外，只有鲜明的经济伦理素质（如交易上诚实、信守合同承诺等），他们才能博得绝对不可缺少的顾客的信任。

从中世纪社会遗留下来的那套价值观和经济伦理，以无限忠诚于传统关系为基础，包括从道义上谴责为谋利而从事经济活动，要求价格应当"公道"，禁止廉价出售商品，信奉所有真正的报酬都在来世，宣扬财富的追求与情操的完善不相容，等等。② 这套价值观在本质上显然是不适合于以个人选择和讨价还价为基础的市场经济的

---

① 参见阎照祥《论英国贵族政权在近代的延续》，《历史研究》1991 年第 4 期。
② 参见 A. 古列维奇《中世纪文化范畴》，中译本，浙江人民出版社 1982 年版，第七章。

伦理规范的,① 更有违于 18 世纪新兴的企业主和"中等阶层"崇尚物质财富、效率、扩张和竞争的生活态度和价值观。它们是企业主行为的基础,体现着他们对人生的社会价值的基本信念,并以一系列具体化的言辞给他们指明成功的道路,激励、引导和约束着他们的行为,在这套新的价值体系中,财富观是核心,其他价值观或者建立在其上,或者不过是其精神的体现。

新兴企业主及其所属的"新兴中等阶层"热情地赞扬个人对财富的追求,并以实用主义的态度来看待事物,以是否有利可图作为衡量一切事物的尺度。18 世纪棉业巨星斯特拉特在 1765 年写给其妻的一封信中就清楚地表达了他们的看法:"那是人类大潮流的唯一途程,他们的喧嚣与奔忙,他们表现在脸上的急切之情,就是弄钱,而尽管有些神学家说教起来正相反,但事实上这却是真的:'弄钱是人生的主要之事……'。"② 属于第二代、第三代企业主的代表之一的理查德·科布登(1804—1865 年)更明白地表达出这种心声:"对人的能力只有一种看法或一个标准——即赚钱。"他们致力于对利润的追求,但最终的目的本身不纯粹是财富的积累,对财富的迷恋之中隐含着某种理智的理想和对有尊严的生活的渴望。卑微的出身曾经使他们对改善自己的物质处境非常重视。但发迹之后,对他们来说,财产就成为自我的象征,而保持财富的不断积累也就隐含着一种至高无上的价值。在他们身上,人与财产之间有着一种占有的依恋感,这种感情随着财富的积累而不断地加深。他们为自己的财产成就而感到自豪和陶醉。斯特拉特在为自己拟定的墓志铭上的自我评价典型地反映出这种情感:"这里安息着 J. S. [即杰德迪亚·斯特拉特]——他把自己从没有财产、没有家庭、没有朋友的地位提升到在这个世界上有财产、有家庭、有名望的地位;他没有智慧却有足够的普通常识,没有天才却得到了健全理解能力的真实祝福;他很

---

① R. S. 菲顿、A. P. 沃兹沃思:《斯特拉特一家和阿克莱特一家》,曼彻斯特大学出版社 1958 年版,第 109—110 页。

② C. 埃德索尔:《理查德·科布登传》,哈佛大学出版社 1986 年版,第 4 页。

少有炫耀之处却鄙视卑鄙无耻之事，不尚宗教教义及仪式的虚饰却度过了诚实而有道德的一生；虽说不知道死后将会如何，却始终充满信心：若真有一个最后的审判，它必会酬赏有德行的好人。"追求财富的成功使他们感到自己成了一个自主自立的真正的人！

在他们看来，经济上的非凡成就，是个人优秀品质的体现，是自我奋斗的结果，而不是什么人性上的缺陷或弱点的放任，更不是得不到永恒拯救的障碍。他们深信：每个人的命运掌握在自己手中；尽管道路上充满艰险，但只要克勤克俭，靠着持久的追求和活力，每个人都有可能和有机会改变自己的处境。因此，理查德·科布登曾对他那优柔寡断的哥哥说："我希望我能够分给你一点我所浸染的波拿巴精神——这种精神激励着我，使我相信：一切阻止我发财的障碍，都将（不，一定会）让道，只要我全力向它进攻。"他们津津乐道的话题往往是原本某人一无所有，但凭着自己的才干和经验而获得成功。自我奋斗是他们给自身塑造的美好形象，而"自助者天助之"则是他们在这方面的主要价值观。工作上的勤奋、生活上的节俭、行为上的克己自制、道德上的诚实和正直，也就成为"自助"观念的应有之义。它们是导致成功的实用美德，本身又是新的道德规范的至理。难怪《自助》一书风行流传于产业革命晚期，皆因为作者塞缪尔·斯迈尔斯本人就是通过经济上的成功而从下层社会上升为工业中产者的，他所宣传的"自助"观念也深得中产者之心。

因此，在英国产业革命过程中，上层社会骄奢淫逸，但中产阶层和一部分劳动阶级对生活却十分严肃，他们不喜欢妨碍工作的那种娱乐，并且对于那些只有用坚持不懈的辛勤劳动才能获得的物质舒适品也具有很实用的标准。他们所力求生产的是坚固耐用的大众化商品，而不是仅仅用来装点门面的东西。[①] 他们把追求经济上的成功视为人生的主旨和责任，但反对用"不正当的手段"去发"不义

---

① 参见马歇尔《经济学原理》下卷，中译本，商务印书馆1991年版，第390、391页。

之财"。为中产者社会所称道和肯定的，是靠生产与扩大生产去创造财富，而不是单纯靠投机取巧、巧取豪夺去走捷径。

通向经济成功的市场之路是充满竞争的，因而，竞争观也就成为中产者或企业主的价值体系的另一个重要组成部分。在企业主的经济生活中，昔日那种只强调合作、禁止竞争的中世纪社会原则已经彻底地让位于开明的个人利益至上的竞争原则。对市场上进行的交换和竞争，他们有一种类似伦理准则的公平原则。他们只需要知道商品的交换是否公正，生产者彼此之间的竞争是否公平，人们是否用诡计或暴力干预交易和竞争的公平；在他们看来，这种既非善也非恶的公平竞争就是市场的伦理原则，也是支配市场参与者的行为的伦理规范，并无需与邻人或同行者成为一体。

没有什么迹象表明新兴企业主阶层普遍抱有这样的看法，即从道义上说，收入的分配应该更加平等。相反，他们看到以自己的努力获得成功时，往往认为失败者和贫困者的不幸应归罪于他们自己。在他们看来，每个人为追求自身利益而展开的竞争，其结果会导致经济的繁荣，最终给整个社会带来最大的利益。他们在1794年的一份请愿书中简明有力地表达了这种观念："在不违反法律和不损害他人权利的条件下，以其认为最有利的方法来从事其技艺或职业的权利，肯定是长久以来就为议会的明智所承认的、王国中各臣民所共有的权利；个人是其自己利益的最好的判断人，民族的最大利益总是，今后仍然是，从自由地、直接地寻求个人利益中产生出来的，这也是同样肯定的……听任工业自然发展的政策的优越性，已由棉纺工业的事例生动地显示出来了：棉纺工业中采用纺纱机曾经威胁过数量上大得多的工人的利益，但由于成为其后果的那种进步，工人们找到了工作，棉纺工业也达到了空前的发展和完善的地步。"[①]

除上述的财富观、自助观和竞争观外，企业主的价值体系的另一重要组成部分是时间观和效率观。现代意义的时间概念是18世纪

[①] 参见保尔·芒图《十八世纪产业革命》，中译本，商务印书馆1991年版，第496页。

初开始出现的,并随着工厂体制的发展而深入人们的现实经济生活之中。对新兴的企业主来说,假日已开始显得是一种浪费,时间是如此的宝贵,以至普遍认为不应该把时间白白地花在无助于财富创造的地方。他们千方百计地追求技术创新,其主旨在提高时间的利用效率;他们按照机器的运转速度来安排工厂生活,用小时来衡量工作日,并按工时来支付工资,皆为了提高工作效率。于是,"时间就是金钱"成为他们的座右铭,这种时效观是与家庭手工业者截然不同的。对后者来说,时间并非金钱,其生产品才是金钱。把时间等同于效率、进而等同于金钱,这样一种观念是新兴企业主的创造。他们的时效观是如此的坚定不移,以至于对教会机构不从事经济和生产也极为愤慨。人们对乞丐普遍憎恶,认为他们是非生产的,从而也是不道德的。守时和讲究效率被当作一种高尚的职业道德品质。

概言之,新兴企业主阶层在实践中奉行着一套与近代工业化社会顺利成长十分适应的价值观和行为规范,使他们能够承担起推动工业化社会破土而出的历史重任。毫无疑问,假如不是企业主所属的"中下层平民"把其大部分精力倾注于孜孜不倦地追求个人利益的努力,假如不是他们把这种追求建立在从事生产性劳动、增加社会财富的基础之上,假如不是他们在这种追求过程中所表现出的克勤克俭和讲求效率,就根本不会产生出一种高效率的工业化社会。在他们自己的心目中,对个人利益孜孜不倦的追求,不仅是以各种实用经济美德为基础,而且其客观效果符合最大多数人的最大量幸福原则,因而它本身就是可以获得肯定的道德伦理价值。这就是他们的价值观的信念基础。

在其上升和发展时期,这些"中产阶级"对自己的价值观和信念是十分自信的,宣称:"在任何阳光普照之下的国度,没有哪一个阶层的人比英国社会的中等阶级更有价值、更值得尊重、更值得赞扬。"[①] 当时的著名学者詹姆斯·密尔(1773—1836年)是这样评论

---

① 转引自钱乘旦、陈晓律《在传统与变革之间——英国文化模式溯源》,浙江人民出版社1991年版,第417页。

他称之为中产阶级的工业企业主的:"他们很长时期以来一直被认为是英国的光荣,并使我们能在民族之林中昂然矗立,我们人民之中的优点几乎都可以在这个阶级中找到。"[1] 他认为,他们比土地贵族人数更多,也更有教养,比下层劳动大众又更有智慧和能力,是"社会中最有智慧和道德的部分"。他们具有其他阶级不能兼有的品质和条件;而且在日常生活中,他们以其思想和道德修养给广大劳动群众以良好的影响,成为劳动群众效仿的榜样,是"提高和净化人们品性的主要源泉"[2]。虽然密尔的评说有溢美之词,但确实道出了他那个时代工业企业主的心声。我们强调"中产阶级"价值观的积极方面,但并不是说他们的价值标准就无可指责之处,更不是说他们的实际行为都完全和严格地按照上述价值观行事。将他们的生活态度浪漫化和理想化肯定是不对的,但中产者社会确实有一种纯朴、坦白的直率,与许多上流社会人士的伪善和矫饰形成强烈的对比。

四 社会形象及其改善

我们一再强调工业革命中崭露头角的企业主多数出身低微。虽然他们凭借自己的才能和努力而在财富的阶梯上越爬越高,成为万人瞩目的富翁,其财产多数早已超过大部分土地贵族,但是,在上流社会眼里,他们仍不过是"中产阶级"或"暴发户"。他们中也有少数出类拔萃者,如博尔顿和韦奇伍德,受到贵族世家甚至皇家的尊重,但这并没有改变他们作为一个阶层在社会中地位低下的处境。当然,在他们的企业使之繁荣起来的城镇里,在他们的工业成为其主要富源的那些郡里,"所有居民都决心把他们看作是自己的自然领袖,兰开夏和德比郡的纱厂主们,伯明翰、塞文河畔和南威尔

---

[1] 转引自钱乘旦、陈晓律《在传统与变革之间——英国文化模式溯源》,浙江人民出版社1991年版,第417—418页。

[2] 引自周敏凯《十九世纪英国功利主义思想比较研究》,华东师大出版社1991年版,第89页。

士的冶金家们，斯塔福德郡的陶瓷制造者们，在实际权势方面与大地主不相上下，但他们的资格和威望高于大地主。"① 但是这种威望主要限于工厂主发挥其积极性的地区内。甚至于在 1803 年制定的一份 18 世纪英国名人录中，人们找不到一个工厂主或发明家的名字。一句话，当时的上流社会看不起这个新兴的企业主阶层，他们被描述成是一伙衣着简陋、举止不雅、缺乏教养、不拘礼仪的粗俗人物，被说成是一些精于理财、无情竞争、千方百计扣减工资和榨取别人血汗的无道德良心和社会责任感的"暴发户"。即使是那些受封为贵族或以联姻方式得到贵族封号的新富，也受到"正统"贵族们的白眼，被指责缺乏贵族那种高贵的气质、优雅的谈吐。

初期，企业主们倒也不怎么在乎这种蔑视。他们只是一心一意地积累财产，似乎这样就能自然地形成一种以他们为主体的美好社会。但是，随着产业革命的深入，社会舆论开始不断地揭露工人的悲惨处境，指责工厂制度带来的灾害；加之，工人运动的压力和威胁，企业主的信念开始动摇。特别是当那些有权有势的贵族和绅士在他们面前炫耀自己的地位与权力时，这些中产者的内心深处有一种自卑感。对于这种自卑，恩格斯精辟地指出，英国工业资本家"通常都是完全没有受过教育的暴发户"，他们在有教养的贵族阶级面前，总是自惭形秽，"深深感到自己的社会地位很低"，即使在第一次议会改革胜利之后，他们也不得不让贵族"在一切庄严的场合体面地代表民族"。②

自然地，他们是绝不会坐视这种状态一直持续下去的。随着自身经济实力的不断增强，他们便迫切要求彻底改变自己的社会形象和政治地位，力图将"暴发户"的贪鄙形象改变成似乎是有教养的、高雅的、有能力的社会领导者形象。早期社会形象的改善主要依赖的是其中的杰出人物。受 18 世纪启蒙思想和人道主义观念发展的影响，工厂主中的优秀开明者，如博尔顿、韦奇伍德、威尔金森、戴

---

① 参见保尔·芒图《十八世纪产业革命》，中译本，商务印书馆 1991 年版，第 323 页。
② 《马克思恩格斯全集》第 22 卷，人民出版社 1965 年版，第 357—358 页。

维·戴尔等,试图以较人道的方式对待雇工。例如,给工人以较好的报酬,设立工人救助基金的施诊所,建立学校,给工人提供较好的住宿条件,严格禁止工作时间过长,等等。他们采取较人道地对待工人的动机不完全是单纯的。有的人把这类方式理解为一种特别义务,完成这种义务就使他们的自尊和良心同时得到满足;有的人认为这类方式会得到工人努力工作和亲善的回报。但无论动机如何,最终的效果是一样的:既不排除获利的行动,又可改善自己的社会形象。

然而,要真正改变整体的形象,还得靠多数人的多方面的努力。与第一代企业主不同,第二代、第三代企业主一般受过一定的教育,理解文化和良好礼仪的重要性,加之,迫于社会舆论和工人阶级的压力,不得不在实际行为方面有所改变,以适应新形势的需要。在新一代企业主中,竭力从最高的劳动时间中榨取利润的"行为粗野者不再占优势"。工厂实际上普遍实行的是 10 小时工作制。[①] 同时,他们在自己所办的寄宿学校和报刊上致力于宣传自己的价值观念,把它们扩散到其他社会阶层(包括上层社会),以便加强自己的价值取向。[②]

出于自身利益的考虑,新一代企业主还积极关心和参加某些公共事业的建设,热衷于政治活动。我们前面提到过的科布登是个典型。他一生都与政治运动联系在一起,代表着新兴企业主阶层在政治上的高度觉醒。他的先辈曾获得 1832 年议会改革的小小胜利,他却领导着赫赫有名的反谷物法运动并取得了胜利,英国由此进入自由竞争资本主义的鼎盛时期。其后,他还与其他中产者一起参与各种政治改革运动。通过一次次的议会和法律改革,再加上改善自身形象的其他努力,工业革命初期崭露头角的"村野之流"的儿孙和后继者逐步走向权力的宝座,到 19 世纪中叶,"工业家被普遍欢呼

[①] 参见汉斯·豪斯赫尔《近代经济史》,中译本,商务印书馆 1987 年版,第 312—313 页。

[②] 参见贾士蘅译《英国史》下卷(Clayton Roberts and David Roberts: *A History of English*),台湾"国立"编译馆 1986 年版,第 863—869 页。

为现代的普罗米修斯、新社会的缔造者。有些经济学家、哲学家和社会改革家都向他们祝福"[1]。

19 世纪中叶是企业主阶层大获全胜的时代。他们不仅在经济上和政治上取得胜利，而且在价值取向的初次较量中也获得胜利。后一种胜利表现为：试图提高自身的社会经济地位的工人和力图保住固有地位而被迫寻求财源的贵族都不得不接受工业中产阶级的实用经济美德。例如，维多利亚时代的早期和中期，上流社会对后代的教育也强调诚挚、有志气、努力工作、严格拒绝性的吸引力，并且生活简朴、行为勇敢。

五　历史的反思

19 世纪中期以后的历史事实是：英国文化价值体系的重新整合是以中产阶级及工人阶级都向上流社会看齐而完成的。其结果是，产业革命中崛起的"中产阶级"最终未能在价值取向方面开创出相应于其经济和政治成就的领域，而是走向"工业家绅士化"（the Gentrification of the Industrialist）的道路。

导致这一具有悲剧性色彩的因素固然很多，但知识界对"工业主义"或"商业主义"的猛烈批判是其中的一个重要因素，其中尤其以狄更斯（Charles Dickens）、阿诺德（Matthew Arnold）、罗斯金（John Ruskin）、莫里斯（William Morris）、萧伯纳（Bernard Shaw）和劳伦斯（D. H. Lawrence）等人的批判最为猛烈，影响也最大。他们认为，工业化社会的所有问题都起源于"工业主义"或"商业主义"。正是它们卑鄙地迫使人类把所有的精力投入到物质财富的竞争和掠取之中，导致把人生存的目的降格为"纯属机械性的物质主义"，产生出各种丑恶：贫民、工厂地区的污秽，自然环境的被破坏，人与人之间冷酷的现金关系，等等。罗斯金在一次演讲中说："你们必须记住，身为

---

[1] J. F. 贝尔吉埃：《1700—1914 年工业资产阶级和工人阶级的兴起》，奇波拉主编：《欧洲经济史》第三卷，商务印书馆 1989 年版，第 336 页。

制造业主……假使你们由于目光短浅、不顾一切地渴求财富，而捕捉民众表现为一时需求的每一种心情；假使你们由于嫉妒而与邻居或其他生产者竞争，试图标新立异，用艳丽的产品来吸引注意力，使每一项设计成为一种广告，而且剽窃一位成功的邻居的每一个主意，以便能暗中模仿或者凌驾于它之上使之黯然失色——那么，你们永远不可能完成或者领会到什么高明的设计。当你们退休养老之时，你们便只有一件事可以告慰自己的风烛残年……你们这一辈子成功地阻碍了艺术，败坏了德行，而且骚乱了你们国家的生活方式。莫里斯宣称，中产阶级的商业习惯甚至已毁掉其成员所珍惜的事物，他们不能、也不会改变工业主义的后果，不可能'在精神上获得新生'。"[①] 19世纪末期，甚至"自助""个性""尊重"等价值观，在实践中运用的诸如勤奋、节制、节俭等品质，都受到攻击。[②]

中产阶级面对贵族的那种优越感原本就天生有一种自卑心理，现在其价值观和社会作用又遭到社会舆论的否定。于是，他们也怀疑起自己来，渐渐地再也没有自己的价值观是"全民族的精华"的信念，再也没有自己是"英吉利民族的骄傲"的壮志，而是向贵族看齐，追求绅士的生活方式。舆论似乎也支持这种行为。1850年，《经济学家》杂志还批评那些想购买土地以获得社会地位的工业企业主，但到1870年改变了调子："对一个英国百万富翁来说，将其资财的一半用来购买一万英亩的土地，即使只获取百分之一先令的收益，但能生活在拥有继承权的土地上而不是毫无土地，也是值得的。"[③] 因为在英国，拥有土地是社会地位高尚的一个最基本的标志或条件。

于是，我们看到，在工业企业主阶层内部，对工作、发明、物质生产和挣钱的热情让位于有节制的工作、追求闲暇、热衷政治和

[①] 罗斯金：《两条道路》（1887），转引自雷蒙德·威廉斯《文化与社会》，中译本，北京大学出版社1991年版，第194—195页。

[②] 参见雷蒙德·威廉斯《文化与社会》，中译本，北京大学出版社1991年版，第204—206页。

[③] 阿萨·勃里格斯：《英国社会史》，中译本，中国人民大学出版社1991年版，第286—287页。

其他非经济的社会活动，奋发图强的竞争精神让位于悠闲自乐的享受。产业革命和工业化社会的功臣发思古之幽情，迷恋起产业革命前乡村那种"田园诗般的"生活方式。第一代工业企业主的后代们越来越不愿从事经营活动，而是去从事他们认为有意义的政治、文化和宗教事业。例如，赫赫有名的面粉厂主约翰·马歇尔的儿子们不经营企业，跑到莱克区（the Lake District）当起乡绅。即便是新生的工业企业主也因受"绅士风度"这种文化精神的影响，往往适可而止，赚得一笔钱后便急于成为绅士，不再追求利润的最大实现，并放松与之相关的一切企业行为。

因此，"工业家绅士化"的结果，腐蚀了企业主的事业心和创业精神。他们的行动背离了先辈们那种不断积累、不断投资和不断扩大生产规模的优良传统。有些历史学家在考察英国 19 世纪末世界经济地位开始下降的原因时，把这种"工业精神的衰退"视为一个重要的原因。英国经济学家在寻求"英国病"的根源时，常常也追溯到 19 世纪后期工业企业主的价值观和行为的退化上。英国史学家 Martin J. Wiener 甚至认为，正是社会舆论对崇尚财富、崇尚竞争和追求利益等"工业精神"的不断批判，导致英国从 19 世纪中期直到当代的经济衰落。因为这种批判使得"工业家绅士化"，从而失去经济发展的真正动力源泉——"工业精神"。

英国新兴企业主阶层在产业革命之后的退化，以及英国学者从今天的立场出发对这种退化的历史反思，是值得我们认真研究的一个课题。因为我国目前也正处于一个伟大的经济转变时期，如何对待与此相应而出现的新的价值体系？传统的儒家文化到底应该在这种新体系中占一个什么样的位置？简单地宣扬它有合理成分是不够的。更重要的是如何改造它，使它以新的面貌渗入人们的实际行为之中？但愿我们不要重蹈英国的覆辙，从对新社会弊端的批判走向对新价值观的否定，进而出现让传统吞没新价值观的历史悲剧。

（原载《经济文献信息》，1994 年）

利他主义经济学的追求

一 文献回顾

虽然主流经济学一直以"经济人"作为一个基本假说，但人类行为的利他主义问题并未消失在经济文献之中。利他主义经济行为的存在是一个不可否认的事实。且不说大量的非主流经济学家对这一问题的关注，即便是主流经济学家也不同程度地关注这一问题。但是，这种讨论并未纳入"边际革命"以来正式的经济分析之中。究其原因，新古典经济学家认为，利他主义仅仅是经济生活中的次要现象，对它的忽略并不影响经济学得出普遍有效的结论，因为经济学毕竟抓住了经济生活中最本质的东西——自利。这似乎已是他们的共识（杨春学，1998）。于是乎，利他主义成为被经济学家长期忽视的问题。

然而，最近一个时期中，经济学家对利他主义及其经济意义的兴趣得到复兴并日益增强。这种学术兴趣的复兴，就其广泛的学术背景而言是经济学帝国主义式的扩张，但具体而言，可以说是起源于 Becker 关于利他主义（特别是利他主义在家庭行为经济学中的关键性角色）的开拓性论文（1974，1976）和社会生物学对利他主义的引人注目的分析。后两者构成最近关于利他主义经济学分析文献的重要学术背景。特别是，《美国经济评论》《政治经济学杂志》等在 20 世纪 80 年代末 90 年代初大量登载有关论文，直接推动了利他主义经济学的形成和发展。

这就自然提出一个问题：为什么最近经济学家会突然地对利他

主义问题给予那么大的关注呢？这有理论和实践两个方面的原因。从理论逻辑上看，诸如"囚徒困境"和"搭便车者"等问题表明个人理性行为与集体的理性结果之间的冲突，这对经济学的基本教义构成强有力的挑战。在实践上，进入20世纪80年代之后，英美等国都出现富人与穷人之间在收入与财富上不均等的差距加大的趋势；有的研究者还指出，这种日益扩大的不平等并没有促进财富的创造。如何解决这些问题，再次把经济学家的目光引向利他主义：自利模型虽然能够解释某些再分配活动，但肯定不能解释其中的所有活动。

所有这些因素，使经济学家不得不正视经济生活中存在大量利他主义行为这一事实。但是，在讨论中，经济学家们在利他主义的性质、形成机制以及利他行为的经济效果等关键问题上存在着严重的分歧，没有形成一种统一的理论分析框架，以致常常陷入"公说公有理，婆说婆有理"的无谓争论之中。

本文将超越一般性的文献综述，设计出某些模型来对利他主义经济学的某些核心问题进行逻辑上统一的讨论。

二 利他主义的经济模型

在这里，我们将利他主义经济行为划分为两种类型——具有亲缘关系群体内部的利他主义行为和非亲缘关系者之间的利他主义行为，并分别以稍微不同的方式对它们进行模型化。

（一）作为效用函数中的一种"偏好"的利他主义

对利他主义最通常的经济学分析思路是：把利他主义描述和模型化为个人的"相互依存的"效用函数中的一个主观"偏好"。具体地说，把利他主义纳入个人的效用函数之中，以此扩充个人的"自私偏好"，从而使其他人的效用（福利）成为个人满足的一个新增的源泉。也就是说，即使存在某些真实的利他主义（例如，自愿献血），也无须抛弃标准的效用最大化经济分析框架。因为传统经济理论完全能够容纳利他主义行为的分析，只需假设利他主义者所要最大化的，不仅仅是他们自己的个人福利，还有他们所关心的某些其他人的福利，即假设一种相互依存的效用函数。

按照这种思路，我们可以用一个简单的偏好参数来模型化利他主义的程度（或强度）。这个参数表示一个人赋予其他人的效用的相对权数，一般被假设为在单位区间之中，以排除"嫉妒"和"过分的利他主义"（例如，"after you"问题）这两种极端的情形。因而，利他主义可强可弱，取决于这个参数的实际值。利他主义的范围也可宽可窄，取决于"社交的距离"，通常假设给予血缘关系较近的家族成员以较大的权数。

在模型中，可以用下述效用函数来刻画某个利他主义者 i 的特征：

$$U_i = u_i(c_i) + \delta u_j(c_j) \qquad (1)$$

其中，j 是 i 关心的另一个人；δ 是利他主义参数，且 $0 < \delta < 1$。显然，当 $\delta = 0$ 时，上述函数是一个自私的个人之情形。

更具体地说，当对效用函数作这样一种形式化的处理，即个人 i 给予他自己的直接效用的权数为 $1 - \alpha_i$，给予另一个人的直接效用的权数为 α_i，那么，这个利他主义者的效用函数为

$$U_i = (1 - \alpha_i) u_i(c_i) + \alpha_i u_j(c_j) \qquad (2)$$

其中，$\alpha_i > 0$，以排除受虐狂和嫉妒这两种情形（再次，如果这个人是一个利己主义者，那么，$\alpha_i = 0$）；$\alpha_i + \alpha_j \leq 1$，以排除"过分的利他主义"。在这里，$\alpha_i + \alpha_j = 1$，对应的是"完美的"利他主义情形，在这种情形中，两个人的利益是完全和谐的；而 $\alpha_i = \alpha_j = \alpha$ 对应的是"对称的"利他主义；因而 $\alpha_i = \alpha_j = 1/2$ 对应的是"完美的、对称的"利他主义。

这种利他主义的标准分析方式具有某些重要的含义：（1）利他主义被视为个人既定的主观偏好问题，其存量是外生地被决定的，只需假设"偏好是稳定的"即可。如果要超出模型之外来探讨偏好的来源问题，既可以说它来自个人的本能、冲动或情感，也可以说是来自某种生物上或文化上的遗传特性。（2）个人"效用最大化行

为"假设是唯一理性的行为假设,既适用于利己主义者,也适用于利他主义者。(3)就利他主义仅仅只是基于提高"利他主义者"的整个偏好的满足程度(即总效用)的一种手段而言,利他主义充当的是一种工具性的角色。因此,这种"利他主义者"事实上最好视为一个开明的自利者。

相对于以往对经济人的狭隘解释而言,这种利他主义的经济模型是一个重大的进步。但它在概念上的主要困难是:如果不做进一步的说明,就无法捕捉住利他主义的真正本质。效用概念表达的是个人与其偏好的"客体"之间的某种特定关系,而利他主义的本质是人们之间的一种关系。人为什么需要这种关系呢?答案就是自我保存(Self-preservation)。如果我使自己与其他人隔离开来,我就无法实现生存的基本目标。因为我需要他们来确证"我值得活下去"。他们有什么理由来作出这种确认?因为他们也需要从我这儿得到相应确认!"自我"的保存是这种行为互动的结果。一个人能够给另一个人提供的独特资源,就是承认其他人的生存价值的能力。这是一种不共享就无用的资源。不过,我们在下面第三、第四部分中将会看到,只要放弃偏好外生性的假设,就可以解决这一问题。

(二)作为"合作行为"的利他主义

以相互依存的效用函数来说明利他主义的观点,依赖于这样一种观念:人们只有以频繁的交往为基础,才能够产生出一种对彼此效用函数的认识。因此,上述思路特别关注的是关系紧密的团体中人们的利他主义行为。相比较之下,在关于利他主义演进的文献中,利他主义被视为"合作行为",从而超越了关系密切团体的范围。

这一点在囚徒博弈分析中最为典型。在"囚徒困境"博弈中,利他主义意味着采取"合作"的策略,而利己主义意味着采取"背叛"的策略。因此,按照这种解释,利他主义成为一种行为假设,而不是一种偏好假设。而且,在这种分析思想中,对一个利他主义的合作行为,是以这个人自己的理性选择,或者以基因遗传或文化遗传来解释的(Bergstrom and Stark,1993)。

按照这种分析思路，我们可以对超越"亲朋好友"关系的利他主义行为类型作模型化。假设一个"利他主义的"个人 i 给予他自己的支付（p_i）的权数为（$1-v$），给予另一个人的支付（p_j）的权数为 v。因此，一个"利他主义者"将最大化：

$$U_i = p_i (1-v) + p_j^v \tag{3}$$

其中，p_i 和 p_j 依赖于所有参与者的行动。如果 $v=0$，这意味着个人 i 是只关心自己的支付的利己主义者，忽视其行动对其他人的影响，因而采取的是"不合作"的行为。如果 $v=1$，则意味着他是一个完美的利他主义者。给定这一博弈对合作或背叛的支付，这个利他主义者将采取合作行为（即便在一次性囚徒困境中），假若他的利他主义程度（v）足够强的话（只需 $1/2 \leq v < 1$）。如果每个参与者都是这种利他主义者，他们将以与囚徒困境博弈的合作解充分一致的方式行事。

而且，如果能确信或保证另一个人也将合作，那么，合作所要求的利他主义程度可能会较低。的确，正如 Collard（1978）所注意到的，在一种确信博弈（Assurance Game）中，"自信越强，产生出合作所需要的非自私性越小"。如果把自信作为一个人赋予另一个人实际上采取合作行为的一种主观概率，那么，很显然，这个利他主义者对合作的主观概率估计值（π）越高，为了这个利他主义者采取合作行为所要求的利他主义（v）就越低；反之，反是。也就是说，可以把 π 和 v 视为负相关。总之，如果两个博弈者是足够利他的或是足够彼此信任的，那么，相互合作就应该会作为他们的一种超优策略而出现。显然，如果博弈者是利他主义者，"囚徒困境"类型的博弈就可以获得一个"集体理性"的结果。

但问题还在于：就如借助于声誉或互惠的利他主义一样，为了证明自利的"理性"局中人采取"合作行为"是合理的，也可以求助于其他"情感"，譬如说社会赞许的需要或可信地发送某种诚意信号的可能性。通过把诸如这类"情感"纳入博弈论或经济学之中，也可以获得"合作"的结果；在这种情形中，局中人的支付不仅取决于他们的行动，也取决于他们对其他人的动机或意图（某种"互惠的公平"或"可能的利他主义"）的信念。再者，如果有可以沟通和可以利用事先约定的承担义务的条款，或者可以达成在法律上有约束力的、可强制实施的协定，对自私的理性局中人来说，"合作"也可以是"理性的"。特别是，在一种重复博弈中，通过可信的惩罚威胁，也就是说，当惩罚策略或者报复的或明或暗的威胁并非空话时，合作可以得到理性的维持。更一般地说，作用于强制的规则，可以对个人的不合作行为施以相互约束，并通过集体对个人私自的利益给予的激励，促进合作。总而言之，如果把合作描述为行为规范，那么，各种道德原则和规则也将成为"合作"行为的源泉。

三　对上述模型某些假设的进一步讨论

前面所述的是对利他主义的标准经济学思维方式。然而，如果我们不能给这些数学化模型提供更具体的内容，它们就会成为没有血肉的骷髅，无法对有关经济行为提供有意义的分析和预测。例如，当利他主义行为不是一种简单的"不是—就是"的决策时，我们怎么样才能预测个人的利他主义偏好支配个人行为的程度呢？要进行这类预测，我们仅有利他主义偏好存在的假设是不够的。我们需要解释利他主义偏好如何形成、什么决定这种偏好的强度、什么触发这种偏好的运用等问题的一套理论。在这一部分中，我们只讨论第一个子问题，其余问题将在下一部分中讨论。在利他主义数学化模型的意义上说，这类探讨已偏离标准的经济学方法，但就如同我们将看到的那样，并非所有的"偏离"都与上述模型相冲突。

对利他主义经济模型的第一种偏离是：仍然把利他主义视为一种关于偏好的假设，但同时把偏好视为内生的，最起码部分地是由社会的、文化的、政治的、历史的因素和价值规范所"塑造"的，特别是由"相对封闭的环境"——家庭、拓展的家庭和地方社区所

"塑造"的。在这里，行为心理学似乎提供了学习利他主义过程的最佳描述：受到奖励的行为随后频率会增加，受到惩罚的行为随后频率会下降。在塑造和修正个人偏好的过程中，个人的内省、学习和经验肯定是关键性的。但是，父母的教育、引导和劝说，榜样模式和团体压力，也会对偏好形成和偏好改变产生重大的影响。公共政策也会影响之。在这种思维方式中，利他主义也可以定义为一种伦理偏好，例如，Har-sanyi 对 "主观的" 和 "伦理的" 偏好之间的区分。

对标准经济学方法的第二种更大的偏离是 "道德的—经济的" 方法。这种思维方式并不把利他主义视为一种个人偏好问题，而是视为一种道德品质或态度，它与偏好和行为都可能相关。更具体地说，其基本观点是：利他主义是个人（理性的）道德的一个基本组成部分。道德规范会塑造人类行为的意向或动机，以及显示个人偏好。但是，道德规范不同于偏好，因为偏好本身并没有某种道德内容。可以肯定，道德规范并不是主观的个人特性，既不纯粹是个人心理状态（本能、冲动、情绪）的结果，也不完全是由基因遗传预先决定的。与偏好不同，道德规范主要是个人在社会互动过程中学习的结果。

把利他主义视为一种个人内生的偏好还是一种道德品质，这是一个有争议的问题。有的学者认为，在这两种情形中，在某种程度上塑造利他主义的，都是相同的力量或因素，这种区别究竟有什么实质意义呢？答案在于，它与处理利他主义的理论方式有关。

事实上，只有在前一种假设（即利他主义是一种内生偏好）之下，标准的个人效用最大化框架才可能作为一种解释和预测人类选择和行为的方式而得到维持。显然，在利他主义的模式化中，偏好内生性假设会使问题复杂化。相形之下，如果把利他主义视为一种道德价值，那么，它就不应该进入个人效用函数，所以，个人主义的效用最大化模型就无法正式分析它。因为，道德不计较个人效用，利他主义的这种道德性质排斥对自己和他人的成本和收益的任何权衡。而且，把利他主义作为个人效用函数的一个自变量（或道德偏好),可能就使这个人成为一个"开明的"自利者,但不是一个利他主义者。事实上,这种思维方式最终会导致否定某种"目标函数"最大化的经济学思维方式。

四 选择利他主义的机制

按照原来新古典经济学的狭隘的"理性"概念,一切经济行为的基本特征都是对自身利益最大化的精密计算,而利他主义却是"非理性的"。因此,这种"理性"概念无法说明"为什么利他主义也得以生存"的问题。正如 Becker(1976)所争辩的:"要理解为什么自利在非常不同的环境之下具有很高的生存价值,并不困难。但是,为什么我们有时在人类和动物中观察到的利他主义也会生存下来呢?"现在,既然已经把利他主义纳入正式的经济学之中,我们如何解释这一问题呢?

(一) 利他主义的生存机制(1):生物遗传和文化继承

这类分析基本上可以借鉴社会生物学的分析框架。社会生物学家认为,在生物进化过程中,生物个体何时采取利己的行为,何时采取利他的行为,完全取决于保存基因的需要。一般的行为原则是以少数基因的拷贝换取整体基因的存在。这永远是一种合算的交换,也是生物界会一直存在利他行为的根本原因。特别是,血缘关系亲密的个体之间之所以会产生出强烈的互助互依和利他的行为倾向,皆因为它们拥有共同的基因,对相同或相似基因载体的拯救也就是对自己基因的拯救。

社会生物学家从"自私的基因"出发可以对生物个体的利己行为和利他行为作出统一的解释,那么,这种解释是否也适用于人类行为的研究呢?社会生物学的主要创始人 E. O. 威尔逊的回答是肯定的。在他看来,在人类社会中,虽然利他主义行为的形式和程度在很大程度上是由文化所决定的,但就其生物学的根源而言,与其他任何动物一样,人类的利他主义行为也是亲缘选择的结果,是通过基因而得以演变和发展起来的。除一些非常情况下的特殊事例外，一般地，人的利他主义行为的表现形式"说到底都含有自利的成分"。无条件的利他主义行为旨在为近亲效力，其强度和频率随着血缘和亲属关系的疏远而急剧下降，从而成为有条件的利他主义行为。

经济学家 Simon 就直接按照这种思路来说明问题。在他看来，按照进化论的思路，一旦在分析模型中引入用以识别利他者和有区别地给予其奖赏的各种机制，我们就可以看到，利他行为得到进化的潜在可能性会大大提高。例如，利用"亲缘选择机制"来说明家族中的利他主义行为，以"结构化同类群"选择机制来说明非血缘关系的人们之间的利他主义行为。特别是在后一种情形中，利他行为的遗传基础的发展，要求"小生存环境"的下述三种特征的共同进化：（1）靠我们的行为表明赞同他人的利他行为或反对自私行为的一种倾向；（2）通过负罪感或羞耻心，对所表达的赞同或反对态度做出反应的一种倾向；（3）不仅以赞赏的态度，而且以更大的生殖机会去奖励利他主义的一种趋向。

我们也可以对 Simon 的观点作形式化的论证，并通过把利他主义视为"囚徒困境"中的合作策略来证明，即便在一次性对策的囚徒困境模型，进化可以在亲戚或邻居之间维持合作行为。在这里，合作以牺牲某种自己的利益为代价使对方受益。因此，甚至于在像囚徒困境这样"最敌对性的环境中，进化也会选择利他主义"（Bergstrom and Start，1993）。

显然，正如社会生物学家已经指出的那样，如果个人是相关的进化单位，且利他主义者必然获得比利己主义者更低的支付，那么，进化过程就会趋于消灭利他主义。然而，正如 Bergstrom 和 Start（1993）证明的那样，如果基因是进化的单位，那么，在进化确实选择利他主义—合作行为的条件下，利他主义合作者就可以很好地生存下来。理由在于："基因遗传和文化遗传是感觉迟钝的工具，一般地不会对孤立的个人发挥作用。那些继承了进行合作的基因（或文化）倾向的人，更可能比其他人享受到同胞合作的利益"，而且，一般来说，也更可能与其他具有同样倾向的人进行交往。因此，合作行为可以持续和滋长，利他主义可以成功。

对于这种观点，可以提出各种疑义。例如，众所周知，为了让个人进行合作，并不必然要求利他主义。利他主义既不是合作的必要条件，也不是充分条件（Collard，1978）。合作也可能由开明的自利考虑所驱策。也就是说，合作行为可能在若干种伦理制度之下出现，并不完全以利他主义为基础，例如，功利主义结果、"道德"原则、宗教伦理、帕累托原则、"罗尔斯原则"。

在这种进化论的解释中，存在着一个更为根本的问题：利他主义究竟是否能够理解为仅仅是对家庭、亲戚或邻居的福利的关怀？因为，这种类型的利他主义可以视为"团体利己主义"或个人的"开明的自利"。这里，"团体"既可以小到一个家庭，也可以大到包括社区，甚至是地区性或全国性的社会团体。但是，即便做这样的扩展，这种利他主义仍然是一种自利的"团体利己主义"。以这种进化之观点，利他主义是由个人属于某一具体的团体之意识所驱动的。的确，属于某一团体的意识可以解释个人的某些利他主义。按照 Simon（1993）的观点，"对团体的忠诚，也许给利他主义提供了最重要的基础"。以社会生物学的术语来说，利他主义行为有利于这个团体的进化，所以是一种社会生物学的表现。按照这种解释，利他主义充当的仍然是一种进化工具的角色。

（二）利他主义的生存机制（2）：社会行为的互动

借助于社会生物学有关近亲基因而发生的进化选择的类推，经济学家可以解释社会经济中绝大部分父母对子女及其他亲属之间的利他主义得以存活的能力，且这种解释可视为对第一种利他主义行为模型的深化。但这种基于进化论的观点却难以对无血缘关系的人们之间的利他主义行为作出令人信服的解释。例如，设想这样一个社会，在那里，富人生育的子孙并不比穷人的后代多。富人想得到人们尊重的愿望，会使他们割舍一部分财富用于慈善事业，这通常被视为一种利他行为。但是，只要这种慈善行为并不影响遗传上的适应性，从进化观点看，它就不是一种遗传性的利他行为。

Becker（1974，1976）认为，只要认真对待和分析"社会相互作用"的存在这一事实，就可以利用经济学模型对所有这些类型的利他主义行为作出统一的解释。在他看来，利他主义的真正实质在于，它是人们利用自己有限的资源来"生产"诸如受人尊重这类"个人的社会价值"的方式。

按照这种观点，人们都在不同的程度上具有重视邻居或同事对自己的评价的一种偏好。这种评价构成个人的"社会价值"——尊严、社会地位，等等，它们虽然是非商品价值，但也是个人效用的重要组成部分。当然，我们个人不可能在经济市场上直接买到这类"社会价值"，但可以采取迂回生产的方式，利用自己的资源（货币、时间等）影响其他人对"我"的看法，让他人"生产"自己所需要的个人社会价值。也就是说，如果一个人想获得他人尊重、荣誉和社会地位等"产品"给他带来的效用或满足（我们可以称之为个人的社会收入），他就必须在一定程度上考虑到其他人对自己可能产生的反应，并按照这种预期，根据自己的各种资源的"储备"情况，采取最有效率的行为方式，以"生产"出他想获得的上述"产品"或个人的社会价值。

显然，这种"生产"不仅受自身资源总量的约束，还受社会结构和环境的制约。因为，正是具体的社会环境决定着某种个人的社会价值能带来多大的效用量，决定着采取什么方式才能有效地生产出这种社会价值。以"受人尊敬"这种个人的社会价值来说，在理论上，可以有多种方法实现之。例如，你积累的物质财富越多，他人就会在心里越羡慕；你在政治上掌握的权力越大，人们就越重视你；你对其他人越表现出慈爱的行为，人们就越尊敬你；等等。至于采取其中的哪一种方法为佳，取决于你所生活的社会结构或环境更重视权力或物质财富的价值，还是更重视利他主义的价值。如果社会结构或环境给定，那么，采取其中的哪种方法，就完全取决于个人拥有的"资源"结构和自由选择。由于每个人的资源禀赋不同，采取的方法会因人而异，但选择的本质是相同的，即选择那种能以最有效的方式"生产"出最大量的个人价值——受人尊重的方法。

按照这种思维方式，某些人之所以比其他人表现出更多的利他主义行为，并不是他们天生就比后一类人更慷慨和更具有利他主义倾向，这种现象仅仅意味着：对这些人来说，在上述刻画的各种具体约束条件下，利他主义行为是得到他所希望的"受人尊重"程度的最有效行为。

五　利他主义与效率问题

经济学家一致认为，"过度的"利他主义是无效率的，采取市场交换形式的利他主义也是无效率的。这可以用有名的"after you"问题来说明：由于过分的彬彬有礼，每个人都坚持让对方先走，结果，无人走过一道门（Collard，1978）。中国名著《镜花缘》中的君子国故事也表明：如果两个人都是"过度的"利他主义者，由于双方都只愿意向对方转移资源而不愿从对方那里接受资源，其结果是谁的要求都不能实现。这种冲突最终只能等一个利己主义者的出现来解决。这类情形似乎也可以说明：没有利己主义，利他主义就无"用武之地"。

但是，这类情形不等于说利他主义在所有经济生活领域中都是无效率的。正如下面将会提到的，最起码有些经济学家已经证明：在家庭经济、公共物品等领域中，某种利他主义是必不可少的。

（一）利他主义与资源配置效率

一般认为，利他主义、自愿转移支付与家庭内部资源配置之间具有很强的良好关系，基本论点是：（1）由于利他主义者会使外部性内在化，内部有利他主义成员的家庭将会有效地配置资源；（2）利他主义会增加团体互动（Group Interaction）的利益。

对于第一个论点，我们可以用著名的"宠儿定理"（the Rotten Kid Theorem）来给予清楚的阐述，因为它表明了自私者的行为是如何受到利他主义影响的。"宠儿定理"表明，只要户主是利他主义者，那么，每个受益者，不论其如何自私，都会使家庭收入最大化，从而使他的行为对其他受益者的影响内在化。也就是说，每个人都有考虑自己的行为对其他人的影响的激励，效仿利他主义，以避免"搬起石头砸自己的脚"的结局。

这一定理暗含着某些条件：第一，儿子为使家庭收入最大化而采取的行为，必须能使父亲得到足够的收入优势，从而引致收入转移；第二，父亲的利他主义必须超过一定的限度，否则，父亲的收入转移将不足以诱导儿子的合作；第三，父亲必须"最后说话"，不然的话，如果父亲的收入转移先于儿子的行为选择，儿子肯定不会作出使家庭收入最大化的决策（Hirshleifer, 1977）。

有些学者认为，"宠儿定理"及上述限定条件有助于理解家庭中的各种现象（Lindbeck and Weibull, 1988）。例如，利用第三个条件，我们可以理解为什么父母总是要在生命的最后时刻才订立或公布遗产分割的协定，为什么利他主义者都想让受益人知道谁是他们的捐赠人。再如，这一定理也有助于我们理解，即使利他主义在市场交换中是无效率的，为什么小型家庭企业能够在经营农业、服务业和其他产业中繁荣兴旺。

至于利他主义会增进团体互动的利益之论点，可以换个角度给予说明。我们可以把利他主义行为看作人们相互保险的一种形式。例如，户主对其他成员之福利的关心，可以为包括户主在内的每个人提供某种灾害保险。这一论点也在一定程度上适用于非家庭关系：如果人们之间始终保持着密切的交往关系，他们就会把相互合作中的受益看作一种互助保险的形式。促进这种合作的基因将增强他们自身长期生存的能力。但要保持这种合作，每个人都必须为他们的互助福利而行动，因而，要求适当地处罚违背原则的人（Hammond, 1987）。

但是，对上述利他主义是"一种建设性的社会力量"的观点，也有人提出质疑。有的质疑者强调，尽管存在着受利他动机驱动的资源转移，但仍然可能存在配置无效率（Hirshleifer, 1977）。例如，如果"父亲最后说话"这一条件不成立，利他主义会导致所谓的"Samaritan's Dilemma"现象。在这种现象中，如果一个自私的人知道某个利他者在未来将会给他提供帮助，他就可能通过采取某些过度行为而使自己的处境恶化，以图从利他者那儿得到较多的资源。在这里，无效率的根源在于：受惠者为了在未来从利他主义者那儿得到更多的资源，具有"挥霍"的策略激励（Lindbeck and Weibull, 1988）。有的质疑者甚至认为，利他主义"可能是一种反生产性的社会力量"，"实际上会使每个人的处境变坏"（Bernheim and Stark, 1988）。更具体地说：（1）利他主义可能会以令人惊讶的、有时是不幸的方式，改变社会效用的可能性边界。这种论点的直觉基础很简单：如果利他主义类型者 A 爱 B，但 B 并未因此而快乐，那么，A 的爱可能也会引起 A 自己的不愉快——A 会因为 B 没有体会到他的爱而失望。更糟的是，如果 B 也爱 A，那么，A 对 B 的爱就会使 B 感到更不快乐——B 会因为自己已经使 A 不愉快这一事实而苦恼。（2）利他主义还常常具有剥削性，并不具有激发自私者的利他行为的激励机制，因而也有可能会引起家庭成员以让所有成员处境变坏的方式行事。（3）此外，利他主义者很难实施协定，因为他们可能极不愿意惩罚背叛者，从而使利他者和自私者之间的合作不可能实现。

（二）利他主义与收入再分配

利他主义是公共物品中的一个重要因素。特别是，利他主义行为常常有助于促进社会福利。这可以解释为什么关于献血、再分配等问题的文献一般不运用"所有的人都是自私的"这一标准假设。有经验证据表明：出于利他主义的或无偏袒的动机的再分配，有一个稳定的数量从富人流向穷人；但自私动机驱策的再分配，在数量上并不稳定，且没有明显的直接影响。

当然，要在理论上说清楚再分配行为背后隐藏的各种动机，是件非常不容易的事。一个富人之所以赞成对穷人的转移支付，或者是因为一种伦理行为，他假设自己成为富人或穷人的概率相等；或者是因为他实际上相信自己也面临着成为穷人的正概率；或者是因为，他出于伦理的——利他主义的动机，对穷人的福利给予积极的考虑。也许，经济学家根本就找不到能区分出这三种动机的方法。

有的学者认为，从规范经济学的角度看，将利他主义包括在个人福利之内的帕累托效率概念，并没有多大的理论意义。假设 A 是个利他主义者，B 是个利己主义者。对 A 和 B 之间的收入分配，A 的效用函数是 $u(y^A) + (1/2) u(y^B)$，B 的效用函数为 $u(y^B)$。把他们的效用函数相加，得到 $u(y^A) + (3/2) u(y^B)$。结果，对自私者不应得的收入的边际效用所加权数，反而大于利他者应得的收入。较为恰当的社会福利函数是 $u(y^A) + u(y^B)$，它不考虑 A 的利他主义，只是恰当地增加自私者的效用。因此，利他主义在福利经济学中的主要作用，有助于决定再分配的伦理基础，而不是决定个人福利（Hammond, 1987）。

但是，仍然有部分经济学家认为，虽然赠予及其他"再分配制度"的重要性首先在于它们是广义的慈爱，但对它们的传统解释却是与经济人模型一致的。按照某些人类学家的解释，原始人之间的赠予其实是一种真正的社会交换形式；如果得不到酬谢，则赠予将会被收回，甚至会采取严厉的惩罚。因此，表面上的仁慈行为不过是间接的或伪装的自私。这就提出一个问题：为什么人们要把真正的交换用送礼这一形式伪装起来呢？Hirshleifer 认为，社会生物学的探讨可以解释这一疑问。在真正的原始社会中，自愿的资源转移形式只限于家族集团内部的分配。随着社会成员相互依存的范围的扩大和程度的加深，参与交易的各种利益集团之间的实际家族关系弱化了，但家族的共享观念依然存在，作为一种有益的虚构，人们把贸易伙伴当作准亲戚来"接纳"。这种虚构随着交易者们社会距离的拉开而变得越来越难以依赖，结果，严格的自利集团之间的交往在一定程度上就接近于真正的非个人交换。

六　结束语

以经济学的思维来说，利他主义并不具有绝对的道德价值。如果没有理性，盲目的利他主义也许不仅不会增进接受者的福利，反而会给双方带来负效用。例如，父母干涉子女的婚姻的事例可以做证：从动机上看，这类行为的本意是善良的，但其结果却往往是悲剧性的。谁会赞成这种"利他主义行为"呢？就其结果而言，这种盲目的利他主义与损人不利己的极端利己主义有多少差别呢？也许，某些学者之所以会得出"利他主义无效率"的结论，正是基于这类盲目的利他主义行为。

也就是说，利他主义也必须是理性行为，要考虑到这种善意的行为对接受者的最终效果。理想的模式是，本质上为善意的利他主义行为，给社会带来福利的增进。但铁的事实是，利他主义确实是一种"稀缺资源"。君不见：在现实生活中，我们无需倡导自利，相反，却必须设法约束自利行为，使之不至于损害他人和社会的利益；与此形成鲜明对照的是，我们千方百计呼吁、倡导利他主义，但现实中仍然未看到利他主义的普遍存在、发展和盛行。这难道不足以说明"利他主义是一种稀缺资源"的命题吗？

既然利他主义是一种稀缺资源，则我们最明智的选择是：让它在其生存的领域（家庭、社区）充分发挥其作用，不要力图强制地要求它在其力所不能及的领域得以实现。除非你把利他主义解释为其"绝对形式"，从而使它成为一种道德信条，否则的话，经济学家可以自信地告诉你：利用效用最大化行为假设就可以给出一个逻辑上一致的答案。自然地，经济学家所能解释的是"相对的利他主义"。对经济学的分析范式来说，值得庆幸的是，虽然现实经济生活中存在着"无条件的利他主义"，但大量存在且表现丰富多彩的却是"相对的利他主义"。

对利他主义的经济学分析强调，即便是世人眼中神圣的利他主义行为也仍然不能摆脱"自利"这个动力。这是科学的诚实。这一真实是我们在大量的经验生活中可以感知到的。从价值判断的角度看，如果"自利"这种人的生物本性中所体现的是人的"丑恶"的话，那么承认自身的丑恶绝不是要以此为荣。任何一种严肃的科学探讨，本身都蕴藏着鲜明的价值追求。在这一点上，关于利他主义的经济学探讨也是一样的。这一探讨表明：自利这一人的生物本性像一根带子束缚着人的行为，使人的行为不可能摆脱它的束缚而达到完美的利他主义境界；但这条带子很长，因而使人的社会本性有很大的活动余地，在最终要服从生物学法则的基础上，反抗"自私的复制基因的暴政"，实现利他主义的真正人化。在这里，我们可以再次体会到熟悉他那个时代社会生物学成就的恩格斯一句名言所包含的深刻洞察力和新意：人来源于动物的事实已经决定了人永远不可能摆脱兽性，所以问题永远只能在于摆脱得多一些或少一些，在于兽性与人性的差异程度。

参考文献

西蒙：《现代决策理论的基石》，中译本，北京经济学院出版社 1989 年版。

杨春学：《经济人与社会秩序分析》，上海三联书店、上海人民出版社 1998 年版。

Becker, Gary, S., "A Theory of Social Interactions", *Journal of Political Economy*, 82 (6), Dec., 1974, pp. 1063 – 93.

Becker, Gary, S., "Altruism, Egoism, and Genetic Fitness: Economics and Sociobiology", *Journal of Economic Literature*, 14, Sept., 1976, pp. 817 – 26.

Becker, Gary, S., "Altruism in the Family and Selfishness in Market Place", *Economica*, 48, Feb., 1981.

Bergstrom, Theodore C. and Start, Oded, "How Altruism can Prevail in an Evolutionary Environment", *American Economic Review*, 83 (2), May, 1993, pp. 149 – 55.

Bernheim, B. Douglas and Start, Oded, "Altruism in the Family Reconsidered: Do Nice Guys Finish Last?", *American Economic Review*, 78 (5), Dec., 1988, pp. 1034 – 45.

Chakrabarti, Subir, Lord, William and Rangazas, Peter, "Uncertain Altruism and Investment in Children", *American Economic Review*, 83 (4), Sept., 1993, pp. 994 – 1002.

Coate, Stephen, "Altruism, the Samaritan's Dilemma, and Government Transfer Policy", *American Economic Review*, 85 (1), March, 1995, pp. 46 – 57.

Collard, David, A., *Altruism and Economy*, Oxford: Martin Robertson, 1978, p. 9.

Haltiwangerand Waldman, "The Role of Altruism in Economic Interaction", *Journal of Economic Behavior and Organization*, 21, 1993, pp. 1 – 15.

Hammond, Peter, J., "Altruism", *The New Palgrave: A Dictionary of Economics*, Vol. 1, Macmillan, 1987.

Hirshleifer, Jack, "Shakespeare vs. Becker on Altruism: the Importance of Having the Last Word", *Journal of Economic Literature*, 15 (2), June, 1977, pp. 500 – 2.

Ilan Eshel, Larry Samuelson, and Avner Shaked, "Altruism, Egoism and Hooligans in a Local Interaction Model", *American Economic Review*, 88 (1), March, 1995.

Kolm, Serge-Christophe, "Altruism and Efficiency", *Ethics*, 94, Oct., 1983, pp. 18 – 65.

Kurz, Mordecai, "Altruism as an Outcome of Social Interaction", *American Economic Review*, 68 (2), May, 1978, pp. 216 – 22.

Lindbeck, Assar and Weibull, Jorgen, W., "Strategic Interaction with Altruism: the Economics of Fait Accompli", *Journal of Political Economy*, 96, 1988, pp. 1165 – 82.

Simon, Herbert, A., "Altruism and Economics", *American Economic Review*, 1993.

Simon, Herbert, A., "A Mechanism for Social Selection and Successful Altruism", *Science*, 250, December, 1990, pp. 1665 – 8.

Stark, Oded, "Nonmarket Transfers and Altruism", *European Economic Review*, 37 (7), October, 1993, pp. 1413 – 1424.

(原载《经济研究》2001 年第 4 期)

经济人与制度建设

一 经济人假设的真实程度

经济人这个概念在学术界曾备受非难,皆因传统经济学理论对经济人的特征——"自利"的动机和"理性"行为的狭隘解释。批评者认为:①经济人模式只考虑个人主义的利益,从而排除任何利他主义的动机,因而是一种不完整的个人行为模式;②这种模式不考虑社会习俗与传统对个人的偏好和选择的影响,忽视了个人与他人所保持的社会关系。

作为对这类非难的反应,经济学家已经拓展了"自利"和"理性"的范围。这集中表现在两个方面:①把对他人福利的关心,纳入个人的效用函数之中;②把遵循习惯、传统规范和法律等制度,视为一种有助于效用函数最大化的理性行为。

这两种拓展无疑是有价值的。一旦把"对他人福利的关心"作为一个变量而纳入自利者的效用函数,我们就无需为容纳"人们有时会把社会利益置于私人利益之上"的事实而以某种"伦理人"观念来取代"经济人"。我们在理论上需要作出说明的,仅仅是:①把名声、友谊、爱情、尊敬、自我表现、权力等"非经济的"效用源泉解释为个人效用的重要组成部分,建立一种有约束力的、开放的效用函数;②把诸如社会规范、道德准则等约束机制的存在视为生产"受人尊重"这类个人的"社会价值"或"互惠"的方式和手段,因为遵守它们符合个人的自身利益。

严格地说,这里所谓"对他人福利的关心"是一种有条件的利他主义，或曰这种表面的利他主义行为源于个人的自利倾向。因此，这是一种"开明的自利"。在人类生活的"利他"领域，得到极丰富表现的，正是这类行为。经济学家能够对这种行为作出很好的解释：这是一种自我强化的行为。①

人们通常所理解的真正利他主义行为，是不企求相等的回报或者连任何期待回报的无意识举动都不曾有过的、纯粹为他人考虑的行为，是一种无条件的利他主义。无条件的利他主义行为只意味着自我牺牲（从而得不到强化），为什么也能存在呢？我们必须承认，经济学确实无法解释这一问题。不过，这并无损于经济人假说。

为了清楚地表达我们的意图，在此将借用 Harsayni 的两个概念——个人的私人偏好与个人的伦理偏好，把理性概念从个人的私人偏好拓展到他的伦理偏好。私人偏好是个人用于作出日常决策的偏好；伦理偏好是个人必须权衡某一既定的决策对其他人造成的后果时所使用的偏好。

二　经济人的私人偏好与制度设计

我们不敢说经济人可以解释人类的所有行为含义，但它确实是一个强有力的概念。特别地，设计制度时，只有假定每个人都可能成为只进行纯粹个人主义的成本与收益计算的经济人，且缺乏足够的理性，我们才可能设计出一种一视同仁的正规制度，这是法治社会的必然预设。

在这里，真正的问题不在于人类是否（或应该是）完全由自利的动机所驱策，而在于社会能否让他按照自己的方式去追求他所理解的自身利益。法治社会的真正基础是，没有谁可以宣称比当事者能更好地判断其自身利益之所在。这不是说经济人假定认定人们有足够的理性去追求开明的自利。相反，这一假定认定懒惰、目光短

---

① 杨春学：《利他主义经济学的追求》，《经济研究》2001 年第 4 期。

浅、肆意挥霍是人的本性，只有通过环境的力量才能迫使人谨慎地或经济地调整其手段来实现其目标。在这种强制的行为限制中，个人追求自身利益的动机可能会推进整个社会的福利。

把关于经济人的假设从市场扩展到制度环境的分析，旨在估价强制的结构（即"规则"），最终目的是重新设计和改革，以确保在利用明显的互利关系上增强制度的效率。只有假定所有的人都是经济人，并分析经济人之间的行为互动关系，才能规定出适宜的法律限制，从而把追求私利最大化的行为纳入互利的界限之内。特别地，赋予统治者之权力的规模与范围绝对取决于对相互作用模式的分析结果。以这种经济人观念为原则推论出的社会制度的主要价值在于：它是一种使坏人所能造成的社会危害最小化的制度。这种社会制度的功能并不取决于我们能否找出道德高尚的"好人"来操纵政府和治理社会，也不依赖于个人的偏好或厌恶。这种制度将通过芸芸众生的多样化和复杂性来发挥其作用，其目的在于建立一种能给所有的人以"法治下的自由"的社会秩序，而不是只给"善良、聪明人"以自由。

在这方面，中国的法家，西方从近代的霍布斯、休谟到现代的布坎南，都有不少精辟的解释。中国古代圣贤韩非子以朴素的语言指出，"今贞信之士不盈于十，而境内之官以百数，必任贞信之士，则人不足官。人不足官，则治者寡而乱者众矣。故明主之道，一法而不求智，固术而不慕信"。这种认识体现出古代法家的一种健全理智。在近代西欧，像休谟这样的经济学家早已指出："必须把每个成员都设想为无赖之徒，并设想他的一切作为都是为了谋求私利，别无其他目标。我们必须利用这种个人利害来控制他，并使他与公益合作，尽管他本来贪得无厌，野心很大。不这样的话……最终会发现我们的自由或财产除了依靠统治者的善心，别无保障，也就是说根本没有什么保障。因此，必须把每个人都设想为无赖之徒，这确实是条正确的政治格言。"[①]

在人类实践的历史中，对这种预设的清醒认识，首推美国开国

---

① 休谟：《休谟政治论文选》，商务印书馆1993年版。

元勋的制宪活动。这些立宪者中有政务要人、商人、律师、种植园主兼商人、投资者，等等。他们在市场上、法庭和立法机构内部以及财富和权力受到青睐的幽径、通道中目睹了人类自利本性的各种表现，对人类的罪恶和无可救药怀着一种鲜明的加尔文教意识，并深信霍布斯关于人类自私好斗的判断。在他们看来，既然人类是无法改变的追求私利的动物，就不能求助于人类的克制能力，而必须以恶制恶。正是基于这种观点，他们设计出并实施三权分立的政治制度，其目的在于使政治决策过程不依赖于任何官员的单纯动机、意愿和道德品质。

即便如此，美国的宪法也是利益集团朴素斗争、讨价还价和妥协的产物。正如查尔斯·A. 比尔德在其《美国宪法的经济观》中所强调的那样，"宪法不是所谓'全民'的产物"，在制定和通过宪法的过程中，"经济力量是原始的或根本的力量，而且比其他的力量更足以解释现实"。[1] 虽然美国宪法的制定者本身就不能摆脱自身利益的约束，但他们的伟大之处在于：承认自利的力量，并且巧妙地加以运用，从而把一个新政府建立在唯一稳定的基础——经济利益之上。

三 经济人的伦理偏好和制度实施

设计制度时只能着眼于人人皆可能成为"无赖"的事实，但这不意味着人真的都是无赖。如果大多数人都成为蔑视伦理道德的勇士，那就连法律也将成为一纸空文。道格拉斯·诺思有一句名言，"任何一套规则都好于无规则"。如果一套规则形同虚设，那么，我们还能说这套规则好于无规则吗？要保持一种以个人利益为特征的社会秩序，主要取决于社会成员是否接受一套共同的道德戒律。也就是说，个人必须尊重受法律支配的财产权利，履行契约的义务。这种遵守法律制度的行为本身并不能现成地产生于"纯粹经济人模

---

[1] 查尔斯·A. 比尔德：《美国宪法的经济观》，中译本，商务印书馆1989年版。

式",而只能产生于经济人的伦理偏好赖以形成的背景。也就是说,制度的设计必须着眼于经济人的私人偏好(相当于"人性恶"之说),但制度的实施则必须以经济人的伦理偏好(相当于"人性善"之说)为根基。

哈萨尼关于个人的私人偏好和伦理偏好的区分,使我们可以从新型的经济人模型中找到个人伦理偏好在逻辑上的立足点。虽然我们不能指望人人皆是仁义君子,但人确实有一种社会情感,其核心为人性中的自治因素。对这种社会情感的性质,我们可以借助 A. 斯密的两个著名概念——"同感"与"公正的旁观者"来理解之,它们反映的是一般的个人伦理偏好。①

只有承认每个人都拥有社会情感及道德上的人格平等,正规制度才可能得到有效的实施。这也是自由法治社会的思想基础。正如二百多年前的英国学者爱德蒙·伯克所言,"公众享有法律规定的自由,其确切范围取决于他们把伦理锁链加于他们自己爱好之上的倾向,取决于他们的博爱高于他们的贪婪,取决于他们的忠实与和平超过其虚荣和专横,取决于他们倾向参加明智的、良好的议会,而不是偏爱无赖式的奉承"②。外在的法律制度之所以行得通和有效率,不仅仅是因为它的绝对权威,还因为人的社会情感给这种制度的实施提供了一种社会心理学的基础。这种社会情感的本质要素包括相互尊重、诚实、合作、负责任等。

这类行为伦理对市场经济和与其相应的政治体制的运行至关重要。这种重要性体现在两个相关联的方面:①市场制度使几乎所有的人都既是债务人又是债权人的双重身份,这就要求建立一套新的道德体系,其内容是人人应承担遵守诺言的义务和责任;②在市场经济这种"扩展的秩序"中,企业只有建立血缘关系之外的相互信任的基础,才有可能进行不断扩大的贸易和投资。

一个公认的现代事实是,市场体制可以与多种文化相容。这里

---

① 杨春学:《经济人与社会秩序分析》,上海三联书店、上海人民出版社 1998 年版。
② 哈耶克:《个人主义与经济秩序》,中译本,北京经济学院出版社 1989 年版。

的"文化"可以定义为"易控制的行为模式"（Tractable Patterns of Behavior），侧重于一个社会中成员处理人与人之间的方式和形态。无疑，市场体制与文化的相容程度会影响这种体制本身的效率。一般而言，市场协调的最终结果将会因不同的文化而异。不同的文化会培养出不同的社会情感，因而人的自治程度也不同，制度实施的效果也不同。对此，我们从两项研究的不同侧面证实之。

一是马克斯·韦伯的著名案例研究。他在批评桑巴特的犹太教与近代资本主义精神有亲和关系的观点时指出犹太教与清教之间的本质差别。他认为，犹太人在民族内部讲团结互助，对外则以冷酷的计算求营利，这就导致"对内道德"与"对外不道德"的二元化伦理。在这种二元化伦理观的支配下，犹太人不可能与异教外邦人做平等的、靠交换机会营利的经济活动，反之，清教徒唯有在信仰领域不和异教徒相处，而在其他交往方面则持诚实公正态度。在有关经济活动方面，他们认为在基督徒和异教徒、本民族与他民族、同乡人与外乡人之间不应有亲疏差别，他们轻视这些基于血缘、地缘的人为差别，而重视基于业缘的理性行为。在韦伯看来，近代资本主义精神是依靠业缘的合理性为其本质因素而构筑起来的。因此，犹太人虽然在纯营利的经济领域取得了巨大成就，但他们的活动囿于民族的限制，至多能发展起"掠夺式"的资本主义或"商人式"的资本主义，而对于近代资本主义所固有的"自由劳动组织的理性化"这一本质特征，似无多少贡献。

另一是美国兰德公司的日裔学者福山的研究。他以社会心理和文化传统来说明各种市场经济模式之间的重大差别。他以社会学的"社会资本"概念来定义一个社会的成员相互信任、以组织形式进行合作的传统。像法国、意大利、中国台湾、中国香港式的社会中，这种"社会资本"以重视家族传统为核心，家族之内的人们彼此间的信任程度很高，但对家族外的人们信任程度低。因此，依赖这种"社会资本"的国家和地区主要依靠家族纽带来兴办、管理企业，它们以小型的家族企业为产业的中坚力量。大企业往往由政府来兴办；

即使有一些家族式的大企业，也往往只是"一代王"。而在美国、德国、日本式的社会中，以非家族关系的"社会资本"为主，陌生人之间能够彼此信任、在一个组织里进行协作，因而能够建立起以大规模的现代化企业为核心的经济模式。

当然，作为具体的案例，韦伯和福山的观点在细节上存有争论。但是，透过这两个案例，一个答案的轮廓开始显露出来：以承认所有人在道德上平等为基础的社会和以二元化伦理为基础的社会不同。在前一种社会中，个人与他人交往时并不要求忠于一种共同的价值观，只要把他人视为自主的个人对待，就可以在血缘、地缘关系之外建立起相互信任的基础。而在后一种社会中，相互信任一般仅限于家族、宗族、同乡等概念所涵盖的范围之内，一旦与外部人打交道，就很容易丧失行为伦理的约束。我们可以这样认为，只有前一种社会才有可能建立起一种有效的法治的社会经济秩序。

至于如何在非亲缘关系的社会成员之间形成一种彼此诚实、信任的基础，我们还不清楚。对这一问题的答案，人们也只能作出并不完整的解释①。例如，马克斯·韦伯强调新教之作用②，布坎南注重所谓"原始部落遗产"③。

四 初步的结论

我们必须在制度设计上假定：每个官吏并不会因为已经成为"官吏"而在道德上高于其他人类群体，他们的行为在实质上与商人并无不同。因此，正如我们对商人行为的规制那样，承认官吏的行为是追求其利益的最大化，并对他们的行为进行制度上的明确约束。好的政治制度的精神在于：允许官吏追求其利益最大化，但只有他

---

① 罗森堡、小伯泽尔：《西方致富之路》，生活·读书·新知三联书店1989年版。
② 马克斯·韦伯：《新教伦理与资本主义精神》，生活·读书·新知三联书店1987年版。
③ 布坎南：《自由、市场和国家》，北京经济学院出版社1998年版。

们的行为能够增进所辖地区或领域的公共利益时，他们才能实现其个人目标。如果这种假设被证明对于政治事态就如同对市场经济事物一样，具有丰富的应变力和先见之明，那么，我们可以期望对未来经济和政治事务这类严肃问题的理解会有长足的进步。

这样设立的制度的有效实施有赖于行为自律、有责任感等社会资本，以遏制与缓和人类自私的原始本能。但是，这种社会资本不可能仅靠个人的遵守来获得，而是建立在普遍的社会德行而非个人的美德的基础上。这种社会性的社会资本比其他形式的人力资本更难以获得。它的积累是一个复杂的，甚至有点神秘的文化进化过程。政府制定的政策可以影响社会资本，但政府却难以知道如何创建新的社会资本。从现实的角度出发，我们也不可能依赖所谓的广义"道德建设"，因为以此为基础的管理体系很难走向正式结构的制度化，其结果必然又是"人治"。这并非一种悲观主义的态度。值得庆幸的是，我们已经认识到，法治的秩序赖以生存的公正意识等"社会资本"，并不是天生就被植入人的大脑，而是从一个渐变的进化过程中成长起来的。对于这个过程，至少从原则上说，我们可以学会去理解它，进而适应之。国人目前所努力倡导的"个人信用制度""市场禁入制度"，等等，都可视为这类积极的努力。

最后要说明的一点是：制度安排得到有效率的实施，有赖于人们的社会情感或公共意识，这种情感或意识不一定就必须是利他主义，但这不等于要否定这种利他主义的价值。我们必须承认经济学的经济人范式无法理解无条件的利他主义，还必须承认这种利他主义在一种良好秩序的形成和维系过程中的特殊作用。在经济学家眼中，一种良好的社会秩序，意味着收入最低者也能过上一种体面的物质生活，且社会能以有效率的方式做到这一点。围绕社会福利函数展开的社会选择理论把我们的目光引向这样一个问题：寻找出自利行为和利他行为能够共存的诸条件。也就是说，一种可行的、进步的经济制度必须在两类制度之间找到某种平衡：一种以"自利"来预设的制度，和另一种以更广泛的动机之存在为预设的制度。这是一个有趣的问题,但对它的讨论已不属于这里的范围。

[原载《云南大学学报》(哲学社会科学版) 2002 年创刊号,收入时有删节]

经济人的"再生":对一种新综合的探讨与辩护[*]

一 引言

任何一种假说都有其特殊的局限,否则,为什么要称之为"假说"呢?自然地,随着认识的进步,这种局限会在批评声中不断得到改进,从而形成新的假说。但新的假说仍然不可能免除"其他条件不变"的通常假设所带来的局限。经济人假说的发展亦然。然而,批评者几乎很少注意到经济人本身的发展,仍然把经济人描述为"一种免除了所有约束的人的形象:非社会化的、完全自私的、不受规范约束的人,仅仅只是理性地进行计算,以促进他自己的利益"(Coleman,1986)。这实在是对经济人抽象的一种丑化!

经济人因为被批评者丑化或误解,一度使得以此为分析基础的经济学家都不再直接用这一概念来表达相关的假说和思想。于是,有些批评者多次宣称,"经济人已经死亡"。但是,20世纪70年代以来,随着经济学帝国主义的发展,经济人,带着某种复仇的心情,复活了(Bowles and Gintis,1993)。自然地,在这种复活中,他本

---

[*] 本文是2005年4月11—12日作者在福州召开的"全国经济人假说讨论会"上的主题发言的修改稿。作者在此感谢研讨会的参与者对本文提出的有益评论,这类评论促使作者对某些方面进行了重新表述。本文可以视为对作者的《经济人与社会秩序分析》(1998)一书的某种补充。这种补充力图考虑到作者近年新看到的有关文献的发展,也总结这些年来作者持续思考的某些结果。某些思考结果已发表在《经济人与制度建设》(2002)和《利他主义经济学的追求》(2001)之中。本文所讨论的课题要比这两篇论文更广泛,沿用的内容只占很小的部分;即便是沿用部分,也对原内容有更精细的说明和新的补充。感谢匿名审稿人对本文某些表述的有益批评!

身也做了某些拓展，使自己适应更广泛的分析领域。随之而来的，不论是倡导者还是批评者，都比以前更为广泛，既来自经济学内部，也来自"被侵略的"其他学科（Zafirovski，2000；Rambo，1999；格林和沙皮罗，2004）。

但是，对这种"再生的"经济人，学术界还没有给出明确的系统描述。这正是本文研究的核心问题。本文力图把社会偏好、"个人社会价值"等新概念引入经济人模型的讨论中，给能纳入这一分析范式的行为确定某些标准。通过这种描述，也就可以明了批评者的许多误解，进而，我们不仅可以明确识别出经济人标准原型及其变型，还可以说明这种新拓展的模式是否能够有效地支持"经济学帝国主义者"几乎无限制的扩张：在什么程度上，这种新的抽象可以给经济学帝国主义提供合理的基础？此外，本文还力图给那些想了解经济人抽象问题的人，提供一份"困惑者指南"。

二 经济人的社会偏好与结构

人们常常以经验常识为基础，在伦理学和哲学层面上来认识人性结构中利己和利他的存在及其之间的关系，并陷入某种形而上学式的思辨之中。现代科学为人性结构中的这类存在提供了生物学、生理学和遗传学的证据。关于自私的基因，广为引证的是道金斯的《自私的基因》；至于利他基因的发现，却是最近的事。[1] 在经济生活领域，存在大量的利他主义行为，也是公认的事实（Collard，1978）。但正如斯坦福大学的保尔·埃利希在美国生物科学协会的一次会议上强调的："基因并没有给我们提供一种事先编定的'人类本性'程序，没有理

---

[1] 由以色列希伯来大学心理学家爱伯斯坦领导的研究小组，通过长期研究，从遗传学角度，首次发现了促使人类表现"利他主义"行为的基因，其基因变异发生在11号染色体上。调查发现，大约有2/3的人携带有"利他主义"基因。但研究人员认为，一定还有其他"利他主义"基因有待发现。"利他主义"基因可能是通过促进受体对神经传递多巴胺的接受，给予大脑一种良好的感觉，促使人们表现利他行为。这意味着多巴胺在忠实于社会道德准则的利他行为中发挥着十分重要的作用（田学科，2005）。

由能证实人到底是'性本恶'还是'性本善'。"

这里的问题是：经济人假说的辩护者如何在理论上协调人性结构中利己和利他并存的因素？如何把利他主义纳入经济人模式？哪些类型的利他行为才能纳入此模式？

（一）超越利己与利他之辩的"私人偏好"

对经济人假说最常见的批判是，它假定人是"完全自私的"（Unbounded Selfishness），把"自私"视为人的唯一本性。这类批判不过是一再重复100多年前历史学派的批判而已（即使是在那场争论中，最后，历史学派也不得不承认"自利"是人性中最强大的动机），更没有考虑到经济人假说本身的现代发展形式。

针对这类批评，早期经济学家的辩护是强有力的：利他行为只是经济生活中的次要现象，经济人假设不考虑利他主义并不影响经济学对市场行为的分析。其中，以凯恩斯的回答最有力，他一再申辩说：经济人仅仅是对人的经济行为的一种抽象，其运用范围也严格地限于经济市场领域；一再申明经济学家并没有假装这一抽象及其运用，适用于对"非追求财富行为进行解释"。然而，我们根本不能以凯恩斯的方式进行辩护，因为经济学的分析已拓展到某些非纯市场行为；也根本无需以这种方式进行辩护，因为经济学知识的新进步可以使他们的理论基础更充实！在现代经济学中，说"经济人是自利的"，仅仅是就使"偏好函数最大化"而言的。在这里，"自利"超越了生物本性意义上的自私和利他，而获得一种新的含义：人之所以"自利"，皆因为人被置身于一个各种资源都稀缺的社会中谋求生存。

至于偏好的具体内容，并没有特别的规定，可以根据所需分析的特定对象，做出重新解释。例如，根据所研究的经济活动的性质或领域，把"对他人福利的关心"也纳入个人效用函数之中，以此扩充个人的"私人偏好"，使其他人的效用或福利成为个人满足的一个新源泉，即假设一个相互依存且为正相关的个人的效用函数：

$$U_i = u_i(c_i) + \delta u_j(c_j) \qquad (1)$$

其中，j 是 i 关心的另一个人；δ 是利他主义参数，且 $0 < \delta < 1$。显然，当 $\delta = 0$ 时，上述函数是一个自私的个人之情形。我们可以令 $\delta = 0$，运用"个人的私人偏好"分析市场交易行为，而令 $0 < \delta < 1$，分析非市场领域的利他主义经济行为。

对 $0 < \delta < 1$ 的限制性假设，要区分两个层面的"对他人福利的关心"。一个层面是基于"血亲机制"的行为，直接构成行为者的效用源泉。出于这种偏好机制的行为意味着，为了改善亲朋好友的处境，自愿放弃自己的部分财富和资源，且他人处境的改善本身就会给你带来某种"收益"。另一个层面是基于"互惠机制"的弱利他主义行为，可以把它定义为：个人虽然暂时牺牲了某些资源，但通过强化自己的未来适应性，却收到间接的长期回报，且这一回报大于其直接付出的代价。这样，"自利"这一概念仍然可以很好地表达包含利他偏好的"私人偏好"，刻画出它们的共同本质。至于并非出于这种偏好的另一类利他主义行为，即为了"生产"能带来个人效用的"社会价值"的行为，可以归入下面（二）部分的讨论。

偏好与行为是不同层次的事！这一识别是非常重要的。正是在这里，体现出我的观点与也力图把"利他行为"纳入经济人模式的其他学者的不同：对能纳入经济人模式的利他行为作出了明确的界定。之所以把能纳入"自利的经济人"模式的情形限定为 $0 < \delta < 1$，就是为了排除那些不能给行为者本人带来明显的个人利益（即偏好满足）的利他主义情形，把这种模式能分析的有效范围限于只是源于自利动机或立足于个人效用函数的行为领域。

当然，要以严格的方式说明这一点，不是容易之事。我对森的下述说法的正确性就表示怀疑：如果你帮助某个穷人，是因为他的处境使你痛苦，那么，你的行为也会使你的处境改善，这种情形仍然适用"自利模式"；然而，如果穷人的处境并未使你痛苦，但出于正义感，你愿意拿出部分财富和时间，致力于改变穷人的处境，那么，这种行为就超出了"自利"模式所能解释的范围（阿马蒂亚·

森，2002）。我认为，行为者并不指望从受惠者的回报中取得满足，只是单纯从利他行为本身获取满足，这种行为好像不应纳入自利模式。源于纯粹的道德感、正义感或纯粹利他主义的行为，不计较个人效用的计算，在本质上排斥对自己行为的成本和收益的任何权衡。我们必须承认，经济人模式确实无法解释这类行为。

基于式（1）的假说，我们可以将经济人的本性问题转化为：什么样的条件会激发出什么样的利他主义？在何种情形中，更可能出现狭隘的自利行为？

（二）经济人的社会偏好

经济人的现代模式所说的"个人利益"不只是物质利益。早期经济学家之所以只强调个人的经济利益，是与他们所处的历史时代密切相关的。斯密时代，并非所有阶层的人都可以有仕途的出路或追求理论真理的余地。至于现代经济学家则是在最抽象的意义上来理解经济人的"个人利益"的，一般是把它视为一种集合，其中包含着各类具体利益的某种平衡。除物质产品和服务的享受之外，受人尊重、社会地位、名誉等"个人的社会价值"也可能是效用的源泉，构成个人利益的有机组成部分。"个人的社会价值"的核心特征是"社会认可"。在任何地点、任何时间，社会认可都是每个人所追求的、仅次于物质富足的主要"商品"（Lindenberg，1990）。

每个人都是在特定的文化结构中根据自己的价值判断来追求效用（即利益）最大化的。这样，经济人进行选择时，就需要在不同的商品之间以及商品和非经济物品之间进行权衡比较。因此，一个人的效用函数既受到他所接受和供给的商品或劳务的影响，也受到他所处的社会环境的影响。这种环境的改变会影响一个人的效用，正如他所获得的商品数量会影响其效用一样。例如，在某种社会环境中，人们较为重视物质财富，在另一种环境中人们却更重视"个人的社会价值"。

我们可以把上述论点表述为数学形式。暂不考虑"利他主义偏

好"[即式（1）中的 $\delta u_j(c_j)$ 项，此项是基于血亲或互惠机制的行为]，设某人的效用函数为

$$U = u(c_1, c_2) \qquad (2)$$

其中，c_1 表示来源于个人从各种物质产品的某种集合的消费中所获得的效用，c_2 表示声望、尊严、享受等精神商品的集合所带来的效用。按照新消费者理论，每一种"商品"都是个人按照下述效用生产函数自我生产的：

$$c_m = f_m(x_m, t_m; E) \quad \text{其中 } m = 1, 2, \cdots, m \qquad (3)$$

约束条件为

$$\sum x_m = x, \sum t_m = t \qquad (4)$$

其中，f_m 表示 c_m 的生产函数；x_m 和 t_m 分别代表可用于"生产"第 m 种商品的两类资源——物质商品和时间；E 表示这个人的其他资源禀赋和环境变量。

如果一个人想获得受人尊重、荣誉和社会地位等"产品"给他带来的效用或满足——"个人的社会价值"，他就必须在一定程度上考虑到其他人对自己可能产生的反应，并按照这种预期，根据自己的各种资源的"储备"情况，采取最有效率的行为方式，以"生产"出他想获得的上述"产品"。例如，受人尊重的人需要使我们重视邻居或熟人的评价。要使这种需要得到满足，可供选择的方法有：一是积累财富，财富越多，他人对你就越尊重；二是从事政治活动，掌握的权力越大，他人就越尊重你；三是进行慈善活动，即利他主义行为。至于采取其中的哪一种办法，会因人而异，但选择的本质是相同的，即选择那种能以最有效的方式"生产"出最大量的个人价值——尊重的方法。正是在这里，充分体现出经济人的社会本性。① 由此可见，经济人的"个人利益"并不必然是纯经济性质的，也不必然就是非社会性质的。

---

① 国内学者对经济人的另一种最常见的非议是，它抹杀了"人是社会关系的总和"的本质。以我们的此论来看，经济人自然无法体现出这种"总和"，但却能体现特定类型的社会关系。

这一简单的分析足以表明：作为一种动机原则，"自利"可能引出的行为方式是多样化的。注意：在上述例子中，利他主义行为是为了生产"个人的社会价值"而采取的行为，并非出于利他主义偏好的行为。因此，要建立一个超越狭隘自利的社会，关键不在于改变人，而是要改变人的环境结构，使个人的自利行为与社会希望称赞的行为之间建立起一种良好的关系（西蒙，2002；勒帕日，1987）。

（三）存在的问题

上述分析充分证明：经济人不能等同于"利己主义者"，不必然是"唯物主义"的经济动物，也部分地回答了经济人"只注重人的'低级'需要——物质层面的满足"的批判（Thaler, R. H., 1999；马克·A. 卢茨、肯尼斯·勒克斯，2003）。然而，在经济人的偏好结构方面，仍然存在的方法论问题是：如何限定个人效用函数的开放性？

按照对"自利"的广义解释，能给经济人带来"效用"的所有事物都应纳入效用函数：声誉、权利、友谊、爱情、自我表现、尊敬、他人的福利，等等。经济学帝国主义者试图用这种纯形式上定义的"效用"，来囊括人类实际追求的任何目标，似乎让经济人的效用函数不再受任何限制。这里存在的严重问题是，除非我们给个人的效用函数施加某些约束，否则这种广义的自利模式就会陷入一种毫无意义的同义反复：它赋予我们解释每种行为的能力，但最后却什么也不能解释（布坎南，1988）。因为它会使我们把任何行为都视为偏好或效用的最大化。按照经济学帝国主义的无限制逻辑，工作狂可以解释为他从劳动本身得到一种心理效用，韦伯的新教苦行僧型的企业家可以视为从对永恒的自我拯救的希望中获得一种心理效用，甚至受虐狂的行为也可以解释为是从痛苦中享受到一种心理效用！这些事实说明，如果没有限制条件，效用的这一形式定义不能解释人的行为中真正有意义的东西，并会使其失去真正的说服力。

也就是说，我们的困境是：如何扩展关于"自利的经济人"的视野，同时又能避免"什么都不能解释"的侵袭，有效防止对它的滥用。如果要预测约束的变化对经济人选择行为的影响，就必须对这些变量加以识别的同时赋予具体的符号，并事先规定各个变量的相对重要性。除了要区分清楚狭义的自私与开明的自利之外，还要弄清楚按照自利原则行事的人的行为与按照道德原则行事的人的行为，把本质上非效用的行为识别出来。我在前面的讨论局部解决了这一困难，但还只能不完全地区分自利的利他行为与无私的利他行为。此外，还必须在非自利行为中，区别出表现为对他人福利的献身精神的行为与出于其他行为准则的高尚行为。

三 经济人的理性行为特征[①]

经济学家常常以经济学有自己独特的理性界定而自豪。在这种理性观中，经济学家把理性偏好的存在视同于效用函数的存在，把理性选择视同为效用最大化。在这种理性的定义中，理性行为的分析被改换为只是对诸理性公理的阐述。结果，在理性行为和最大化行为之间形成一种过分狭隘的、僵化的关系，以至于一旦诸理性公理稍微受到损害，最大化行为假设便似乎变得很难成立。难怪批评者要一再指责：最大化行为远远不是典型的，而非理性的行为甚至在经济领域更为普遍。[②] Sen（1977）的批评更为经典："一个人就只被赋予一个偏好序列，这一序列要反映他的利害考虑，代表他的受益，涵盖他认为应该做什么的一切想法，并描述他的实际选择及行为。一个偏好序列能担当这么多的任务吗？……纯粹以经济学定义所界定的人，确实近似一个社会上的白痴。经济理论以那个看来

---

① "理性"概念有许多类型。这里，只讨论与自利模式直接相关的那些内容，而不是更广泛的理性选择理论中的"理性行为"。经济人肯定是理性人，但理性人未必就是经济人！经济人模式要求：理性行为必须采取某种独立界定的自身利益形式。

② 于是乎，在无可奈何的情况下，加里·贝克尔就只得去费力证明：非理性行为也可以从服务于有效地追求自己的利益的角度给予清楚解释，因而与最大化原则并无矛盾。问题的实质是：既然如此，理性与非理性的区别，对经济人模式（从而对经济理论）岂不成为多余之举，还有什么意义呢？程恩富（2003）也存在同样的问题。

了不起的万能偏好序列来界定一个理性的白痴，沉溺于其中而不能自制。"

这类批评，使得经济学家不得不重新思考"完全理性"的某些附设，给那些与实际理性行为相关的其他概念预留空间，重新界定经济人的理性行为特征。

（一）关于"完全知识"的假设

理性公理要求决策者对经济行为的所有方面进行完全有意识的理性计算，以便给出自己的完整偏好序列和未来结果的主观概率分布。这种要求所暗含的理性行为等同于理性计算。对此的批判，以西蒙最具有代表性。面对这种批判，辩护者陷入进退维谷的境地！如果要用严格的数学语言来刻画作为实现最大化之手段的理性行为，找不到比完全理性更好的假设；要解释较广泛的行为，就必须运用"成本与收益的比较"这种理性观，但它却又失之"最大化"的精确！

有趣的是，西蒙也承认，"出于简化问题的考虑，我们在'人是通情达理的（追求满意）'和'人是高度理性的（追求最大化）'这两种假设之间选择了前者。其实，这两种假设对我们进行的推理工作没有差别"（Simon，1978）。之所以如此，在逻辑上很好说明。如果把"满意"定义为目标加权平均值实现程度的一个区间，则该区间的下限为平均值，上限为目标值最大化。因此，"'满意'与'最大化'这两者之间并无冲突，且前者涵盖后者，但后者不能涵盖前者"（张旭昆，2001）。

但是，与最大化分析工具相比，满意假设可用的分析工具是不完备的。此时，如果两种假设都能推导出同一种结果，而使用最大化分析更方便，经济学家就会选择最大化假设。经济学家可以被视为一个追求满意结果的分析者——他们选择了一条分析的捷径。尽管最大化假设不完全符合现实，且该工具存在过度使用的风险，它却往往能有效地完成分析工作。

退一步来说，虽然有限理性最初被用于批判标准经济人模式，但其背离的程度是相当有限的，以至于这一概念的提出者西蒙把只具有有限理性的、追求满意的人的模式称为"经济人的堂弟"。

在此，也许应该区分弱理性和强理性。按对弱理性的释义，当一个人"有效地运用可供利用的手段追求其目标时"，才假设其行为是理性的。在强理性的解释中，经济学家不仅提到工具理性，也对行为者的偏好和信念等的理性给予附加的描述。博弈论主要依赖强理性。而新制度经济学文献几乎完全依赖经济人的弱理性假设，结果，这些文献使人类目标和动机假设的争论保持在最低程度。

（二）有限理性与最优行为

所谓最优行为，表现为经济人在一组约束条件下追求最优解的问题，这类约束条件包括式（3）中的环境因素 E，因而，并不意味着必定获得最优结果。换言之，结果最优并非经济人理性行为的一个必要特征。在交易成本不等于零的世界中，经济人的利益不是获得十全十美的完全信息，而是在考虑搜集信息和其他竞争性活动之间的相对成本的条件下获得尽可能好的信息。正是交易成本的存在，才使得有限理性也构成最优行为的一个特征。有限理性概念的引入，实际上给经济人的理性行为特征预留出了较大的空间。

这样一来，通过引入交易成本概念，经济人模式也可以容纳更为灵活的理性观。例如，我们可以证明：经济人让决策部分地依赖习俗和传统惯例，是在信息残缺或存在交易费用情况下最有效地实现个人利益最大化的理性行为，不应混同于非理性或随意行为。

面对交易成本为正的情形，人们自然要去寻找一种方法，以降低在做出任何决策以前的信息收集活动的费用，某些成文或不成文的行为准则就是由此而产生的。这些准则把某些惯例法典化，从而减少了人们用于收集、获得和处理信息的时间和精力。这些"制度"包括各种商事准则、契约协定，以及某些风俗习惯和传统。这些制度的存在，虽然可能会妨碍人们的自由选择，但同时也使我们获得降低信息费用的好处，并且使人们得到的利益多于为它们所付出的代价。在这种意义上，惯例和其他广义的制度都具有一种积极的信息功能，使我们得以在行为的某些方面免除有意识的深思熟虑之苦，从而能应付各种复杂情况及超载的信息，减少复杂的决策行为中所包含的计算量。

不仅如此，惯例与正式制度，通过建立或多或少是固定化的人类行为的范式，或者设定人类行为的界限，或者订立人类行为的规则，或者约束人类行为，实际上是人们提供了有关其他当事人的信息。这种相对不变性告诉每个人关于其他当事人的或多或少可靠的可能行为，从而他可以采取相应的行动。"制度"的这种信息功能的一个积极结果是：在一个高度复杂的世界中，尽管存在不确定性、复杂性以及超载的信息量，人们的行为仍然是有规则的、可以预测的。

也许，正是在这种意义上，宾默尔的下述观点是有道理的："不必再将经济行为人作为全知全能的数学天才"，新的经济人范式将生物的、社会的和经济的演化力量作为基础机制，保证"最优化的范式"（肯·宾默尔，2003）。

（三）"个人伦理偏好"[①] 与机会主义

标准经济人模型假设"100%的自我约束"。所以，凯恩斯（1891）在为古典经济人模式进行辩护时，曾一再强调，经济人的取财之道是通过公平合理的市场交换，其行为要符合社会规范；以征服、抢夺等暴力或以欺骗这类非暴力方式谋取财富，都不是经济人的方法。

但是，按照严格的自利行为特征来说，经济人绝不会自觉地把行为限制在互利的界限之内，更不会自觉地把个人利益置于他人利益之下或自觉遵守道德和制度规范，特别是在信息不对称情形之中。因为，遵循某些制度，通常要求承担某种额外的成本，并不符合经济人的自身利益。面对这种复杂的情形，现代的经济学家放松了这种"100%自我约束"的假设，引入机会主义概念，以此修正经济人的理性假设。[②] 社会的繁荣来自人追求自身利益的动力，但社会的烦

[①] Harsanyi（1992）给经济人发明了新的偏好概念——"个人伦理偏好"。

[②] 机会主义是一种行为特征，Williamson 把它定义为"损人利己"。在此，我们沿用这一定义。对个体来说，这种行为可以是一种理性的行为选择。但对团体或社会来说，它却会造成集体的非理性结果。

恼也源于人的这一本性。放松这一假设，意在强调经济人之间存在的利益冲突，以及制度在化解这种冲突中的重要性，以此弥补个人理性和集体理性之间的鸿沟。

　　这里的理论难题是：如何解释经济人也可能出现的信守承诺和遵循规则的行为（使"规则有效"的行为）？这类行为若出自外部的强制，自然好理解〔这在式（3）中表现为 E 所涵盖的内容〕，但若出于自愿呢？也就是说，如何解释个人伦理偏好的产生？

　　按照我们前面的逻辑，如果考虑到"社会肯定或否定"直接构成个人的效用损益数值中的一个变量，而这部分个人利益本身又直接依赖于他将从与之交往的其他人那儿获得的赞同态度，那么，在很大程度上可以准确地说，遵守制度、传统的价值标准和信守承诺，也就构成他实现自身利益的有效方式。这样，经济人就成为一个自利但在伦理上受到约束的人！这倒不是说经济人的理性行为必定符合社会的法律规定，而只是指出经济人遵循社会法律制度的可能性的内在基础。这再次表现出经济人作为"社会动物"的本性。

　　这最终取决于经济人互动的具体类型。在某些非零和博弈（如市场交换）中，他们可以因为彼此的成就而相互获利，无需靠打败对手的方式。这里存在着反抗"自私基因的暴政"的某种机制：相互合作如何使自利的社会繁荣（Axelrod，1984）。当然，人类社会的合作赖以存在的实践基础是广泛的，并非都可以基于经济人追求个人利益最大化的逻辑推导出来。但可以断言，只有在长期中能促进个人利益的制度，才可能获得广泛的支持和有效的实施（鲍曼，2003）。

（四）存在的主要问题

　　对经济人的理性假设，最有威胁的，也许是来自某些行为经济学的研究成果（Kahneman，1994；Rabin，1998）。他们的研究表明，实际的选择心理学往往与经济人的理性选择过程有极大的差异。

　　使我感到困惑的是：如果把经济人模式用于说明各种具体的自利行为，那么，这些批评可能是毁灭性的，因为即使是在现实的交易行为中，也存在众多的例外；要摆脱这种批评，我们就应当把经济人抽象设想为是对市场、政治等情形中个人互动结构的启示性思考的基础，特别关注个人利益最大化如何与其他自变量互动的分析。

如果持后一种观点，就可以为经济人假说作这样的辩护：部分交易者的不理性行为不会影响整个市场行为的理性特征。虽然个体有时会犯错误，但在整个市场上，他们所犯的错误是非系统性的，可自我抵消的，因为理性的经济主体会通过与信息不灵的经济主体作交易，利用他们的信息优势获利。这就意味着，价格是由理性的边际交易者确定的。再者，从长期看，非理性的行为是不可能持久的，经常犯错误的经济主体必将被逐出市场，从而市场才变得有效率。概言之，只要始终有一部分交易者是理性的，即使有些人犯错误，也不会影响市场的理性特征，整个市场看起来就好像所有的参与者都作出了理性选择一样。

四 经济人假设的理论适用性和局限性

对于任何一种假说或理论都要有一种合理的期望，不能要求比其预设目标更多的解释力。经济人只是分析人类经济行为和其他某些行为的特定特征的一种假说（罗之庸，1999）。如果像贝克尔（1993）那样持有野心，把它说成可以解释所有的人类行为，那么，就是自毁基础！

有学者建议，在吸取经济人假说的合理成分的基础上，建立一种更贴近现实的人的模式，但是却对合理成分的构成缺乏正确的理解。在没有得到这种新模式之前，我们为什么不能换一种思路，探索一下"经济人在什么样的场合是一个恰当的'人的模式'"的问题呢？

（一）经济人假设的适用范围

只要涉及个人利益的计较的所有行为领域，经济人模式肯定是最强有力的分析工具。虽然它不能揭示出这类行为的全部内容，但可以揭示出其最本质的行为特征。

经济人假说究竟在各个分析领域中表现得如何呢？

1. 经济人标准原型

"100%自利、100%理性、10%自我约束"的标准经济人原型，是一种狭隘的自利模式（即 $\delta=0$），但对纯市场行为的分析，却是一种合理的抽象。在我们要利用价格和市场来解决问题的领域，这种标准原型可以给我们提供理解问题的深刻洞见，具体地说，就是对价格的形成、市场交易、竞争行为等的逻辑分析，表现得最好。

只有假设"100%自利、100%理性、10%自我约束"，我们才能说明价格是如何调节交易行为的：在市场活动中，即使是心怀高尚的无私者，他的交易活动也只直接受到法律和商业道德的限制，不可能不以自利原则行事。例如，他追求财富的终极目的可能是为了抚养和教育子弟，或者为了仗义疏财，或者为从事某一项公共福利事业，但这些目的并不意味着他不是自利的经济人，不等于说他因怀有崇高的目的就愿意以低于市价的价格出卖其商品，或以高于市价的价格购买商品。

2. 经济人标准原型的某种变型

正如前面所讨论的，如果放松经济人标准原型的某些附设，我们就可以利用自利模式，分析更广泛的现象。

放松"100%自利"的假设，超越狭隘的"自利"，把个人利益的概念拓展到对他人福利的关心，即 $0<\delta<1$，把利他主义偏好融合到广义的个人福利概念之中，就可以得到标准经济人的一种变型，用它可以很好地分析大量的"有条件的"利他主义行为（杨春学，2001）。因此，即使是在利他主义的分析领域，我们也无需以"道德人"来取代经济人！

放松"100%自我约束"的假设，就可以说明制度设计的核心问题。设计制度时，只有假定每个人都可能成为只进行纯粹个人主义的成本与收益计算的经济人，且缺乏足够的社会理性，我们才可能设计出一种一视同仁的正规制度。这是法治社会的必然预设，但这种设计绝对不同于直截了当地把人塑造为野兽的设计，不同于对追逐最大利益行为不加限制的设计。把这一假设从市场扩展到制度环境的分析，旨在估价强制的结构（即"规则"），最终目的是重新设计和改革，以确保在利用明显的互利关系上增强制度的效率。只有假定所有的人都是经济人，并分析经济人之间的行为互动关系，才能规定出适宜的法律限制，从而把追求私利最大化的行为纳入互利的界限之内（杨春学，2002）。

放松"100%理性"的假设，又可以得到某些新的经济人变型，使批评者的许多指责不再具有效力。批评者不是指责经济人模式根本无视或无法分析社会文化对人的经济行为的影响吗？请看贝克尔等人对利他主义、人的习俗与传统的经济学分析，对时髦现象、广告影响的新颖剖析。批评者不是指责经济人模式无视社会政治、制度的存在吗？请看布坎南为代表的公共选择学派对政治市场中经济人行为的分析，在那里，我们将会看到政治经济人如何根据不同社会政治环境，利用制度的缺陷谋取自身利益的精彩分析。批评者不是指责经济人是一个非历史的概念吗？请看诺思等人又是如何巧妙地运用本身无时间内涵的经济人去透视产权变迁等历史奥秘的。在这里，仅仅如上的表述就足以说明："新经济人"能够通过运用自身的分析能力来回击批评者的主要诘难。

（二）经济人假设的局限性

经济人模式虽然可以给社会经济领域中广泛存在的"搭便车""囚徒困境"问题提供良好的解释，但对如何解决这类问题，只能提供不怎么样的部分答案。也就是说，在某些混合型的行为领域，它只能提供局部的解释。

在公共选择领域，经济人模式可以很好地解释官僚的预算最大化行为，但却无法解释清楚投票悖论。它可以解释为什么人们按自我利益行事，也可以解释人们为什么讨厌选举，还可以解释，作为搭便车问题的结果，当个人得利微不足道时人们为什么不愿意参加集体行动。然而，它不能有效地解释问题的另一方面，即对自我利益的计较并不构成动机因素的那部分行为：为什么在现实中还是有不少人参与投票？

上述案例说明：对于某些行为，可能存在若干种观点，它们在某种程度上都是正确的，但每一种观点都只能解释这种行为的某一方面！

（三）经济人假设的"无能"

对于无需运用明显的奖罚机制维系的行为，经济人抽象确实会显现出力不从心的弱点，甚至成为一种拙劣的过度简化。这方面，也正是批评者最得意之处。

当我们进入那些与交易缺乏明显的、直接的联系的领域时，经济人就会终止履行经典教义的规定。一旦超出以交易为核心的领域，人们就会超越个人私利，甚至会超越广义的"自利"，受某种精神的激励，愿意牺牲个人的利益，追求其他价值。

我们可以列出许多"经济人的反常行为"的案例。出于"社会正义"的行为，例如，"最后通牒游戏"实验中表现出来的公平感，环境保护等运动中志愿者的无私行为，无偿的自愿献血者，为了穷人的福利而牺牲自己的部分时间和财富，给慈善机构捐款的匿名者，等等。我们如何解释无条件的利他行为（如自愿献血），以及人们自愿做出巨大牺牲而从事并无明显报酬的活动？我们如何解释大量参与选举的人或自愿作出大量努力参与一个自发组织的人？

经济人也很难解释组织内部的大量行为——出于对团体的忠诚而努力。例如，企业内部管理者和雇员为了收入而在日常工作中付出高于市场要求的奉献行为。这种行为所体现出来的"工作精神"，在本质上是非效用的。

可以肯定，相对于由绝对义务组成的共同体而言，仅依赖于自利构成的共同体会有某些严重的缺陷，例如，缺乏强有力的凝聚力。如果像某些经济学帝国主义者设想的那样，即把家庭视为一个类似"合资的股份公司"，由于对个人有用而组成，而不是建立在责任和爱情之上，那么，家庭就不可能发挥其社会细胞的真正职能。人生中抚养孩子或结婚，从个人效用的得失上看，需要个人牺牲，家庭生活的真正好处往往并不属于那些负有最沉重义务的人，而是被转移给下一代。

这类对"自利的经济人"模式的背离，所遵循的价值观超越了个人福利或"开明的自利"，涉及自我利益的实质性牺牲。在这种价值追求中，你的行为动机并非减轻个人的痛苦，甚至其目标实现后，也看不到明显的个人利益。这是人性中最高尚的一面。我们必须承认经济人模式中的人不会展示出这类行为，但是，从社会组织效率和经济效率的角度看，这类行为却是至关重要的（西蒙，2002；Sen，1985）。

（四）超越经济人范式

如何看待经济人假设对这些现象缺乏解释的能力？

有些学者的批判逻辑是：既然经济人假说不能解释这类行为，那就充分证明这种假设是不现实的、错误的。这种批判在逻辑上认同了某些经济学帝国主义者所宣称的经济分析可以解释所有人类行为的立场！其实质，不外是用一种专制主义反对另一种专制主义。

其实，经济人假说无需为无法解释这类现象而内疚，因为它的预设理论目标就不在于这类行为领域。要求经济人假设能够解释这类行为，无异于要求经济学解释所有的人类行为！我实在无法设想，经济学家提出一种能统一解释所有行为的"人的模式"的可能性！

有些学者之所以批判经济人，是立足于要解答"人为什么活着"这样的问题。例如，Charles Birch 和 David Paul（2003）认为，"经济人抽象了对他人的情感，抽象了公正感和相对价值判断"，根本就无益于说明人生的价值。我感到困惑的是：作为一门学科，经济学应该且能够解答这一宏大的问题吗？

还有些学者强调上述非自利行为，只是想借此说明经济人模式的局限性（即不能解释所有行为），在承认这种模式的理论价值的基础上，超越经济人范式，探讨非自利行为领域，有效拓宽经济学的分析领域（Gay Tulip Meeks，1992）。森、福山、诺思都是这种处理方式的典型。正如宾默尔（2003）所言，他们所持的立场是："我们不必要最大限度地包容这些证据而从经济人范式中走出来。"

福山的说法虽不一定完全正确但却很形象："新古典主义经济学有80%是正确的：它提示了货币与市场的本质，它认为人类行为的基本模式是理性的、自私的；剩下的20%，新古典主义经济学只能给出拙劣的解释。"（福山，2001）

如何解释"剩下的20%"[①] 的某些部分呢？森、福山、诺思有类似之处：强调非自利的"无形的制度"的作用；认为出于公正、慈善、公共精神等非自利的行为也是人类的理性行为。福山力图用社会资本和信任这类概念，来捕捉特定的文化对个人经济行为的影响，进而说明信任与大企业的竞争力、产业结构之间的关系。诺思借助于意识形态概念来概括激励和约束人们的行为的主观认知因素，以此来说明伦理和道德观念对解决"搭便车问题"的重要性（诺思，1991）。森（2000）则强调，"自利"肯定是最强大的行为动力，但为了有效地分析和解决贫困、不平等这类问题，必须超越经济人假设，考虑到人身上也存在的公正感、社会价值观等因素。只有借助于人类本身拥有的这类可贵品质，我们才能建立起一个公正的社会。

五 基本结论

第一，经济人肯定是一个关于人的局部特性的、"过度简化"的假设。它虽然在理论和实践上仍然存在难题，但正如宾默尔（2003）所言，"它唯一的优点就在于，所有的其他替代物都比它更差"。

这种观点不等于说其他社会科学就不能有不同的"人的模型"，也不等于说经济人抽象本身就不存在任何问题，而仅仅是说，综合而言，经济人模式的现代形式的灵活特性使它尤其适用于分析涉及

[①] 我这里之所以沿用福山的"20%"的说法，只是用于表示自利模型所不能解释的那些行为部分，并非就是认为经济人所不能解释者仅仅是人类行为的"20%"。

成本与收益比较的广泛行为。这种观点也不等于说所有的经济理论只能以经济人假说作为分析基点。

第二，把对于纯市场行为可行的假设拓展到非纯市场行为的领域，虽然创造出了某些新的成果，但也引出新的麻烦。这种拓展存在一个合理的边界。问题是，这一边界在何处？我认为，这一边界就在于：个人行为是否涉及对个人利益的无报偿的明确牺牲。

某些经济学帝国主义者力图把经济人抽象作为可以解释人类的所有行为的所有方面的一种假设，不仅是狂妄之想，而且，在某些方面的解释（例如，所谓的婚姻市场）是牵强附会的，根本不能解释其研究对象的任何主要特征，反而是曲解了问题的本质！

我的观点是明确的：当分析严格的市场关系时，经济人假说有很强的解释能力；一旦远离单纯的互动交换活动时，它的解释能力就会渐渐减弱。对此，我们应当直率地承认经济人假说的局限性和无能。

第三，如果人性结构中非自利的动机比自利动机更为强有力，合理的利他主义行为比利己主义行为更为盛行，那么，人类就可以省却许多烦恼！谁不想生活在利他主义盛行的社会之中呢？

有些人认为，利他主义在伦理上优于狭隘的自利，因而，社会制度应该基于前者的动机而非后者。我同意前一句话，但对后一句持怀疑态度！仁慈和利他主义是重要的，但它们不是评价社会制度的最终标准。最终标准是公平和正义。

第四，经济人假说为分析市场制度之所以有效率提供了一个基础，但这种分析主要集中于以"自利"为核心的动力机制。经济学家普遍认识到，即使仅仅从经济的动态效率角度看，经济人模式所不能解释的那些因素（例如，出于理想信念、归属感、正义感的行为），也发挥着重要的作用。

特别地，不能把自身利益的极大化视为唯一符合理性的，而追求其他目标（如公益精神、群体团结等）就是不理性的。在一个纯粹的经济人社会中，诸如"搭便车""囚徒困境"这类问题，就会使交易成本抬高，最终使市场制度不可能成为一种有效力的制度。要把这些因素纳入经济学分析之中，无需否定但要超越经济人。问题在于：以什么样的严格方式纳入经济学的分析逻辑之中？

最后，我还想表明的一种基本观点是：虽然我们可以把经济人假说合理地拓展到某些非经济领域的分析，但这不意味着经济学必须给所谓的人文关怀提供直接的解决方案！经济学的最终目标是促进人类外在的物质福利，而不是直接满足人内在的精神需要。

这种面向尘世的观点，使经济学很容易受到人们的指责。例如，像卢茨一样的经济学家就批评说，经济人假说的最严重错误就是只注重人的"低级的"需要（即物质层面的满足），而忽视了人的更高层次的追求。这类言论恰好说明他们所抱有的幻想。不错，人的幸福并不仅仅取决于基本的物质方面的满足，而主要取决于人内心的追求。经济人假说并不是低估这种精神需要的重要性才将其目光主要集中在物质福利方面，而是经济学的目标就在于此！

经济学家应该明白，人内在的、心灵的富足感不可能来自外部世界，任何外部的调节都不可能触及人最深层次的追求。经济学，除了为人内心生活的发展创造一个外部的物质条件之外，应该别无所求。即使是从理论上来说，那也应该是社会学、伦理学等学科的理论目标！

参考文献

阿马蒂亚·森：《以自由看待发展》，中译本，中国人民大学出版社2002年版。

阿马蒂亚·森：《伦理学与经济学》，中译本，商务印书馆2000年版。

米歇尔·鲍曼：《道德的市场》，中译本，中国社会科学出版社2003年版。

贝克尔·S. 加里：《人类行为的经济分析》，中译本，上海三联书店、上海人民出版社1995年版。

肯·宾默尔：《博弈论与社会契约》（第1卷：公平博弈），中译本，上海财经大学出版社2003年版。

布坎南·J. M.：《经济学家应该做什么?》，中译本，西南财经大学出版社1988年版。

程恩富：《新经济人论：海派经济学的一个基本假设》，《教学与研究》2003年第

11 期。

弗朗西斯·福山:《信任:社会美德与创造经济繁荣》,中译本,海南出版社 2001 年版。

格林、沙皮罗:《理性选择理论的病态——政治学应用批判》,中译本,广西师范大学出版社 2004 年版。

凯恩斯·J. N. (1891):《经济学方法论》,中译本,台湾银行经济研究室 1970 年版。

亨利·勒帕日:《美国新自由主义经济学》,中译本,北京大学出版社 1985 年版。

罗之庸:《经济人的概念和经济人的边界》,《经济科学》1999 年第 6 期。

马克·A. 卢茨、肯尼斯·勒克斯:《人本主义经济学的挑战》,中译本,西南财经大学出版社 2003 年版。

道格拉斯·C. 诺思:《经济史中的结构与变迁》,中译本,上海三联书店 1991 年版。

田学科:《人类的利他行为与基因有关》,《科技日报》2005 年 1 月 25 日。

西蒙:《西蒙选集》,中译本,首都经济贸易大学出版社 2002 年版。其中,收入《社会选择机制和利他主义》《利他主义和经济学》两篇论文。

杨春学:《经济人与社会秩序分析》,上海三联书店 1998 年版。

杨春学:《经济人与制度建设》,《云南大学学报》(哲学社会科学版)2002 年创刊号。

杨春学:《利他主义经济学的追求》,《经济研究》2001 年第 4 期。

张旭昆:《经济人、理性人假设的辨析》,《浙江学刊》2001 年第 2 期。

Axelrod, R., *The Evolution of Cooperation*, Basic Books, 1984.

Bowles, Samuel and Gintis, Herbert, "The Revenge of Homo Economicus: Contested Exchange and the Revival of Political Economy", *Journal of Economic Literature*, 7 (1), 1993.

Charles Birch and David Paul, *Life and Work: Challenging Economic Man*, Sydney: University of New South Wales Press Ltd., 2003.

Collard, David A., *Altruism and Economy*, Oxford: Martin Robertson, 1978.

Coleman, James, *Individual Interests and Collective Action*, Cambridge University Press, 1986.

Gay Tulip Meeks (ed.), *Thoughtful Economic Man: Essays on Rationality, Moral Rules and Benevolence*, Cambridge University Press, 1992.

Harsanyi, J., "Cardinal Welfare, Individualistic Ethics, and Inter-personal Comparisions of Utility", *Journal of Political Economy*, No. 63, 1992.

Kahneman, D. , "New Challenges to the Rationality Assumption", *Journal of Institutional and Theoretical Economics*, 150 (1), Kahneman, 1994.

Lindenberg, S. , "Homo Socioeconomics: the Emergence of a General Model of Man in the Social Science", *Journal of Institutional and Theoretical Economics*, 146, 1990, pp. 727 – 748.

Rabin, Matthew, "Psychology and Economics", *Journal of Economic Literature*, 1998, 36 (1).

Rambo, Eric, "Symbolic Interests and Meaningful Purposes", *Rationality and Society*, 1999, 11 (3).

Sen, A. K. , "Goals, Commitment and Identity", *Journal of Law, Economics and Organization*, I , 1985.

Sen, A. K. , "Rational Fools: a Critique of Behavioral Foundation of Economic Theory", *Philosophy and Public Affairs*, Summer, 1977.

Simon, H. , "Rationality as Proces and as Product of Thought", *AER*, 68 (May), 1978, pp. 1 – 16.

Thaler, R. H. , "Mental Accounting Matters", *Journal of Behavioral Decision Making*, 1999, 12 (1).

Zafirovski, Milan, "The Rational Choice Generalization of Neoclassical Economics Reconsidered: Any Theoretical Legitimation for Economic Imperialism? *Sociological Theory*, 2000, 18 (3).

(原载《经济研究》2005 年第 11 期)

和谐社会的政治经济学基础[*]

建立"和谐社会"这一时代课题,要解决的是市场自由的效率与体现社会公平的"社会均衡"的结合问题,① 其最终目标是经济增长成果的社会共享和增长过程的社会和解。

按照主流经济学的思路,这近乎是一个不可能解决的问题。在这种思路中,关于公平问题,福利经济学第二定理所能提供的解答是非常有限的,因为它求助于帕累托原则,且假设存在一个万能的"仁慈君主"(他能够找出最优分配点并实现之)。阿罗不可能性定理(即所谓"福利经济学第三定理")则给这类力图为各种备选再分配方案寻求一种合理政治基础的经济学家提出了伤透脑筋的问题:如果人与人之间的效用不能进行比较,那么,我们似乎就没有任何理性的方法能够把个人偏好合成为社会偏好,从而没有合理的方法来解释分配难题。在主流经济学看来,这种分配难题的核心体现为两点:一是由于不能进行人与人之间的效用比较,根本就不可能定义出公平的分配状态,也就无所谓分配的正义;二是如果非要追求所谓的公平分配的实现,那就必然会导致与个人基本权利和市场自由的冲突。

致力于解决这些难题的经济学文献,已经形成一条较为清晰的思路。只要充分注意到现有文献中被主流经济学所忽视的这些部分,

---

* 这是作者参与朱玲教授主持的中国社会科学院重大课题"和谐社会与公平的社会政策选择"的阶段性成果之一。本文的基本内容在课题组内部和经济研究所的午餐讨论会上做过讨论,因而,受益于这些讨论会的参与者的提问和质疑。

① 这一问题非常类似于德国的社会市场经济所要解决的问题。这里使用的社会均衡概念就源于社会市场经济的倡导者的解释,即社会均衡就是体现社会正义的状态。

并把它们组合成一种较完整的思路,我们就能够为市场自由的效率与社会均衡的沟通,提供一种合理的政治经济学基础,为公平分配提供独立的论证。

这种讨论本应从"我们需要一种什么样的公平观"开始讨论,但鉴于我们已经就此专门发表过看法(杨春学,2006),这里将直接从如何看待市场的分配问题开始。本文第一部分评价在市场分配过程中随机因素的作用。第二部分基于市场的广泛制度基础,讨论个人基本权利的平等化分配问题。第三部分推导出对再分配的社会偏好,说明这种偏好的性质和基本内容。

所有这些问题的认识和解决方法都渗透着不同利益集团的政治斗争。公平与效率之间讨价还价的范围和实施这类组合的社会制度的设计,都反映着政治力量的平衡。正如 Barry(2005)所说的,"如果财富和收入的分配基本上是一种政治选择,那么就没有理由忽视今天存在的总体经济不公平"。本文力图通过对这些争论的讨论,给出旨在理解和处理市场经济生活中不公平现象的政策方案,提供一种经济学评判的思路和基础,使经济学的分析恢复到理性的道德基础上。

一 如何看待市场中收入分配的不均等现象?

为了使问题清晰化,我们暂且假定支配市场的法律等制度环境是健全的,且得到有效的实施。在这一假定的基础上,再看在一个纯粹的市场结构中,个人收入是如何被决定的。

1. 市场中收入决定的基本逻辑

个人收入有两个源泉:劳动收入和财产性收入。劳动收入取决于个人的技能、职业选择和努力、职业之间的竞争性工资差异;财产性收入取决于个人的财富持有总量、持有形式及其风险程度和收益率的差异。在竞争性市场中,所有这些因素都是通过市场的评价而对个人收入产生影响的。按照新古典经济学的解释,这种市场评价就等于个人对他人福利的贡献。市场制度之所以在道德上是可取的,就是因为它按照个人对社会或他人的福利的贡献而给予收入。这种解释依赖于下述两个假设:(1)个人从市场中获得的收入份额相应于他的边际生产率;(2)个人的边际生产率足以衡量他对其他人的福利的贡献,这种尺度可以作为决定他应得的收入份额的公认基础。

这种边际生产率分配理论的解释具有某些诱人的理论特征。其中,最重要的特征是,它会导致一个确定的结果:在竞争性市场中,每种要素都是按照其边际产量获得收益的,而在长期均衡中,这些收益加总起来,恰好等于可用于分配的总产出。只要回顾一下微观经济学中关于长期均衡发生在每个厂商长期平均成本曲线的最低点的论断,就可以很清楚这种推理。在这一点上,生产收益是恒定的。对于具有恒定收益(即规模报酬不变)的生产函数而言,它具有如下公式所表达的一个特性:$F(K, L) = K\partial F/\partial K + L\partial F/\partial L$。这个特点意味着,如果对于每种要素都按其边际产品进行支付,会将可用于分配的所有总产出恰好分割完毕(即所谓的"欧拉定理")。

这些都是微观经济学的理论常识。但这种理论常识并不能表明与边际生产率一致的分配必然是合理的分配。即使是现代自由主义经济学家也很少认为,边际生产力理论能证明市场分配结果的必然公正性。之所以对纯市场分配结果持保留态度,主要是基于这样一种考虑:如果考虑到现实市场的运行,个人的收入分配绝不仅仅是按照个人的自由选择和努力来分配的,诸如运气、家庭出身等非市场的因素,甚至起更大的作用。

2. 市场分配的随机因素

为了说明市场化收入分配的更广泛基础,我们必须超越纯市场的逻辑,讨论影响个人收入的更深层次的因素。为了能评判各种公平观,也需要知道决定个人收入的许多细节。在这方面,经济学家达成的基本共识是:在市场经济中,个人收入的高低,除了取决于个人的能力、努力和选择之外,还取决于出身和运气。无论收入来源于财产还是劳动,都受这些因素的影响。

我们用"出身"或"命运"一词代表由家庭背景所决定的个人初始构成因素,包括遗传特征、继承的财产、由父母筹资进行的教育和培训、由家庭的社会背景所决定的狭义"社会交际"关系,等等。它们构成一个人的基本的初始天赋因素。所有这些"天生的禀赋"将不仅体现为个人在市场上获得收入的能力,而且还将是决定个人的选择和努力的实际结果的重要力量(米德,1992)。

同时,我们将其他的所有偶然性因素和机会归之于"运气"。其中,最重要的是市场上充满的不确定性因素。个人在市场上的努力结果是否最终获得相应的报酬,并不取决于个人的主观评价,而取决于市场对这种努力的评价。这种市场评价充满不确定性。在这种意义上,正如阿尔钦(Alchian,1977)所强调的,"市场的收入分配具有很强的或然性,因为对分配影响最大的利润收入取决于或然性或运气。在一个充满不确定性的市场中,获得利润的可能性,往往不是有逻辑思维、小心翼翼、注意行情的人,而是冒险者和幸运者。纯粹由市场过程决定的分配模式与购买彩票的结果模式在某种意义(即运气的作用)上是相同的"。这种类比,成为说明市场分配中随机因素的合理性的经典方式(布坎南,1989;弗里德曼,1986)。

这种"运气"因素是后天的,但却是在个人基本天赋构成的基础上,决定着个人的选择和努力的实际结果的重要力量。除上述偶然性因素之外,不同的人在市场中的处境还取决于个人的选择和努力程度。假设两个人具有相同的初始天赋资源,仅仅是因为他们选择不同的职业、走向不同的生活旅途,就足以使他们最终获得的收入和财富有很大的差异。

概言之,个人努力、选择、出身、运气等因素,可能以各自的相对重要程度为序,构成一个复杂的混合体,决定着不同人在市场上获得的不同结果。对于一个理想的社会图景来说,如果个人的收入和财产的差异在很大程度上取决于个人的选择和后天的能力或努力程度,自然是最合理的状态。然而,在现实市场经济社会中并非如此，因而，才会有经常为人们所引用的弗兰克·奈特的著名论断："这些因素中，最不重要的是努力！"

虽然奈特的论断有些极端，但他想强调的是，出身和运气这两类偶然性因素会对个人收入产生巨大的影响。所以，经济学中才会有"货币分配的随机性"的著名论点。

3. 如何评价纯粹的市场分配？

如果考虑到偶然性因素的巨大影响，又当如何评价市场分配的结果呢？我们必须承认，市场过程本身的或然性和运气并不会破坏基本制度的公正性，而且，正是这种不确定性激励着人们勇于为自己的选择承担风险。至于家庭出身这一因素，破坏了机会平等的基础，但不必然构成对社会公正的威胁，更何况人类不可能废除家庭制度。

于是，仅仅只是从纯市场过程的总体结果及其最终分配状态来看，似乎对市场上非人为决定的公平性，只能提出有限的问题。因为，在这一逻辑范围内，分配是既定规则下的一种博弈的结果，在这个结果中，努力、运气、出身同时在起作用。正如哈耶克（2003）所评论的：正义或公正原则只适用于对制度的评判，不适用于非人格化的市场过程的随机分配结果，"个人可以尽量使自己做到行为公正，但是，分散的个人所得到的结果，既非出自别人的意图，也非别人所能预测，因此，由此产生的状态既不能称之为公正，也不能称之为不公正"。

那么，在上述共识的基础上，为什么还存在"社会分配公平"的问题呢？对这一问题，经济学家、社会学家和政治学家从来就没有停止过争论。

信奉"古典自由主义"的经济学家由上述共识得出的进一步推论是：市场决定的收入分配状态，不存在公平或不公平的问题；任何试图改变这种状态的政府行为不仅是不公正的，还会对个人自由和市场机制带来不可预见的破坏性影响（哈耶克，1997，1976；弗里德曼，1986，1982）。他们力图切断自由市场与社会福利的任何内在联系。

这类主流经济学家认为，机会平等和分配的正义会内化于互利的市场交换过程之中。只要严守交换的公正，就会自然实现分配的正义。他们经常引用斯密在《道德情操论》中关于"无形之手"的那段著名论述，把对市场机制具有的社会效率的本质的信任，拓展到认为它可以减少不平等的程度，坚持认为，"无形之手"可以通过"利益扩散效应"而使人们的利益均等化。其实，无论理论或实践都没有证实斯密的这种直觉。市场制度的分配确实包含着"利益扩散"的某些机制，但这些机制并不能自动地解决社会的平等问题。

我们的基本观点是：在随机因素具有重大影响的视角来看，市场经济的生活就像是一场凭运气取胜的游戏。在这场游戏中，苍天以某种随机的方式赐给每个人以品质、社会地位和某些机会。这种随机决定既不是公平的，也不是不公平的。但是，对社会来说，纯粹只是接受这些随机因素（包括市场本身的不确定性因素）的结果，且实施使这些结果强化和永久化的制度，却是不公正的。因此，必须形成一种体现公正的制度，缓和出身与运气因素对个人在社会结构中的地位的偶然性影响。更何况，现实市场经济中是否存在"健全的且得到有效实施的制度"基础，还是一个有待审视的问题。

二 市场社会要消除的是什么类型的不平等？

主流经济学家赋予市场分配机制以某种先验的合理性，实际上是回避了那些要由社会契约来回答的问题。我们认为，社会分配公平问题，应该超出纯市场的逻辑来探索。其中，一个最基本的逻辑就是对支配市场的"给定制度"本身（或利益前提）的审视。

即便以要素价格等于其边际产品价值的特定新古典均衡模型作为理论上的出发点，除非我们已经能够断定个人的初始资源禀赋的分配是公平的，否则，这种模型也不会认可"市场化的个人收入分配就是公平的"之结论。这里，所谓的个人初始资源禀赋的分配是广义的，应包括罗尔斯所说的权利、自由、机会、权力等社会基本物品。因此，评判现实中市场分配的公平性，最重要的是要对支配和影响个人禀赋分配的制度的公平性进行评判。

1. 什么构成"一种公平的收入分配的基础"呢？

前面我们提到，一种公正的制度，既要能够缓和运气、命运之类的因素对个人在社会经济结构中的地位的偶然性影响，又要能强有力地校正"初始资源禀赋"。那么，什么是构成这种"公正的制度"的基础呢？

就后一点来说，福利经济学第二定理可以给我们以强有力的支持。即使是在纯理论上，竞争性市场也只能实现一种特定的帕累托最优；而究竟实现的是一种包含着什么样的具体收入分配状态的帕累托最优，则完全取决于市场过程开始之前的初始资源禀赋（即收入索取权）的分配。市场交换，只是在给定的初始资源禀赋的分配的基础上，完成收入的分配过程而已！第二定理表明，我们可以通过改变初始资源禀赋的分配来实现某种令人满意的收入分配状态，同时又不损坏市场有效配置资源的机制。

不过，对我们这里的讨论来说，这一定理的着眼点较为狭隘。我们可以借助于罗尔斯的社会基本品概念来扩充对"资源"内容的理解。他是在寻求个人初始资源禀赋的社会公平原则时提出这一概念的。

考虑到各种随机因素，构成"一种公平的收入分配的基础"的问题，就是在理论上寻求个人初始资源禀赋的社会公平原则。它将为我们提供判别制度性歧视和矫正进入市场时初始资源禀赋的某些标准。在这类研究中，经济学家通常从政治学家和社会学家发展起来的正义原则中寻求灵感，其中，最有影响的是罗尔斯的《正义论》。所有这类讨论都不得不在罗尔斯的基础上展开。即使是直接研究这类原则的著名经济学家，如森（2004）、宾默尔（2003），在某种意义上，也是对罗尔斯的正义理论的发展。

罗尔斯借助"无知之幕"的思想试验来说明这类原则。这种思想试验类似于人们在游戏之前制定规则的行为。假设某个社会的所有人都参与一个会议，以选择收入分配的规则。这个会议是在"无知之幕"下进行的，它向每个人都隐瞒了有关所有人拥有的资源禀赋、能力和其他状态的所有知识。没有一个人知道自己的初始状态，因而也就没有一个人知道哪一种特殊的分配规则会在未来对自己有利或不利。罗尔斯认为，在这种"无知之幕"下选择出来的规则必然是公平的：如果规则是公平的，那么，由这种规则产生的收入分配也将是公平的。

在这种"无知之幕"下，人们会选择出什么样公平的规则呢？罗尔斯认为，"无知之幕"下的每个人都会理性地担心自己未来会处于不利地位，因此，都会一致接受下述两条公平原则。第一条是自由平等原则：每个人都应该拥有与其他人同样的与自由相容的最广泛的基本权利，包括人身自由和财产权。第二条是差别原则：对社会的、经济的不平等程度，应当做出这样的制度安排：（1）对最不利的人产生最大收益（最大最小原则）；（2）让所有人在机会平等的基础上有事可做（机会均等原则）。

罗尔斯的第二条公平原则意味着，人们愿意接受的不均等程度，要远远小于纯粹的竞争性要素市场产生的不均等。虽然对努力和承担风险的物质奖励是经济增长的最根本基础，而且这种奖励必然会产生不平等，因此，人们会愿意接受一定程度的不均等。但出于对自己未来处最不利状态的风险规避，每个人都会选择能够使最贫困者的收入最大化的分配规则来消除这种风险；除此之外的不均等程度，将被认为是合理的。这就是著名的差别原则，它承认人们在某些方面是不平等的，但这种要求对每个人都有利。既然这些选择定义了"什么构成一种公平的分配"，那么，公平最起码要求我们做出某些努力，去降低边际生产力机制产生的不均衡程度。

虽然学者们对"无知之幕"的假设和由此而得出公平原则的推导过程存在大量的争论（缪勒，1999），罗尔斯的理论还留有许多有待补充和完善的工作，但我们很难否定这种公平契约的思想试验所具有的某些理论和道德上的魅力。所有的道德问题都应当在原始状态中解决。在这种状态中,对所有可能结果的公平与否的判断,是结合达成这些结果的过程和这些结果的特征来进行的。最重要的是,制度在人们的眼中要公正。要做到这一点,它们必须具有在某种程度上能够校正机会差异的特征。

2. 天生的禀赋分配与起点不平等问题

每一个人都通过效用血缘函数受益于其父母的能力。正如前面所述,这种受益是多方面的,且对个人的前程发挥着巨大的影响。如何看待这类天生的不平等,以及这类因素在市场的收入分配中的合理性?

一种激进的观点是,那些来自良好家庭背景的孩子不应得到市场高收入的奖赏,因为他们之所以获得良好的能力并较容易成功,并非完全是其自身努力的结果,相反,在很大程度上来自家庭背景的力量。按照这类观点,家庭出身构成的初始禀赋的不平等分配,在道德上是随意的,不应当允许这类差别影响个人生活的机会。社会正义原则应该致力于消除这些随意性因素造成的不平等(Dworkin,1983)。

如果不存在效用血缘函数,就可以实现天生的机会平等,所有人携带着相同的资源(即初始禀赋)进入生存竞争的过程。但事实上,这种效用血缘函数是客观存在的,并且为社会所普遍接受。这种函数的存在确实破坏了机会均等的某些基础,但却是人类社会不可能消除的机会不均等。

就个人而言,出身于什么样的家庭,纯属偶然:任何人都不可能选择父母。家庭出身构成的初始禀赋(遗传基因、财产继承、社会关系)肯定是不平等的,但并不是不公正的!家庭出身,虽然会破坏机会均等的基础,但若无制度性歧视的存在,它并不会使其自身影响到的市场分配不均等程度永久化。特别是在家庭等级制比较弱的社会,更是如此。因为,这种遗传的最终累积结果,又受到许多随机因素的影响(米德,1992)。

虽然如此，我们仍然可以采取一些积极的行动来缓和与削弱这类偶然性因素的影响。在现实的市场经济社会中，免费的基础教育、医疗保健服务或其他形式的补助等制度，就可以视为从人力资本的积累角度缩小起点差距的一种努力。因为它们可以在不同的程度上保证一代人碰到的不平等不至于延续到以后几代人，以缓和儿辈的机会受到其父辈存在的不平等的不可忍受的影响。

3. 制度性的权利、机会分配与不平等

与家庭出身因素不同，制度性歧视是最不能让人忍受的，因为正是它们给某些人提供了特殊的机会或好运。因此，制度的公平性，才成为我们要关注的焦点之一。这里所说的公平不等于收入的平等，不等于健康状况的平等，也不等于任何其他具体结果的均等，而是对一种机会均等的制度的探求。在这种制度下，个人的努力、偏好和主动性，而不是家庭背景、种姓、种族或性别，成为导致人与人之间经济成就不同的主要原因。

有两个原则成为检验制度的公正性的试金石：法律面前人人平等和机会均等。法律面前人人平等意味着法律不承认与人的某种社会地位有关的差别，旨在保护所有人的平等权利。平等地对待所有人的基本自由权利的行为规则，构成程序性的正义。如果仅仅从程序上评价分配公平（程序公平或形式公平），只要个人的基本权利得到尊重，就可以认为是公平的。这类权利包括生存权、获得个人劳动成果的权利、自由选择权等。

作为一种对权利平等原则的实践检验，我们可以思考中国农民工的处境：农民工的合法权益被侵犯，除了拖欠工资外，还表现在工作环境恶劣、缺乏劳动保护、超强度工作等方面。为什么这类基本权利的侵犯集中表现在农民工身上呢？

机会均等原则承认个人的能力和选择的差异、市场机会的随机性质和由这些因素所带来的收入等生活条件的差距，同时坚持认为，只要给所有的人提供平等的机会，社会底层的人们就可能通过自己的努力（勤奋、才智和正当手段等）来改善自己的经济和社会地位。

这一原则旨在设法消除制度性歧视所造成的那些所谓"运气"因素的影响,改变那些可以控制的、影响个人能力及其发挥的制度因素。

在中国,这种歧视性制度的最典型例证就是户籍制度。它的设计把人划分为两类——农村和城镇,并在一系列政策上区别对待之。作为其中的一个重要方面,引起人们广泛关注的就是教育和卫生资源在城乡之间分配的严重不公平。在中国,教育和卫生资源的分配主要是由政府主导的,这自然就适用于公平原则:应当提供给所有的人共同平等地享有。但这些资源高度集中于城市,这种不公平的制度加剧城乡个人之间人力资本积累的差距。

上述对制度公正性的某些简单检验表明,我们还需为权利平等和机会均等进行艰苦的努力。大多数还没有解决的平等问题,诸如农民工的收益权、职业选择、女性的就业机会、农村人口接受教育和医疗过程中所遇到的障碍,等等,都与收入转移的分配无关,基本上属于机会和基本权利的问题。我们的制度一直在经受着这两个试金石的严峻考验。

据福格尔(2003)的解释,1870—1970年,英国和美国的基尼系数均下降了大约1/3。其中,从政府因素来说,直接的再分配政策在这种收入均衡化过程中的作用很小,而强制性的中小学免费教育、对中高等教育的资助等政策却起到很大的作用,因为,这类政策使人力资本的分配更为平等。

4. 矫正的正义原则

即使是充分考虑到制度的公正性和机会均等,人们仍然会对什么是公平的收入和财富分配,有着不同的看法。但有两点也许是可以达成相对共识的:第一,即使考虑到某些随机因素(包括家庭出身或运气),只要个人在市场上获取的收入主要取决于个人的能力和选择,那么,由于个人的选择和努力程度不同,必然会出现收入上的差距。可以认为,这种收入差距的存在会得到广泛的认同。第二,只要富人阶层不是以非法方式获得其财富,由此而形成的收入或财富分配不平等程度,就是可容忍的最低标准。后一个问题,使当代最著名的自由经济主义者诺齐克也感到气馁（1991）。

一个人所拥有的初始资源禀赋对于他在市场过程中的前景有着重大的影响。就其禀赋中的财产部分而言，现有财产权的合理性依赖于最初占有这类资源的合法性。诺齐克反对任何再分配的政策，强调获得财富的"公平占有标准"。在这方面，他提出了两项基本原则：一是"获得的正义原则"，即凭借自身的能力和劳动获取物品和财产；二是"转移的正义原则"，即基于个人的自愿意志的财产赠予和转让。如果个人之间的转让是通过合法的自愿交换、馈赠等方式完成的，那么，这种转让就是正义或正当的。

如果这种财产关系是建立在前一时期的不公平占有和授予财产的基础上，即通过非法或不正当手段（如偷窃、欺诈、抢夺、受贿等）而获取或转让的持有，应该怎么办？诺齐克认为，需要矫正的正义原则，以纠正以往的不公正的财富占有。如何矫正呢？在这一问题面前，诺齐克退却了，只是承认自己不知道对这类问题的"一种彻底的或理论上精致的回答是什么"。正统新古典主义经济学家在此点上一般也都保持沉默的态度，而不像中国的某些经济学家那样倡导"原罪免除"论。

这种沉默表明，即使是边际生产力概念可以对市场分配给出一种理论解释，那也不能给市场分配提供一种正义的事实证明，更不能证明对市场分配过程的任何事前矫正是对自由的违反。

社会主义对经济自由主义的最强有力批判在于：从正义的观点出发，对各种资源初始分配不完善性的批判。现实社会在这方面都存在问题，其中，包括侵犯财产权、限制契约自由、经济权力的不公正运用等形式表现出来的非正义行为。正是由于这一原因，诺齐克提出矫正的正义原则，并把罗尔斯的差别原则作为纠正历史上不公平行为的一种经验规则。

当然，要辨明过去和现在的所有非正义持有，是一件极其复杂的事。即使是基于现实问题的复杂性和某些权衡原则的考虑，我们不会采取全面的矫正政策，但还是应当坚持矫正的正义原则，一直保持这种追究的权利和姿态。只有这样，才能为法治提供更广阔的视野，也为社会制度安排的合理化提供努力的方向。

正如格雷（2005）评论诺齐克的这种原则时所说的，"对市场自由的道德辩护必然要求重新调整既有的权利，以纠正以往的不公正"，以此"恢复经济自由的前提条件"。体现这种矫正的正义原则的政策目标应该是为过去背离平等自由原则的行为而做出的补偿，达到这种目标的最佳途径不是对收入和财富的直接再分配而是合理的社会政策。

三 再分配的社会偏好与社会选择

1. 再分配的公平性质

前面的讨论表明，即使是通过某些制度的改革，可以保证合理的经济竞争的公平机会，通过诸如教育等制度缩小初始禀赋差距的影响，仍然会存在财富和收入的不均等。这就要求我们转入更细致的对财富和收入的再分配的调整问题。这是一个更艰难的问题，涉及实质正义，但却是提出再分配政策所必须回答的问题。这里涉及的逻辑就是社会偏好和文明社会的道德准则。

在主流经济学中，之所以一直存在着反对实质正义（具体表现为再分配），是因为在它的理论逻辑中无法推导出证明福利权利这种社会偏好的合理的结论。具体地说，之所以无法推导出这种社会偏好，与这些经济学家固守方法论的个人主义、否认人与人之间效用的可比较性以及保持所谓价值中立的科学的立场有密切的关系。

自由主义经济学家通常以标准效率为竞争过程的分配结果辩护，对再分配持批评态度。他们的论点具有一种忽视低收入群体的固有特性，其理论依据是：每个人应对自己负责。特别地，他们坚持认为，社会不外乎是 N 个人的简单集合，是这些人由于共同的规则而不是共享的价值观而结合在一起的，因而，根本不存在社会偏好或社会欲望之类的东西。

要给体现实质性公平的再分配政策提供合理的理论依据，就必须冲破这些理论羁绊。如果再分配是有价值的，我们就应该能够解释为什么它是有价值的，并以一种恰当的语言来表达其理由。由于再分配涉及的范围较广，不同类型的再分配可能得到的合理的理由也许不完全相同。

虽然学术界对功利主义有着不同的理解且存在争论，但它一直是对公共政策影响巨大的一种思想。它有一个很有吸引力的口号："最大多数人的最大幸福！"它根据收入的边际效用递减规律提出：如果能把高收入者的一部分收入分配给低收入者，那么，社会的整体福利将会得到提高。换言之，一个社会越向收入的平等迈进，其整体的效用越大，全体人民的幸福就越多。

然而，以边际效用递减规律为再分配提供的纯经济学证明已经被排挤到边缘地位。如果边际效用递减规律是正确的，100元钱带给一个处于温饱线上的家庭的效用显然要比带给一个富裕家庭的效用大得多。但是，功利主义经济学家却没有办法提出一种可行的方式来说明人与人之间的效用比较。如果有可行的方法，他们就可以证明再分配的行为是否能够真正增大社会的总效用或福利（扣除市场效率损失之后的净福利），净增加多少。正是这一理论弱点，使他们找不到一种效用量化的方法来权衡公平与效率的关系，从而导致在经济学理论中效率目标获得至高无上的地位。

主流经济学家之所以在公平与效率之间的选择中强调效率，很大程度上因为他们认为人与人之间的效用是很难进行比较的。理由是，每个人的心理对其他任何人都是一个谜，不可能存在感觉上的共同尺度，因而也就无法证明100元钱给一个贫民带来的效用必然大于带给一个富翁的效用。

这种诘难明显地违背我们的常识和直觉，但我们却无可奈何。正如英国著名学者宾默尔（2003）所说的，"如果效用的人际比较是无法进行的，我相信再也没有理由去写一本关于理性道德的著作了"。因为，不同的人对他人的福利的评价方式必须有一种具有一致性的道德理论作为基石。具体来说,人际效用的可比较性是再分配政策的最根本的道德基础。要使人际效用比较有意义,就必须超越新古典经济学研究个人偏好的方式,充分考虑到作为一个群体中的一员的人的社会偏好。

2. 不确定性与再分配的社会偏好

社会之所以不能在收入、财富的公平再分配的构成问题上达成一致的意见,是因为每个人都是从自己现有的社会和经济地位来考虑这个问题。很显然,一个富翁和一个贫民在收入分配的公平上会各持己见。那么,我们能不能为再分配政策找到某种最低限度的社会共同价值观——不能容忍的贫富差别程度的价值基础呢?① 在这方面,基于原始状态的"无知之幕"的思想试验,给我们提供了再分配的社会偏好的存在性及其相关的其他问题的合理证明。这种原始状态的假设类似于每个人刚出生时的生而平等的状态,就是要让每个人在选择再分配政策时排除后天的因素(诸如家庭出身、个人经历和社会地位等)对其主观偏好的影响。

虽然基于这种思想试验而提出的论点不完全相同,但都把实现某种程度的均等的再分配努力,视为人们针对经济生活中某些不确定性而表现出来的风险厌恶偏好的反映。例如,罗尔斯把差别原则视为人们出于自己可能成为最贫困者的担心而做出的理性选择,这种思想可以构成对下述主张的强有力支持:收入的再分配必须保证每个人的收入至少能够维持其最低的生活标准。再如,科尔姆描述了在不知道自己的挣钱能力和得病概率等情形的初始状态中,人们可能会接受较为广泛的个人福利权利的合理性。他称这种理由为"集体礼物"。

3. 移情偏好与人际效用的比较

虽然正统理论无法为人际效用比较提供任何基础,但在经济学文献中,确实存在着可以为人际效用比较提供一种较好的解释的理论。

---

① 我们主要讨论的是理论部分,至于经验部分,是本课题的其他研究报告力图解决的。

那是以 Harsanyi（1955）的"移情偏好"为基础发展起来的，Suppes（1966）、Arrow（1978）、Harsanyi（1977）、Hammond（1976）等都对这种发展做出了贡献，而宾默尔（2003）则力图给这种思想提供一种自然主义的现实基础。

Harsanyi（1955）通过考察一种假想的原始状态的选择，拓宽效用选择的定义，以进行人与人之间的比较。新古典经济学的效用函数至多是测度一个人只有在其身心内部才能体验到的快乐与痛苦，而 Harsanyi 则通过"拓展的同情偏好"概念（宾默尔认为更为确切的概念是"移情偏好"），使得一个人也能体验其他人的快乐与痛苦。

这种原始状态的选择要求：（1）身处原始状态的每个人面对充满不确定性的未来世界，都要假设他有同样的概率处于社会中的任何一种状态；（2）每当碰到涉及道德或伦理选择的问题时，每个人都会设身处地地考虑他人的处境，并在意识上接纳他人的偏好，进而，通过这种方式，对可供选择的某一种事态作出评价。

如果个人的这种伦理偏好是理性的，那么，它就必然会满足冯诺伊曼—摩根斯坦效用函数的诸公理，从而，我们可以定义出一个等价于社会中所有个人效用的算术平均值的基数社会福利函数。这种原始状态选择的思想试验解决了两个问题：以每个人自己的主观偏好来评价效用函数，以及指派给每个人的权数都是相同的。这样，社会福利函数就可以简单地表述为所有个人效用的总和：

$$W = \sum_i u_i$$

其实，这种函数的基础是，通过"移情偏好"，用其他人的主观偏好来评价效用函数。只要我们对其他人的情形拥有足够的知识，就可能在意识上接纳其他人的偏好，u_i 项在每个人对社会福利的评价中会趋同。因此，接纳他人偏好的思想试验与概率相同的假设相结合，就会产生出有关选择的一致意见和同质的伦理偏好。

既然每个人的偏好是相同的，效用函数 u_i 就是可以比较的。如何进行这种比较呢？借助于"无知之幕"构造的"移情偏好"问题，可以视为存在一个无偏袒的理想观察者,他对每个人的特性和其效用函数的心理学基础,拥有充分的信息,可以对不同人的效用进行评估和比较。例如,假设有两个人甲和乙。当理想观察者充当甲的"移情偏好"时("他我"为 i),他愿意用 U_i 单位效用来与乙的 V_i 单位效用交换(交换比率为 U_i/V_i)。同时,当理想观察者充当乙的"移情偏好"时("他我"为 j),他愿意以 U_j/V_j 的比率与甲进行交换。由于在原始状态中每个人的偏好是相同的,理想观察者 i 和 j 愿意进行交换的比率,与甲和乙愿意交换的效用比率完全是相同的,即:

$$U_i/V_i = U_j/V_j = U/V$$

因此,也就可以进行效用的人际比较(宾默尔,2003;哈萨尼,1996)。① 虽然这种理论构思存在有待完善和发展的余地,但它至少证明了人们这样的直觉:每个人的偏好并不是完全对立的,存在某种共同的伦理偏好,使我们可以进行某种类型的人际比较。

对于"移情偏好"假设的合理现实基础,Harsanyi(1977)是这样解释的:"现实中,在具有相似的文化环境、社会状态中,人与人之间的效用比较表明一个人际观察者的正确程度。"

4. 拓展人际比较的信息基础

要对"再分配的社会偏好"的程度作出说明,必然要求对不同类型的个人利益进行人际比较。效用的人际比较,只是其中的评估方式之一。除此之外,我们还可以基于非效用的其他类型信息,进行人际比较。也就是说,我们对人际比较,无需过分关注效用比较的心理学特征,不必非要对关于个人幸福的精神状态或心理状态进行比较。对个人幸福状态的人际比较,也可以建立在其他更客观的指标的基础之上,关注与效用直接相关的其他变量的人际比较(森,2006)。

假设 $u_i(x)$ 表示的不是个人 i 在状态 x 上的效用,而是反映这个人在状态 x 上的福利或利益,那么,即使 x 具体标示的是这个人

---

① 在原始状态中,理想观察者准备交换甲的个人效用与乙的个人效用的比率,取决于观察者的角色,U 和 V 的下标 i、j 反映的正是这一点。在这里,移情识别起着至关重要的作用。

拥有的收入、财富或商品之类的客观物品，我们也能够通过直接比较富人与穷人之间在收入、财富方面的差距来判断他们之间的福利差距。虽然个人利益这类物质指标的提高不一定带来幸福（效用）的同等程度的提高，但它们直接关系到个人的营养、健康等状态，而这类状态显示的是一个人的幸福程度。

更进一步地，我们还可以进行诸如机会这类社会基本品（Primary goods）、可行能力（Capabilities）等类型的人际比较（Elster and Roemer，1991）。

一旦引入人际比较，通过恰当的理论建构，阿罗定理的不可能性问题就会消失，就可以对社会福利问题做出量化的评判。正如阿罗在获得诺贝尔经济学奖的演讲中所说的那样，"只要掌握了基数效用函数，就能对那些迄今仍然无法用精确计算方式分析的问题，如财富从最富有者转移到最穷者的心理影响，或税赋的心理影响的评估等，进行数量分析"。正是这种理论上的魅力，促使一部分经济学家从来就没有放弃这方面的努力。

5. 经验标准所体现出的社会偏好

"无知之幕"是一种极有益的思想试验。它给出了考察公平分配的一般性方法的一种精巧形式。由此得出的论点是纯粹概念性的，它们具有很强的启示性，但却缺乏可操作性的直接政策建议。为了弥补这种缺憾，在这里，我们通过对某些实践标准的考察给予补充。

可以肯定，把初等教育、基本医疗保健、最低标准的物质生活等资源的分配纳入基本福利权利，是关注社会正义的政策所关心的重点。联合国《世界人权宣言》第 22 条规定：每个人都有实现与其个人和家庭的健康和福利相适应的生活水准的权利，这些权利包括食品、衣服、住房、医疗和必要的社会服务等。第 26 条规定：每个人都有受教育的权利，教育至少在初级和基本阶段应当是免费的。这些权利一般称之为"福利条款"。在西方社会中，受教育、健康、最低生活保障的权利，统称为经济权利，被视为对基本公民权的拓展。这些权利一般被称为福利条款。

对于这种把福利权利拓展为个人基本权利的努力，我们可以视之为人们针对经济生活中某些不确定性而表现出来的风险厌恶的社会偏好的反映。按照这种解释，社会应向每一个人提供一种最基本的生活状态，不应使任何人跌落到营养、住房、医疗、教育等方面的临界值之下，同时，也保留着让有些人自己掏钱去购买优质的教育、医疗等服务的可能性。

可以猜测，人们对某种程度的收入或财富不均等会持宽容的态度。然而，多大程度上的不均等和什么样的不均等是可以接受的？对此，不同的社会虽然有基本的共识，但必然也会有一些评判标准上的差异。这种评判标准的差异植根于其传统文化的核心价值观之中，并且在民主制度中会反映在具体的福利制度和政策特征上。

例如，西欧比较重视财富和收入方面的不平等，把基本医疗保障、教育等视为公民的基本权利，并提供广泛的福利。而在美国政府的选择中，没有为全民提供基本医疗保健的承诺，对贫困群体的帮助也非常有限。支撑这种政策差异的，是对社会和个人责任态度的不同。美国人更多的是强调个人的责任和经济自立的观点，而西欧人更注重社会的责任。

在中国传统文化中，包含着足以支持个人福利权利的丰富内容。其中，最经典地表达这种社会伦理偏好的是这样一段名言："大道之行也，天下为公。选贤与能，讲信修睦。故人不独亲其亲，不独子其子，使老有所终，壮有所用，幼有所长，矜、寡、孤、独、废疾者皆有所养"（《礼记·礼运》）。这充分表达出了中华民族的社会偏好结构：基本教育（幼有所长）、充分就业（壮有所用）、社会保障（矜寡孤独废疾者皆有所养）。而中国的社会主义性质则把这种社会偏好转化成为一种制度性偏好——"共同富裕"。在这种制度性偏好中，获得基本的生活保障成为每个人应有的权利。

四 结束语

本文的主旨是试图概念性地定义公平分配，并把它作为评判现实分配状态和相关制度的一种参照系。没有这种参照系，我们无法思考什么样的分配是公平的，更没有办法对收入和财富分配及其变化这类更具体的问题做出评估。这种评估是公共政策或社会政策的最根本基础。如果说我们在这里要倡导一种主义，那也是公平主义而不是平均主义。

中国经济学界盛行的是效率至上主义，认为提高穷人的生活水平的最有效办法就是促进经济的高速增长，任何有碍于经济快速增长的政策行为都将只会使穷人的地位永远无法得到改变。这是典型的新古典经济学的看法，以至于连福格尔（2003）这位经济学大师在评论各国福利政策时也说，"在采用新古典经济学所倡导的方法上，中国比许多资本主义国家更大胆"。事实上，即使是作为主流的新古典主义经济学，为市场自由而辩护时，虽然也求助于效率，但更根本的论据还在于这样一种观点："市场保证了个人自由本身。"（弗里德曼，1986）

即使是这种根本的论据，仍然不足以解决自由的市场与市场社会的道德选择之间的问题。正如著名经济学家缪勒（1999）所总结的，公共选择文献的重大见解之一，就是认识到"如果我们假设可以把政治制度设计得能准确地显示出对配置效率变化的偏好，那么，仍然存在的问题是，如何解释再分配问题。为了回答这一问题，关键是要认识到，它所需要的程序不同于配置效率的那些程序"。不仅决策程序不同，对这两类政策的论证也必然要遵循不完全相同的思路。

本文的基本观点是：市场会产生效率，但不会自动产生社会福利。本文的研究可以概括为：对市场中社会政策和福利政策的道德基础进行独立的合理性证明。我们力图证明，这类道德基础与个人自由之间，是可以相容的。并不像哈耶克（2003）所断言的那样，"分配的公正不但要求取消个人自由，而且要求贯彻一套不容争议的价值，换言之，即实行一种严密的极权统治"。他对市场分配的随机因素的评论是精彩的，但对分配公平的批评却是完全错误的。

我们的核心论证并不是基于穷人有权享有福利，而是基于合理的社会政策和福利供给：（1）可以作为缓和家庭出身代表的"命运"和以市场的不确定性为典型代表的"运气"这两类随机性或偶然性因素的巨大累积性影响的有效工具；（2）再分配可以作为社会偏好的一部分。作为一种社会偏好，再分配是个人对不平等的社会反感的一种偏好，可以合理化为理性的个人对风险和不确定性的厌恶。所有的这些论证都需要以人际比较为基础。分析和描述交易行为时，我们无需进行效用的人际比较。但是，对于社会政策这类与偏好强度密切相关的问题来说，效用的人际比较却是必不可少的基础。

我们的论证具有福利主义的性质，特别关注广义的资源分配的合法性和幸福水平，但从中推导出的社会福利功能，是从抽象的个人理性选择中得出的道德原则。或者说，这种福利要求来自"无知之幕"中的个人理性选择，不同于集体主义公民资格的正义论。在实践中，这种偏好是可以通过充分的公开民主讨论体现出来的。

本文的分析基本上是一种理论概述性质的。从第二部分中可以看出或猜测到，无论何时何地，公平和平等的逻辑总是无奈地会碰上不公平和不平等的残酷现实。对于任何一种可行的制度来说，适度的制度不完善是与生俱来的。一旦认识到这点，我们就要主动地适应它们，并寻求纠正其不良影响的实践方式。这就要求我们在尊重逻辑分析的同时，不能一味地埋头推导教条结论，不理会现实。"无知之幕"的思想试验能给我们提供的，只是一种社会偏好的最根本理论基础。在此基础上，如何把这些偏好转化为合理的具体政策，既能保持效率，又能保证公平，取决于我们在实践中的政治智慧和现实意识。理论分析固然重要，但问题的答案也依赖于经验判断。[①]

参考文献

奥肯：《平等与效率》，中译本，四川人民出版社1988年版。

肯·宾默尔：《博弈论与社会契约》（第1卷：公平博弈），中译本，上海财经大

---

① 在本课题的经验实证部分中，我们将更加依赖于对事实、案例的分析。由于教育、医疗等方面的政策既能缩小人们起点和机会的不平等程度，又属于现代社会最低生活保障的基本组成部分，我们的经验研究将侧重于这些通用的部分。

学出版社 2003 年版。

布坎南：《自由、市场和国家》，中译本，北京经济学院出版社 1989 年版。

米尔顿·弗里德曼、罗斯·弗里德曼：《自由选择》，中译本，商务印书馆 1982 年版。

米尔顿·弗里德曼：《资本主义与自由》，中译本，商务印书馆 1986 年版。

罗伯特·威廉·福格尔：《第四次大觉醒及平等主义的未来》，中译本，首都经济贸易大学出版社 2003 年版。

约翰·格雷：《自由主义》，中译本，吉林人民出版社 2005 年版。

哈萨尼：《人际效用比较》，伊特韦尔等主编：《新帕尔格雷夫经济学大辞典》第 2 卷，经济科学出版社 1996 年版。

哈耶克：《社会公正的返祖现象》，载哈耶克《经济、科学与政治》，中译本，江苏人民出版社 2003 年版。

哈耶克：《自由秩序原理》，中译本，生活·读书·新知三联书店 1997 年版。

罗尔斯：《正义论》，中译本，中国社会科学出版社 1988 年版。

米德：《效率、公平与产权》，中译本，北京经济学院出版社 1992 年版。

缪勒：《公共选择理论》，中译本，中国社会科学出版社 1999 年版。

诺齐克：《无政府、国家与乌托邦》，中译本，中国社会科学出版社 1991 年版。

阿马蒂亚·森：《集体选择与社会福利》，中译本，上海科学技术出版社 2004 年版。

阿马蒂亚·森：《理性与自由》，中译本，中国人民大学出版社 2006 年版。

阿马蒂亚·森：《以自由看待发展》，中译本，中国人民大学出版社 2002 年版。

埃里克·斯科凯尔特：《利他主义、效率和公平：福利国家的伦理挑战》，载丁开杰、林义选编《后福利国家》，上海三联书店 2004 年版。

杨春学：《对"效率优先，兼顾公平"命题的重新反思：我们需要什么样的公平观？》，《经济学动态》2006 年第 5 期。

Arrow, K. , "Extended Sympathy and the Social Choice", *Philosophia*, 1978, 7, pp. 233 – 237.

Bergstrom, "On the Existence and Optimality of Competitive Equilibrium for a Slave Economy", *Review of Economic Studies*, 1971, 38, pp. 23 – 36.

Brian Barry, *Why Social Justice Matters*, Polity Press, 2005.

Dworkin, R. , "In Defence of Equality", *Social Philosophy and Policy*, Vol. 1, No. 1, 1983.

Elster, Jon, and, Roemer, John. eds, *Interpersonal Comparisons of Well-being*, Cambridge University Press, 1991.

Harsanyi, J., "Cardinal Welfare, Individualistic Ethics and the Interpersonal Comparison of Utility", *Journal of Political Economy*, 63, 1955, pp. 309 – 321.

Harsanyi, J., *Rational Behavior and Bargaining Equilibrium in Games and Social Situation*, Cambridge University Press, 1977.

Hayek, Law, Legislation and Liberty, Vol. 2, *The Mirage of Social Justice*, Routledge & Kegan Paul, Ltd., 1976.

Roemer Hammond, P., "Why Ethical Measures of Inequality Need Interpersonal Comparisons", *Theory and Decision*, 7, 1976, pp. 263 – 274.

Suppes, P., "Some Formal Models of Grading Principles", *Synthese*, 1966, 6, pp. 284 – 306.

(原载《经济研究》2009 年第 1 期)

"社会主义经济核算争论"及其理论遗产[*]

"社会主义经济核算争论",是20世纪经济思想史中最著名的争论之一。但直到今天,对这场争论所涉及的某些基本理论问题,包括如何理解个人理性和制度设计的局限性、价格的性质、市场制度的动态特征等,我们还没有获得充分的理解。笔者相信,对这场争论的反思,将有助于我们更深刻地理解新古典经济学的根本缺陷和市场经济的运行。更重要的是,这场争论所提出的某些问题仍然困扰着我们社会主义市场经济制度建设。

一 社会主义经济核算:争论与实践

"社会主义经济核算争论"始于米塞斯1920年的著名论文。米塞斯认为,一旦废除了私有制和市场,以公有制为基础的社会主义计划经济不可能实现资源的有效配置,因为它缺乏在市场竞争过程中形成的"货币价格"这一最基本的计算尺度。一批经济学家相继加入到对这一论点的讨论之中。支持米塞斯观点的主要有哈耶克、罗宾斯。而反对者却有两类,一类后来被称为"新古典市场社会主义",主要人物有泰勒、勒纳、迪金森、兰格,他们以一般均衡理论的思路来论证社会主义经济可以实现资源的有效配置,认为,中央计划机关可以通过试错法找到正确的均衡价格,从而实现总需求

---

[*] 本文为中国社会科学院重点课题"对社会主义经济核算争论的反思"的成果之一。涉及这场争论的主要文献几乎都被收集在 Peter J. Boettke (ed.): *Socialism and the Market: The Socialist Calculation Debate Revisited* 8 卷本之中。

和总供给的均衡（被通称为"泰勒—勒纳—兰格模式"）；另一类反对者是以多布为主要代表的西方马克思主义经济学家，坚决反对把市场机制引入社会主义经济之中，认为，计划经济正是通过理性的社会计划来创造出一种秩序，取代市场的"无政府状态"，才显示出其优越性的。哈耶克通过发展米塞斯的观点，对上述两种反对论点做出反击。他认为，这两类观点都是以"社会计划者"拥有"完美的知识"的假设为基础的，而这种假设是完全错误的，根本没有考虑到知识的分散化，也没有考虑到个人的有关"特定时空知识"所具有的"默会"性质；社会主义经济的真正问题也不像兰格等人所想的那样是确定和计算出"正确的均衡价格"的问题，更何况市场价格的本质在于发现、传递和储存信息，而中央计划机关根本就没有这种功能。

虽然有"多布们"的参与，但这一轮争论主要是在"米塞斯们"与"兰格们"之间进行的，争论的核心问题是：没有市场价格，社会主义经济能否进行理性的核算，实现资源的有效配置？到 20 世纪 40 年代末，争论似乎伴随着伯格森和萨缪尔森教科书的经典总结而结束，学术界普遍认定，兰格模式代表了胜利的一方。

其实不然。正当西方经济学界的公开争论趋于平静之时，在 20 世纪 50—80 年代，伴随着苏联和东欧对计划经济体制改革的努力，争论以"计划经济和市场之间关系"的形式再次出现。不同的是，这次争论的主角是主张引入市场关系来完善计划经济的"兰格们"与主张"正统的"计划经济制度的"多布们"。争论的核心问题是：由哪一种方式（"计划"或"市场"）形成的价格才能实现资源的有效配置？如果说在第一轮的争论中"多布们"只是配角的话，这一次他们成了主角。"多布们"的基本思想没有脱离斯大林模式，但已经有了更先进的理论形态——最优计划模型（Roy Gardner, 1990）。

进入 20 世纪 90 年代以后，随着苏联和东欧国家社会主义制度的瓦解，"兰格们"和"多布们"的争论自然终止。但是，即便是原来倡导"市场社会主义"的"兰格们"，在重新反思第一轮争论之时，也几乎一致地肯定米塞斯和哈耶克的观点，其中以科奈尔最为典型。与此同时，由于米塞斯和哈耶克原来直接批评的对象——"苏联模式"已经退出历史舞台，奥地利学派就把原来的争论转化为新奥地利经济学与作为兰格模式理论基础的新古典经济学之间的辩论（Boettke，1998；Keizer，2001）。争论的核心问题是：究竟哪一种经济学能更好地解释市场价格和自由市场制度的效率？如果把这种反思和争论视为第三轮的话，争论远远没有结束。

要说清楚这场争论对社会主义改革实践的影响是比较困难的。事实上，马克思主义经济学家几乎没有关注这场争论的早期发展，至少可以说没有引起重视。但后来这场争论的主角之一——兰格，领导着波兰经济委员会，直接把这场争论的某些思想带到了对波兰计划经济体制改革方案设计的思考之中。

兰格曾经公正地评论说，社会主义当然有充分的理由感激米塞斯，这位批评他们的事业的"魔鬼辩护者"，正是他有力的挑战，迫使社会主义者认识到，恰当的经济核算体系对于引导社会主义经济的资源配置具有重要意义。

的确，正是米塞斯等人在理论上的挑战，加上实践中的困难，使社会主义者或同情者对"社会主义经济意味着商品、货币和竞争的消亡"的经典立场产生了动摇。20世纪后半期东欧社会主义阵营中的经济改革，使大多数人认识到，任何切实可行的社会主义都必须利用市场来配置资源。

虽然对于"社会主义经济意味着商品、货币和竞争的消亡"的正统观念，米塞斯命题能显示出其强大的力量，但是，对于各种形式的市场社会主义，这种命题的力量是较为软弱的。事实上，哈耶克和米塞斯从来也不重视"现实的社会主义"实践的变化。正如甘布尔所评论的，"如果哈耶克和米塞斯能够承认市场经济的组织方式多种多样、一切生产资料公有化的经济同样可以以经济学家们所理解的方式与资源的合理分配兼容，他们的立场也早就能够得以澄清了。但是，'从不妥协'正是哈耶克和米塞斯的特点，因为他们拒绝社会主义经济学家在论证中所用的新古典主义式的分析结构"(甘布尔，2005)。

在此，我们有必要事先说明总结这场争论的理论遗产的基本立场。米塞斯、哈耶克等人所批判的社会主义在实践中的对象一直是"苏联模式"。对于在公有制或中央计划基础上引入市场制度，他们也一直认为是不可行的。中国的实践已经否定了社会主义与市场制度不相容的观点，虽然中国的实情与兰格模式相去甚远。但是，这不等于说他们的观点完全没有意义。因为，在实践中，我们仍然可以感受到他们所提出的某些问题的分量。社会主义建设不仅要从坚持这一制度的人们之中获得力量，也应从对它的批判者那里获取智慧。批判者的声音可以使我们保持警惕，反省自身可能存在的问题。正视这类问题，更有利于我们自身的健康发展！

二 市场、所有制与效率

马克思从未认真思考过在现代工业化社会中建立没有生产资料私有制的市场体系的可能性。他对资本主义制度的批判一直是把私有制和市场结合在一起的。在他看来，这种制度所建立起来的是一个使生产和使用相脱节的经济体系，一个在其中生产目标（即最大限度地增加利润）只是间接地与消费的目标（即提高消费者的福利）相联系的体系，必定不如一个在其中生产和消费并没有如此"分离"的体系有效率。特别地，作为一种没有用总体合理计划来协调社会经济活动的制度体系，市场是"一种生产上的无政府状态"。这种状态将不可避免地反复造成大量的资源浪费和严重的社会经济不稳定。

"社会主义经济核算争论"最直接的结果是迫使社会主义者和同情者思考：资源配置的效率能否独立于市场制度的存在和所有制形式的问题。兰格模式及其追随者提出了社会主义可以与市场制度相容的论点。这是所有市场社会主义者的基本立场。虽然这种论点相对于传统的社会主义解释是一个巨大的进步，但并没有完全解释如何相容的问题。

米塞斯、哈耶克及其追随者一直不承认兰格模式论证的有效性。哈耶克坚持认为，试图把社会主义与竞争性市场融合起来的结果，"不过是件赝品而已"。为什么会是"赝品"呢？因为，在新奥地利经济学家看来，即使是社会主义经济引入市场，甚至于放弃计划经济的某些特征，但只要坚持公有制，仍然无法实现充分的效率。他们坚持认为，私有权、市场和竞争是彼此密不可分地结合在一起的，由此才可能产生出资源有效配置的结果。

为了使哈耶克等人的诘难更为清晰，我们可以从三个方面来说明兰格模式论证存在的理论难题。

（一）第一类问题：资源配置的效率可以相对独立于所有制形式吗？

米塞斯认为，用公有制代替私有制并不能根除资源的稀缺性和理性计算问题，而借助于市场价格是进行合理的价值计算的唯一途径；以生产资料国有化为基础的社会主义计划经济，由于没有真正的自由市场，不可能实现资源的有效配置。他的基本逻辑是：如果没有生产资料私有制，就不可能建立起真正的市场；没有市场，就不存在反映个人边际效用评估意见的市场价格，也就没有作为理性的经济核算的最重要基础——表现为货币价格的核算尺度，从而也就不可能实现经济效率。他的原话是，"没有自由市场，就不可能有定价机制；没有定价机制，就不可能进行经济核算"（Mises，1920）。后来，他更明确地指出，"市场及其在价格形成过程中的相关功能不可能脱离财产私有制，也不可能脱离资本家、地主和企业家以他们认为合适的方式处理财产的自由"。

为什么没有市场价格，社会主义就不能进行有效的资源配置呢？按照现代经济学的观点，任何事物都不具有内在的价值；只有当它对于人们具有主观上的使用价值时，其客观的使用价值才会具有经济意义——效用。不仅如此，众多的个人偏好是不同的，在市场中，这种主观的偏好是通过他们愿意支付的货币价格表现出来的。经济个体互不相同的价值评估为所交换的商品制定出一组价格，这组价格随即就成为经济核算的基础。以专业化和劳动分工为基础的复杂的现代经济正是以这种理性的核算为基础才得以有序地演进的。但是，以生产资料公有制为基础的社会主义将会强制性地取消相关的市场，从而使得理性的经济核算基础不复存在。

米塞斯曾经以一个例子来说明这一点。假设我们要建一栋房子，这可以有许多种方法，不同的方法表现为所使用的各种建筑材料和其他投入不同，从而成本各异。相对于未来建筑物的效用来说，每一种方法都各有其优劣，从而会导致房子的寿命各不相同。如果用自由市场的方式来提供这栋建筑，那么，建筑企业就会根据需求者愿意接受的价格（这种价格表明消费者对这栋房子的价值的评价），再根据各种生产要素的价格，进行成本—收益核算，选择一种有效的建筑方式。如果由社会主义"局长"来提供，那么，由于不存在各种生产要素的市场价格，没有货币这样一种计算单位，他无法将各种要素简化为一个统一的价值单位进行成本计算，根本就不可能对各种方法的优劣进行经济比较。于是，这个局长只能在"黑暗中摸索"，最终的决定只能是按照政府官员的爱好。

事实上，作为第一个社会主义国家，且不说"新经济政策"时代，即使是"斯大林模式"的全盛时期，苏联经济也容许市场和货币关系的有限存在，但在思想意识形态上，却始终把这种存在视为一种暂时的过渡形态。但是，在米塞斯等人看来，这种受限制的市场和货币关系，仍然无法确定人们对于某种特定商品的具体需求，所有的生产决定带有很大的随意性。

兰格模式坦率地承认，以劳动分工为基础的理性经济核算需要市场与价格的参与，市场是社会主义实现经济效率的必要组成部分，但争辩说，公有制形式与市场制度是相容的，资源配置的效率可以独立于所有制形式。这种模式的核心论点是，生产资料私有制的消失并不意味着市场交换的终结，市场交换的存在也不排除计划和社会主义价值观的实现。

兰格（Lange，1936—1937）在综合泰勒、迪金森观点的基础上，提出著名的"试错解"，以此回答米塞斯—哈耶克的责难。兰格也运用瓦尔拉斯一般均衡理论，但着眼点不同于迪金森。按照他的模式，社会主义经济将按下述方式运行：人们可以自由选择职业，消费者也可以自由选购商品，即存在劳动市场和消费品市场；但不存在生产资料市场，生产资料将由国营企业生产，并处于中央计划的控制之下；中央计划局给国营企业确定一组价格，并促使它们在这种价格约束条件下使成本最小化。那么，中央计划局如何确定价格呢？兰格的设想是，它最初确定的各种价格也许是武断的，但这并不重要。因为企业会把在这组价格下哪些产品过剩或短缺的信息传递给中央计划局。根据这些信息，中央计划局就可以像瓦尔拉斯的"拍卖者"那样，提高短缺品的价格，降低过剩品的价格。就这样，像真实市场经济那样，作为"试错过程"结果的价格，最终会引导社会主义经济走向均衡，实现资源的有效配置。

概言之，如果中央计划部门（或者说"中央计划委员会"）能够建立起指导经济的市场过程的一整套相对价格，所有制形式就不会影响资源的合理配置。以私有制为基础的市场经济是通过竞争过程来获得价格，而以公有制为基础的计划经济却可以通过中央计划部门求解一般均衡方程组，从而获得一组"影子价格"。不仅如此，兰格更进一步认为，在某种社会主义经济中，试错程序会或至少会比在一种竞争性经济中发挥更出色得多的作用。因为，对于整个经济体运行得如何的认识，中央计划局要比任何一位企业家拥有更为广泛得多的知识；因而，比之于一个竞争性市场实际上进行的试探过程，中央计划局能够以更短得多的试验过程，就达成正确的均衡价格。

新奥地利经济学家认为，兰格模式的论证仍然没有解决社会主义合理配置资源的难题。

第一,这种论证混淆了两种价格概念——相对价格和一般价格的不同性质。相对价格,即两种商品在市场上的交换比率,最多也只能说明市场的均衡状态是什么样的状态。对于资源配置来说,最重要的是以货币价格形式表现出来的一般价格,即"为一种选择所付出的代价"。在哈耶克看来,相对价格"不过是宽泛意义上的价格,即'我们为一种选择所付出的代价'的特例而已。只有一般意义上的价格对于解决资源配置问题才是不可或缺的"(转引自艾伯斯坦,2003)。

也就是说,经济决策需要价格作为成本—收益核算的基础,但这种基础是一般价格而不是一般均衡模型所确定的相对价格。真正对资源配置起决定性作用的这种价格,只能产生于个人在市场交换中的互动过程,并不是能够人为计算出来的。这里涉及的根本就不是我们如何计算所谓"正确的价格"的问题。在这种意义上,兰格等人对米塞斯的批评就变成无的放矢。由于兰格的论证遵循的是一般均衡理论,这种论证也就染上了新古典一般均衡模型的所有弊端(详细的解释见下述"三"部分)。

第二,中央计划制度是一种最终由某个人或几个人控制的秩序,协助这个人的,则是一些收集和整理资料的组织,它们把源于具体时间、地点的信息传递到这一决策中心。按照哈耶克等人的看法,这种制度安排,存在两个问题:(1)收集和整理资料的组织能够以这种方式直接传递给决策中心的,只是那些可以明确表述的信息和知识,但是,还有大量的分散化个人知识表现为"默会知识"(即只可心领神会而无法言传的大量实用知识)的形态,是无法以这种方式传递给决策中心者的。(2)虽然这种制度能够接触到分散的个人知识的某些层面,但这种秩序结构中并没有一种灵活的机制来提高其信息分类能力或反馈能力。

相比之下,市场制度却包含着一种灵巧的机制——"价格体系"。哈耶克等人把这种"价格体系"视为一种演化出来的"沟通交流的媒介",它能够使人们克服他们对于将决定其行动之成败的绝大部分事实（即整个社会的具体条件、环境）的无知，也使所有个人和群体的行为能够整合成某种连贯的秩序。价格体系何以能做到这一点呢？因为，在竞争过程中形成的价格体系会记录下人们参与市场活动而留下的那些零星的私人知识，并通过对这样的参与所生成的价格重新整合而创造出新的知识（详细的解释见下述"三"部分）。而兰格模式中由中央计划部门制定的价格根本不具备这种功能。

此外，兰格—勒纳模式本身还存在一些其他缺陷。社会主义经济改革的实践经验表明：（1）仅有消费品的市场化而没有生产资料的真实市场，会给资源的有效配置带来一系列的混乱。（2）若要实行市场经济制度，不管是哪种类型的市场经济制度，私有产权的存在，都是一项必不可少的基础。这与现代经济学的产权理论是高度一致的。

现在，几乎所有的社会主义者都在不同程度上接受了这样一种观点：社会主义要有生命力，就必须把市场、预算硬约束和某种程度的私有制结合起来。虽然说这些观念的转变在很大程度上源于实践的思考，但也证明米塞斯提出的问题是具有说服力的。

问题是，是否由此就可以像新奥地利经济学家那样推论：市场经济必须建立在纯粹的私有制基础上吗？在这种经济中，难道就没有公有制存在的空间吗？经济学家对这类问题的回答一般是否定的。也就是说，不管经济中私有制占多大的比重，其中必然都会有一部分公有制性质的公共部门。有些经济学家还力图提供公有制企业也有效率的某些经验证据，虽然他们也认可私有制与效率相容的论点。对我们来说，一个更大的困惑是：按照科斯的思想，只要产权界定清晰，不管什么形式的产权结构，都能实现经济效率；那么，为什么公有制企业或部门就不能界定出清晰的产权结构呢？难道真的就如同哈耶克所断言的，社会主义与市场的结合，必然是"一个赝品"？

（二）第二类问题：公有制经济能否很好地解决激励相容的问题？

在米塞斯和哈耶克看来，所有制形式所涉及的，并不仅仅是市场的建立问题,更重要的是,它还与激励问题不可分割地结合在一起。泰勒—兰格模式遵循瓦尔拉斯一般均衡思路,在形式上证明资源配置的效率可以独立于生产资料所有制形式,但是,这并没有解决激励相容的问题。这里涉及的一个根本问题是动力基础。

经典社会主义理论模式对资本主义市场制度的一个重要批判是:任何依赖于竞争的而不是直接合作的动机的体系,包括市场体系,都不可能是社会合作的最有效率的或最人道的形式。至少可以说,如果一个社会必须把狭隘的、相互冲突的个人利益作为基本的动机,那么,它就是有缺陷的、不发达的社会。社会主义者曾经对动力问题做出非常乐观的假设:一旦实行社会主义的公有制,人们将能够具有利他主义的直接合作的动机,不再把他自己的或亲友的利益与更广泛的社会利益对立起来,从而会改变自私的行为方式。事实证明,这类假设是有问题的。

在哈耶克[2003(1940)]看来,对公有制来说,问题在于决策和责任是否可以完全放心地交到既非生产资料的所有者,也与他们管理的财产没有直接利害关系的那些人手里?按照奥地利经济学家的观点,在没有私有制背景的情形中,不可能形成市场型经营行为的信息基础和动力基础,因为,只有私有制才能对人们做出含有风险的各种创新决策提供必要的激励(预期收益)和必要的约束(财务责任)。在他们看来,兰格等人虽然注意到这些问题,但他们的解决方法被证明是不可取的。

兰格模式和各种市场社会主义模式都放弃了经典社会主义理论模式"大公无私"的动力假设,但又认为,激励问题只是一个"管理问题",可以通过机制设计来解决。兰格强调,现代资本主义社会中,大型公司的所有权与管理权是分离的,这就会带来股东与经理人之间的委托—代理问题。如果股东不能够对经理人实施有效的激励,后者就会有偷懒的动机。这与社会主义经济中存在的相关问题并没有本质差别。因此,兰格把这一问题视为一个"社会学问题",即资本主义和社会主义都要面对的"官僚主义"。熊彼特也通过指出现代资本主义条件下所有权与管理权相分离的情形而否定了哈耶克等人的上述论点的因果关系。

但是，这种辩解并没有解决公有制企业的动力问题，米塞斯和哈耶克提出的问题仍然存在。这并不完全是一个管理问题。第一，我们不能假设公有制企业的经理人员是大公无私的利他主义者。大量的观察表明，公有制企业存在委托—代理问题。这一问题也存在于私有制企业之中，但在公有制经济部门中，这一问题更为严重。第二，国家所有制并不等于公有制。国有企业的管理者和有关政府官员不可能像"真正的企业家"那样行事，因为他们面临的预算约束和激励完全不同于真正市场上的企业家。科尔奈的软约束理论非常清晰地说明了这一点。

因而，在第二轮争论（特别是进入 20 世纪 80 年代之后）和第三轮的反思中，市场社会主义者非常认真地对待这一问题，试图设计出新的公有制形式，以解决激励相容的问题（张宇，1999）。但是，这类设计几乎都带有乌托邦的性质，不可行。

（三）第三类问题：社会主义经济能够充分实现其价值观？

按照马克思和恩格斯的设想，未来共产主义社会的价值观至少包括两个基本方面：个人的自由发展和社会公平。那么，社会主义在走向这种未来社会的过程中对这种价值追求能做出什么样的贡献呢？

以兰格为主的一批经济学家之所以批评自由市场经济，是因为他们认为，这种体制不可能实现充分就业、公平的收入分配和合理的投资，希望找到某种中央计划方法，能够复制出自由市场具有的那种潜在效率却又无上述缺陷。他们坚信，可以设计出一种社会主义经济体制，克服米塞斯所指出的那些障碍，实现与自由市场一样的效率；同时又能够实现社会公平。"泰勒—勒纳—兰格模式"最富有魅力之处是：力图证明在公有制基础上保证效率、个人自由和社会公平的同时实现。

这种观点必然会使围绕社会主义核算的争论，从单纯经济效率的问题提升到终极价值和伦理的层面。把争论直接拓展到这一方面的真正人物却是哈耶克。他提出了另一个争论极大的核心命题，即社会主义计划体制与自由是不相容的。

哈耶克认为，在一个政府控制经济的社会中，"所有的经济问题都变成了政治问题"［2003（1940）］。因为，社会主义制度是否能够避免对经济活动进行广泛的指挥这样的问题，具有极其重要的意义，它不仅关乎经济效率，也关系到在这样的制度下，个人自由和政治自由还能保留多少这样的重大问题。哈耶克坚信，如果要让政府从事全面的计划来控制经济的运行，就必须让它掌握越来越多的控制权；由此出现的危险是，政府对经济的控制导致对政治过程本身的控制，最终将会使各种自由和民主形式都不复存在［2003（1945）］。在他看来，要同时实现效率和个人自由，至关重要的是私有财产、法治和竞争性市场的存在；而且，只有在这种经济社会中，个人自由和民主制度才能找到其活动的恰当空间。

哈耶克对计划经济类型的社会主义在这些方面的批评是强有力的。实现个人的充分自由曾经是一个社会主义的终极目标。但是，社会主义者历来都没有能够令人信服地证明社会主义制度如何实现这一目标。莫里斯·多布甚至认为，只要计划经济体制能实现更高的效率，那么即使牺牲消费者的选择自由，其代价也是值得的。其实，他的这种言论，到20世纪60年代，就已经没有什么说服力了，因为计划经济中的资源配置效率低下的情形已经非常明显了，既没有给人们带来物质方面的利益，也没有实现公平的分配，更没有保障个人的基本自由。

虽然兰格模式允许消费者和劳动者的自由选择，但这种自由即使在理论上也是非常有限的。诚如奥地利经济学家所说的那样，市场制度本身最起码包含着基本的经济自由。对普通人来说，这种自由是最重要的和基础性的自由。普通人每天所做的正是运用自己的财产进行生产、消费、交易这类世俗的平凡经济活动。他们的日常生活很少牵涉政治活动。正是经济自由赋予他们以个人自由的生机。

中国的改革实践过程也充分证明，引入市场制度之后的社会主义可以恢复和拓展个人的自由程度。现代经济学家也普遍承认这样一种观点，即竞争性市场的存在是实现政治自由和公民自由的一个必不可少的重要基础。

但是，在这方面，奥地利经济学家走得太远了。政府权力的过度集中会损害个人自由，这是正确的。但奥地利学派没有充分认识到，经由自由市场而形成的私人权力的垄断，也同样会对个人自由造成严重的损害。

新奥地利经济学派走得更远的，是对福利制度方面的批评。这将使我们触及奥地利学派尚未解决的另一些疑难问题。这类难题就是它对体现社会正义的"社会和解"的否定。

哈耶克自称古典自由主义者，反对将正义与福利联系起来的现代自由主义。他认为，正义与不正义只能归因于人类主体在适用于每个人的公平规则之下进行的有意识的行动。在自由市场经济中，源于个人行动的收入分配，不是任何人的有意谋划，而是市场过程的无意识的产物，因此，也就没有人能够对市场分配的结果负道德责任。对这种结果，不适用于"正义与不正义"的评判。再者，在一个复杂的社会中，"中央计划者"根本无法"知道"什么是合适的收入分配，而且，也没有什么道德价值等级能够证明这种人为改变市场结果的行为是合理的。这就是哈耶克的基本观点。在他看来，福利是一种慈善之事而不是正义之事。市场之中的那些不幸者并没有获得额外福利的权利和资格，因为他们的贫困并不是任何人精心行动的结果。

这种只坚持程序正义、反对社会正义的观点属于一种极端的类型。现代自由主义者一般力图沟通程序正义与社会正义，以体现现代社会文明的精神。这种精神总是包含着"肯定性的"自由：不仅仅是保护个人的自由空间，而且要创造条件使个人能够充分地享有这一空间来发展自身的能力。

其实，哈耶克等人没有意识到，一旦对社会公平的这种否定成立，他们所倡导的自由市场制度也是无法生存下去的。现实的自由市场制度之所以运行得比较好，就是因为社会福利政策为实现社会和解而进行的努力之功。

可以说，不同经济体制与社会公平之间的关系问题也是这场争论的重要组成部分。如果说米塞斯和哈耶克一方在效率和自由问题方面的争论中占了上风，那么，在这方面却始终处于守势。

三 市场环境的不确定性、知识的分散化与价格

泰勒—勒纳—兰格模式是以新古典主义思路来论证"市场社会主义"可以实现与竞争性市场经济一样的效率的。换言之，它的理论基础是新古典主义经济学，因而，其本质是新古典社会主义。正因为如此，新奥地利经济学家对泰勒—勒纳—兰格模式和各种市场社会主义的批判，最终演化为对新古典主义市场经济理论的批判。特别在第三轮的争论和反思中，经济学家们最清晰地认识到了这一点（Boettke，1998；Keizer，2001）。

（一）个体均衡与社会均衡

在看到兰格的论文之前，哈耶克似乎认为，自己是在利用公认的"主流"经济理论来反驳早期社会主义和市场社会主义的论据。但是，看到兰格很容易地把新古典主义的假设转化为"一般均衡的市场社会主义"模式，并据此为以公有制为基础的计划经济辩护之后，哈耶克很可能大感意外。他拒绝兰格的论证，意识到主流经济学对市场制度本质的理解是存在根本缺陷的，并走上不同于新古典主义经济学的、对自由市场制度的理解。他的观点在"经济学与知识"（1937）、"知识在社会中的利用"（1945）、"作为发现过程的竞争"（1967）等一系列文章中得到越来越清晰的表述。

哈耶克认为，兰格模式的试错法是"过于迷恋纯粹静态均衡理论问题的产物"。正是均衡模型误导人们对有关市场过程的性质的正确理解。

新古典主义经济学假定市场的参与者拥有完备的知识，知道自己的效用或生产函数，知道所有相关的市场价格，也知道实现自己的效用或利润最大化所需的所有知识。在这种新古典世界中，如果我们让行为者做出最优选择，所要解决的只是数学的计算问题。因此，新古典主义把经济学改造成了一种纯粹的逻辑思维练习，只关注均衡状态的存在性、稳定性和效率。在其中，我们根本看不到行为主体竞相积极地尝试超越对手的竞争过程。

在新古典世界中，知识完备的假设与最大化假设结合起来，其结果必然是永远不会出错。所以，一般均衡模型必然会得出这样的结论：在主体进行实际的行动（即最大化行为）之前，必须保证价格是"正确的"。但是，谁来保证得到所谓的"正确的价格"呢？在一般均衡模型中，由于市场参与者不可能进行有意义的学习，因此，必须引入某些外生的力量以保证价格是"正确的"，从而均衡得以实现；于是，便出现了瓦尔拉斯模型中的"拍卖者"。在这种模型中，参与者只需基于他们所获得的价格参数进行最大化即可，没有什么需要学习的，因而也就不可能存在内生的变化。类似地，在兰格模式中，则是由假设拥有完全信息的"中央计划者"来保证这种"正确的价格"的制定。

在哈耶克看来，新古典主义的均衡理论所描述的，最多也只是社会学习过程的终点状态，但对可以导致均衡结果的竞争性市场过程中所发生的社会学习过程，从来就没有给出一个令人满意的描述，从而，也就让人们无法理解知识是如何在现实的市场中被发现和传播的。因此，经济学的真正难题并不是基于已知的偏好、技术、价格、成本所进行的最大化效用和利润问题，而是人们如何通过市场的互动过程，获得与实现自己的目标相关的各种信息和知识的问题。

为了说明自己的这种观点，哈耶克把均衡状态分为两类——个体的内部均衡和人际的社会均衡。对前一种均衡，可以按照新古典经济学的方式，即个体的内部均衡是可以先验地从纯粹选择逻辑中得出来的。但对于人际的社会均衡来说，就不能这样来处理，因为从个人均衡概念转向社会均衡概念可能涉及完全不同的因素。用哈耶克自己的话来说，当我们把这一概念用来解释诸多不同个人之间互动的时候，我们实际上已经步入了一个颇为不同的领域，并悄然引入了一个具有完全不同性质的新因素（哈耶克，2003）。

这一新因素就是知识的分散化现象，具体地说，就是每个人都拥有彼此不同的知识。例如，家庭主妇也许最了解在什么条件下可以把颜色各异的纺织物放在一起洗涤，也最了解所在社区的各种商品的供给和价格情况；农民最了解他的土地的性状和所饲养的牲畜的特性；一位计算机技术人员也许了解某些特定的、在有关专业书籍里找不到的系统设置的诀窍；一位警察会积累起很多他负责社区内与安全有关的特点的知识，这些知识充其量只有一部分为其同事所共有。知识的这种分散化会随着社会分工的发展而强化。因此，经济学家所面临的真实问题是：如何协调这些分散化的知识，从而使我们能够讨论所谓的"社会均衡"。

对这一问题的探究，才能使经济学"摆脱纯粹逻辑学练习的角色"，进入经验性的领域："一旦我们要解释市场中人与人之间互动活动时，至关重要的是信息在个人之间传递的过程，而这完全是经验性的"。经济学，只有能够说明所有参与者如何获得并在竞争过程中利用这些分散化的知识，才能重新成为一门经验科学。正是对这一问题的探索，使哈耶克对经济学做出了最具原创性的贡献。

（二）价格所传递的信息的特殊性质

人们是带着已经通过自己加工的、以某种推测和猜想的形态存在的私人知识进入市场的。与以集中形态存在的、系统化的理论和数据知识不同，这种私人知识只能是个人拥有的、关于特定时空的"本地的知识"（Local Knowledge），是以不完整的、零星的形态存在于无数个人的思考技巧、习惯之中的"实践知识"，其中的有些部分属于以无法言传的形态存在的、私人的"默会的知识"（Tacit Knowledge），但却是对社会协调最重要的。

这种关于特定时空的知识不可避免地带有主观成分的内容，甚至是错误的。市场参与者所拥有的市场资料，永远只能是猜测性的，只有在市场过程中，他们才能最终知道自己需要什么，消费者的偏好是什么，自己可以利用哪些机会，等等。因此，市场过程将会提供一种使错误的知识为人发现并改正的程序。

市场过程是如何为人们提供这样一种程序的呢？

第一，价格是在人们讨价还价的互动过程中形成的。在这一过程中，价格体系记录下了人们在参与市场活动的过程中留下的那些零星知识，并通过对由此而形成的价格重新整合，创造出新的知识。

因此，价格的形成就是传播知识或信息的过程。不仅如此，价格的波动本身就提供了间接地获取他人知识的途径，借此就可以协调与他人的行为。正是这种价格机制，使人们能够克服他们对于将决定其成败的绝大多数事实（即整个社会经济的具体条件、环境等）的无知，也能使所有个人和群体的行为整合成为某种秩序。运用诸如价格之类抽象的符号，人们就能够弥补其对无限复杂的环境的无知。简言之，价格体系能使默会的知识明朗化，市场的参与者通过卷入某一制度性过程中，超越自身知识和信息的不可避免的零碎性、主观性、不可言传性，从而自发地形成秩序。

第二，局部知识是通过什么样的途径得以集中体现在价格这一简单的符号之中并得以传播呢？那就是作为一种过程的竞争。价格是非均衡的现象，向市场参与者提示着采取行动的机会。通过竞争过程，盈利和亏损机制将会为市场参与者提供动力。竞争是一种激励人们努力去发现和创造知识的过程。这一过程所能完成的，是迄今为止尚未有人实现过的获利可能性和偏好的发现（应当产生什么产品）。也就是说，竞争不仅是一种知识的发现过程，也是偏好的发现过程。

在论战中，哈耶克把市场经济理解为一种动态的竞争性过程，其中，通过价格的形成过程，分散化的知识得以传播到经济的各个角落，促成生产计划和消费计划的协调；同时，竞争充当着发现分散化的知识的作用，正是货币价格推动着我们称之为经济核算和市场竞争的学习和发现的过程。而兰格等人对市场的理解却是基于新古典的一般均衡模型、假设市场参与者具有完全知识，这种分析框架根本无法用于说明市场的动态特征、市场如何协调经济等问题。

对于一般均衡模型及其理性主义的知识假设来说，经济最优化所涉及的就是使价格"正确"而已（虽然我们不知道什么是"正确的价格"）。而按照市场过程理论，经济最优化问题则是市场参与者如何在一个充满不确定性的世界中检验自己的"推测"的问题，在这里，根本不存在所谓的"正确的价格"，只存在可以不断修正的价格。因此，奥地利学派（特别是哈耶克）并不像新古典主义经济学家那样认为市场总会导致最优的结果。

根据对价格所传递的信息类型的区分，哈耶克认为，对于建立在复杂的专业化和分工基础上的现代社会经济的协调来说，最重要的知识是每个人所拥有的"默会的知识"。但是，由于这种知识只能以分散的形态存在，而且具有"默会"的性质，"中央计划者"是无法利用它们的。"中央计划者"所能直接利用的，主要是那些能以集中的形态存在的、系统化的理论和数据的知识。市场制度的作用就在于，唯有它们，能够使每个经济主体所掌握的分散的知识为社会所用，并且提供一种使错误的知识为人们所发现并改正的程序，因为它们的形成过程其实就是个人在行为互动过程中交流这类知识的过程。

市场价格的本质在于发现、传递和储存信息的观点，是哈耶克在这场争论中提出的原创性贡献。这一贡献加深了我们对价格机制的理解。虽然新古典主义经济学已经接受了这种观点，但它们以均衡范式来理解市场时，却根本无法表达出市场的这种动态性质。在这方面，使新古典经济学家在理论上感到困惑不解的是实验经济学的某些结果："在许多试验性市场中，信息不全、易犯错误的人类行动者，根据交易规则互动所产生的社会算法（Social Algorithms），可以证明它们相当接近于传统上认为获得完全信息的、理性的、有认知能力的行动者才能达到的财富最大化结果"（Smith，1994）。这种试验结果与瓦尔拉斯一般均衡理论有冲突，但与哈耶克的理论是相容的。

（三）市场制度的效率与自发秩序

并非所有的分散化个人知识都可以通过价格信号来获取。因此，仅仅用价格机制，尚不足以解释我们所观察到的市场经济中的协调现象。考虑到知识的分散化问题，即使是竞争性经济也几乎不可能把所有的信息反映在价格机制之中。因此，哈耶克用市场过程分析来代替新古典经济学对均衡的直接分析，以此证明：市场参与者之间的协调不仅需要价格机制，还需要非价格的其他许多机制，这样，才可能形成自发秩序。自发秩序是个体之间互动过程的产物，而不是任何人设计的结果。这一概念也是哈耶克批判中央计划的潜在主题之一。

新奥地利经济学家（特别是哈耶克）认为，新古典主义错误地将稀缺性资源的有效配置问题视为经济学的核心问题，从而误解了经济学的本质，把它降低为研究理性选择的数学和计算问题。经济学的真正问题是市场交换，而不是理性选择！只有把注意力集中在交换上，我们才可能把市场视为一种动态的制度结构，把竞争视为对个人行为模式产生限制作用的过程。

动态的市场过程并不是一种精密的机制。在其中，价格体系可能会给市场参与者提供一种行动指南，并带来一种发现决策错误之后修正错误的弹性，但它并不能保证会导致任一种特定的结果。因此，新奥地利经济学家也不认可新古典经济学以帕累托效率标准来判定竞争性市场均衡为最优状态的观点。哈耶克就从来不认为，自由市场能够以某种合适的方式来保证帕累托式的效率。按照知识的分散化和市场过程理论，任何人都不可能事先知道什么才是"合适"的，更别说"最优"了。人们只有通过参与市场的过程，才能发现自己的真正偏好是什么，什么是满足自己的偏好的好方法。即使市场具有这种发现的功能，也只是一种有助于克服个人的无知和知识局限性的工具，而且在这方面，它仍然不可能是一种完美的工具。

因此，根本就不存在所谓的帕累托最优，有的仅仅是帕累托改进：只要交易是自愿的，那就必然会改进参与各方的处境。市场正是作为一种推动和实现帕累托改进的过程而获得赞美的。在这种动态的过程中，占据中心位置的不是均衡和静态效率，而是动态竞争和动态效率。因而，哈耶克进一步分析的重点就放在了较广泛的制度层面——"自发秩序"。事实上，任何发达的市场都是一种高度复杂的现象，包括一系列社会规范、成文法及其实施机构等，它们共同规范着个人经济活动的方式。在哈耶克看来，人们最好把遵循社会规范的行为视为对复杂世界的一种适应性理性，而不必当作适应过程中的最优选择。在自发秩序中，作为个体行为之总和，体现出来的是一种适应性效率，而不是带有数学最优性质的静态帕累托效率。

四　作为一个学派的重要教训

在前面总结理论遗产时，我们偏重于说明新奥地利经济学派在争论过程中提出的有益观点和富有挑战性的问题。但这不等于说，他们的那些观点是没有缺陷的，更不等于说他们的论证就是完美无缺的（沃恩，2008），否则，我们也就无法理解这样的学术现象："多年来，哈耶克和米塞斯的论证在经济学家中基本上得不到承认或赏识。……在20世纪中叶，哈耶克仅仅只是作为《通向奴役之路》的作者而被人记得，而不是一个指出价格体系对于发现、传递和储存信息以及利用知识的作用的经济学家"（考德威尔，2007）。事实上，虽然哈耶克获得诺贝尔奖之后，奥地利经济学派的形象得到了一些改变，但直到现在，他们仍然还要为获得主流经济学更多的认可而努力。

新奥地利经济学派之所以会陷于这样一个困境，与它的这样一个独特的性格有关，即：（1）对数学和计量经济学方法毫不妥协地坚决排斥；（2）对所有集体主义和政府行为的强烈批判。这不仅使他们的真知灼见得不到良好的传播，也使他们不能客观地评价现代经济学的发展对我们认识现实世界的帮助。他们的真知灼见往往是掺和着极端的观点。他们的这种固执，源于米塞斯对先验论推理的极端观点和哈耶克理论中的不可知论因素。

米塞斯对先验论推理的极端观点使奥地利经济学家不能正确地对待经验研究对理论经济学的重要性，从而固执地坚持一些极端的观点。对此，米尔顿·弗里德曼的评论是妥当的："他们关心的只是阐释理论，而不去验证理论，因为他们认为，经济学的基础都是一些不证自明之理。而这些理论之所以是不证自明的，乃是因为它们是关于人的行为的，而我们自己就是人"，"即认为知识来自我们的内心，我们自己就是我们能够信赖的资料的来源，我们通过内心就可以获得真理……我觉得这是非常荒唐的观点"。

而哈耶克理论中的不可知论因素又使奥地利经济学家对政府行为等一系列问题持过分的批判态度。哈耶克以知识的分散化为论据，批评力图设计出一种可以人为控制的理想制度的努力，基本上是正确的。但是，他把这种论点推论到反对所有的机制设计和"社会工程学"，甚至于批判所有的所谓"总量"宏观经济学，那就陷入了激进主义的泥淖。在这方面，新奥地利经济学派的另一位代表人物罗斯伯德走得比哈耶克还要远得多，走上了无政府主义的道路。

连亲新奥地利经济学派的学者史库森都不得不说，"如果有一个经济学派别对自由市场有着毫不动摇的、不受任何影响的、完全的、彻底的信仰（批评者会说这是盲目的信仰），那么，这个学派就是路德维希·米塞斯、穆瑞·罗斯伯德和他们的现代追随者所组成的学派"（史库森，2006）。在脚注中，他提到，"也有几个例外。哈耶克在《自由宪章》（1960）中支持最小福利国家和立法……"

对自由市场制度的这种极端化的信仰，使他们的政策建议完全不顾时代的发展和现实的需要，充满空想主义的味道。这类例证随处可见。例如，他们要求恢复100%的贵金属本位制；反对任何形式的公共教育和福利计划；反对政府对经济的有意识管理，等等。

即使是被视为"例外"的哈耶克，其观点也是充满武断的言辞。例如，他认为，追求社会正义，不过是原始部落社会的道德本能遗产的体现，必然意味着随意的、专断的国家，并破坏市场机制的正常运行。再如，他坚信，宏观经济学中各种总量之间的相互关系，乃是以一种不可取的简化论为基础的，全然不符合受价格自发调节的竞争经济的进化动力学，因此，总需求管理政策只会带来灾难性的后果。所有这类观点，即使在自由主义经济学界，也是没有多大的市场的。

参考文献

艾伯斯坦：《哈耶克传》，秋风译，中国社会科学出版社2003年版。

甘布尔：《自由的铁笼：哈耶克传》，王晓冬等译，江苏人民出版社2005年版。

哈耶克（1940）：《社会主义的计算：作为一种解决方法的竞争》，载哈耶克《个人主义与经济秩序》，邓正来译，生活·读书·新知三联书店2003年版。

哈耶克（1945）：《通向奴役之路》，王明毅等译，中国社会科学出版社1997年版。

考德威尔：《哈耶克评传》，冯克利译，商务印书馆2007年版。

史库森：《朋友还是对手？——奥地利学派与芝加哥学派之争》，杨培雷译，上海人民出版社2006年版。

沃恩：《奥地利学派经济学在美国》，朱全红等译，浙江大学出版社2008年版。

张宇：《市场社会主义反思》，北京出版社1999年版。

Bergson, Abram, Socialist Economics, in H. S. Ellis (eds.), *A Survey of Contemporary Economics*, Blakiston, 1948.

Boettke, Economic Calculation: The Austrian Contribution to Political Economy, *Advance in Austrian Economics*, No. 5, 1998.

Boettke, eds, *Socialism and The Market: The Socialist Calculation Debate Revisited*, IV. Outledge & Kegan Paul Ltd., 2000.

Fred, M., Taylor, *The Guidance of Production in a Socialist State*, Peter J. Boettke, eds., 2000（1929）.

H. D. Dickinson, *Price Formation in a Socialist Community*, Peter J. Boettke, eds., 2000.

Keizer, W., Recent Reinterpretations of the Socialist Calculation Debate, *Journal of*

Economic Studies, 16 (2), 2001, pp. 63 – 83.

Kirzner, Israel M., The Economic Calculation Debate: Lessons for Austrians, *Review of Austrian Economics*, 2, 1988, pp. 1 – 18.

Lange, Oskar, On *the Economic Theory of Socialism*, Peter J. Boettke, eds., 2000 (1936—1937).

Lavoie, Don, *Rivalry and Central Planning: The Socialist Calculation Debate Reconsidered*, Cambridge University Press, 1985.

Mises (1920), *Economic Calculation in the Socialist Common Wealth*, Peter J. Boettke, eds., 2000.

Roy Gardner, L. V., Kantorovich: The Price Implications of Optimal Planning, *Journal of Economic Literature*, 28, June, 1990, pp. 638 – 648.

Smith, Vernon, Economics in the Laboratory, *Journal of Economic Perspectives*, 8 (1), 1994.

（原载《经济学动态》2010年第9期）

如何压缩贫富差距？*

——美国百年历史的经验与教训

一 库兹涅茨曲线是自然的产物吗？

经济增长的悖论是：市场机制在创造大量财富的同时也会造成收入和财富分配不均等程度的加剧。如果没有市场之外的力量的强制，市场创造财富的过程确实会自然地产生"滴漏效应"①，但是，这种效应的力度有限且速度极慢，难以避免由此产生的政治冲突和社会分裂。

库兹涅茨曲线似乎证明：我们不必过分担心这种现象。根据库兹涅茨曲线假说，在工业化过程初期，资本是最稀缺的要素，投资机会很多，企业所有者能够获得丰厚的利润，从而出现一个富裕的企业家群体；与此同时，大量的廉价乡村劳动力流入城市，劳动力市场竞争的结果，使劳动者的收入处于较低的水平。但是，随着工业化进程的发展，一方面，资本会趋于充裕，促使利润率下降；另一方面，劳动力会趋于供给紧张，工资开始上涨。也就是说，收入不均等程度的变化是市场力量的自然产物，且最终会趋向于较为均等的结局。

---

* 本文为创新项目"经济制度比较研究"的成果之一。感谢杨新铭、陆梦龙两位博士提供的某些数据处理帮助。

① 即便是假设收入分配状态基本保持不变，随着经济之增长，贫困发生率也会持续下降。这一事实就可以证明"滴漏效应"的存在。

历史的真相是这样的吗？不是！

第一，从图 1 所描述的约 100 年的时间跨度来看，我们看到的不是库兹涅茨倒 U 形曲线，而是正 U 形曲线！①

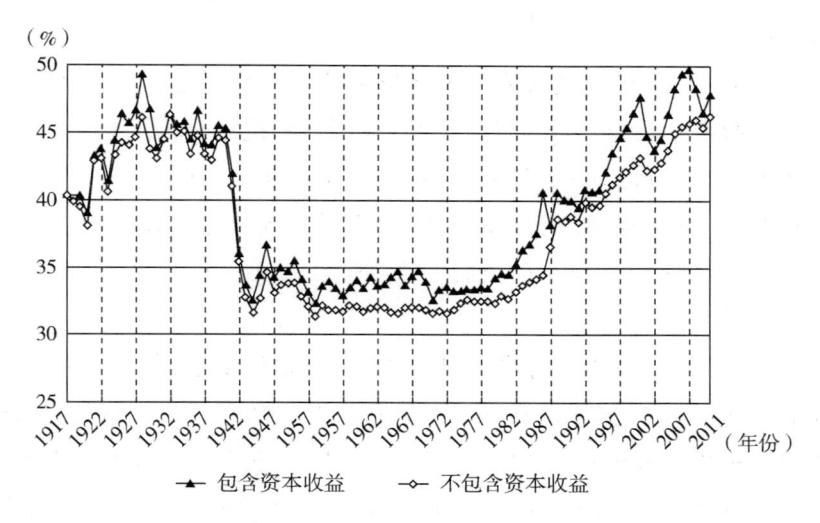

图 1　美国 10% 最高收入家庭税前收入份额变化

注：2011 年，10% 最高收入家庭是指年收入在 111000 美元以上的家庭。
资料来源：Thomas Piketty & Emmanuel Saez 所建数据库。

图 1 的时间序列数据从一个侧面描述了美国收入不均等随时间变化的状况。第一次世界大战有一个短暂的熨平效应，从 1920 年前后开始，不均等状况开始加剧。扣除资本收益，就平均值来说，20 世纪 20 年代，收入最高的 10% 家庭占总收入的比例为 43.60%，1932 年达到最严重的程度，约为 46.30%。1932 年之后急剧缩小，到 1944 年达到最低（约 31.55%），出现了经济学史学家戈尔丁和马戈（Goldin & Margo，1992）称之为"大压缩"的时代（1939—1949 年）。之后的 20 世纪 50—70 年代延续着缩小的趋势并趋于平

---

① 财富不均等状态的变化与收入变化大体相同。财富在 20 世纪 20 年代和 30 年代最为集中，40 年代大幅度下降。与收入不均等不同的是，财富不均等程度 1949—1965 年逐渐上升，1965—1979 年下降。与 80 年代收入不均等的加剧并行，财富不均等程度在 1979—1989 年急剧上升，达到 1939 年以来的最高水平。

稳。但是，从 1980 年开始，收入不均等程度再次加剧，收入最高的 10% 家庭占总收入的比例，2008 年达到 45.96%，2011 年更高达 46.54%，收入不均等程度已经超过了 1932 年，达到了自 1917 年以来的峰值。

如果以 1% 最高收入家庭的情形来衡量，结果也是类似的。扣除资本收益，就平均值来说，20 世纪 20 年代，1% 最高收入家庭占比为 14%；1928—1953 年，1% 最高收入家庭占比从 19.6% 下降到 9.1%，之后相对稳定；20 世纪 80 年代开始加剧，2007 年更高达 18.3%，是 1913—2011 年的第三高峰值，仅次于 1916 年（18.6%）和 1928 年。

我们还可以用基尼系数给出更具综合性的描述。根据普洛特尼克等（2008）的推算，美国基于家庭收入的基尼系数，1913—1939 年绝大多数年份在 0.57 以上，1930—1934 年甚至超过 0.6；1939 年开始出现持续的下降，从 0.58 下降到 1946 年的 0.42。1947 年之后，基尼系数的实际计算值呈现出持续轻微下降的趋势，至 1968 年达到 0.38 的最低值。20 世纪 80 年代开始出现显著的上升，从 1982 年的 0.41 提高到 1996 年的 0.455。

第二，如果说在这一百年中我们可以看到库兹涅茨倒 U 形曲线，那也仅仅是模糊地存在于 1917—1944 年。

其实，库兹涅茨影响巨大的、原创性论文（Kuznets，1955）所能利用的仅仅是 1950 年之前的数据。特别地，导致"大压缩"的力量中，包括"经济大萧条""二战"等特殊因素的强大冲击，并不是把库兹涅茨的观点提炼为"库兹涅茨假说"的学者们所解释的那样，似乎是一种"自然的过程"。正如克鲁格曼所指出的那样，"这有力地说明，与经济学教给人们的基本理念不同，制度、规范与政治环境对收入分配的影响或许并没有那么小，而不以个人意志为转移的市场力量的影响或许并没有那么大"（克鲁格曼，2008）。

在这里，我们最关心的是：如果导致"收入革命"的力量并不完全是库兹涅茨曲线假说的阐述者所说的市场机制，那么，在其中，哪些政策变化起着至关重要的作用？我们还将进一步追问：是什么力量导致这些政策的选择和变化？为什么美国会选择不同于欧洲国家的政策？

二　什么政策力量导致库兹涅茨正 U 形曲线的产生？

在我们所考察的这约 100 年历史中，美国政策转向的两个标志性历史事件是罗斯福"新政"和"里根革命"。

"罗斯福新政"使美国政府的经济本质发生了根本性的变化，开启了政府职能扩大的新时代。"新政的立法目标差不多是要对美国经济来一次全面重组和对美国的制度进行一次全面改革"（杰里米·阿塔克和彼得·帕塞尔，2000 年）。虽然新政时期出台的一部分法律或条款被最高法院宣布为违宪而被取消，某些政策因为在政治上不受欢迎或是与知识界潮流相悖而被淘汰，但是，其核心思想和政策被流传了下来。与缩小贫富差距相关的核心政策，主要体现在《税收法》（1935）、《瓦格纳法》（1935）和《社会保险法案》（1935）等。"经济大萧条"的教训和"二战"的战时经济经验，使民主党与共和党在 1946—1980 年消解了彼此的偏见，支持并扩大"新政"的核心政策（布埃里奥特·布朗利，2008）。正是这类政策使美国的贫富差距在这一时期得以相对稳定地维持在较低的水平上。

如果说"罗斯福新政"标志着"强盗资本家时代"政策的结束，那么，正如赫伯特·斯坦评论的，"1980 年，罗纳德·里根当选为总统。这标志着一个历时 50 年的经济政策时代的终结"（赫伯特·斯坦，1989）。如果说罗斯福"新政"使政策倾向左转（包括 20 世纪五六十年代的共和党），那么，"里根革命"标志着共和党开始剧烈右转。在政策上，里根革命的三项重要政策是降低所得税率、放松管制和私有化，开启了缩小政府职能的新时代。

（一）税收政策

我们发现，促使收入差距变化的最重要的政策力量是累进制的所得税率和遗产税率的变化。这种变化对实际的收入分配状态有巨大的影响。图 2 展示了 1913—2011 年美国个人收入联邦税最高边际税率的变化情况。对图 1 和图 2 进行一番比较，我们会发现：最高边际税率的变化是倒 U 形，最高收入家庭收入份额的变化是正 U 形；而且，变化的关键时间点大致上是吻合的。① 例如，1938—1944 年，富裕家庭收入份额的大幅下降，与个人收入联邦税最高边际税率从 1936 年的 79%，逐步上升到 1944 年 94% 最高点相对应；1944 年是最高收入家庭收入份额的最低点，正好与最高边际税率的最高点相吻合。

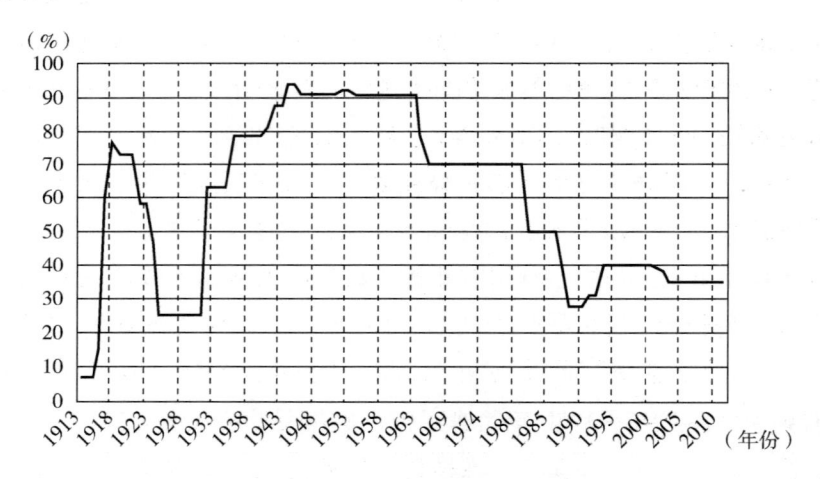

图 2　美国个人收入联邦税最高边际税率变化

资料来源：ww.taxfoundation.org。

美国所得税率的不断提高和范围的扩大，最初主要是战时经济的产物（Brownlee，2000），而"罗斯福新政"及其遗产的支持者则借这种机会永久性地改变了这种税收结构的性质，使之成为调节收入分配的强有力基石。随着"二战"之后拓展社会福利项目和扩大

---

① 这两种变量的变化不吻合的重要时间点仅仅是 1929—1933 年经济大萧条时期。这几年高收入者的收入急剧下降，显然是大萧条的直接结果，即股市崩溃及之后的大量企业破产。

公共物品的需要，所得税率得以维持在较高的水平上。

遗产税率也经历了与所得税率大致相同的变化轨迹。1916年起征，最高税率为10%，但1935年后，税率开始走高。1935年，起征点下降到4万美元，税率却上升到70%。1942—1976年，遗产税征收的起点一直不高，仅为6万美元，但遗产税最高税率却达到77%。2001年以后，遗产税征收起点每年开始大幅提高，而遗产税最高税率则逐年下降。2001年，小布什政府曾通过了一个遗产税减免法案。根据美国国会2001年通过的《经济增长与税收救济协调法》，遗产税的豁免额从2001年的67.5万美元逐年递增到2009年的350万美元；税率则从55%降低至45%。

"里根革命"使税率变化的趋势发生了根本性的逆转，开始了一个连续降低的进程。个人最高边际税率，1982年从之前的70%下调到50%，1987年为38.5%，1988年为28%，之后上升至目前的35%；1979—2006年，公司所得税率从49%降为35%；资本收益最高税率从28%降为15%（克鲁格曼，2008）。相应地，最高收入家庭份额也呈明显上升态势。

税率的变化究竟使高收入者的税后可支配收入发生了多大的变化呢？在"大压缩"时期，战时经济政策起到了最大的作用。美国"二战"期间的巨大税收收入中，大约75%来自对个人和公司征收的直接税和超额利润税；特别是1944财政年度，个人所得税在新增国民收入中的比例超过50%（埃德尔斯坦，2008）。当然，在这些纳税者中，由于个人所得税体系的向下扩展，也包含了相当一部分劳动者。自然地，高收入者人群挖空心思，利用减税条款和借贷制造负债的假象，力图减少纳税额，但他们在1947—1975年最终向联邦政府缴纳的税款还是超过了其收入的50%（罗伯特·赖克，2011）。罗伯特·赖克所指的也许是收入最高的1%家庭的情形。图3则提供了美国10%最高收入家庭1960—2001年税前、税后收入份额的变化情况。据此，我们可以合理地推断，边际税率的提高势必使图1的曲线下移。不仅如此，这种政策的变化对后续时期的曲线的形态也必然会产生重大的影响。

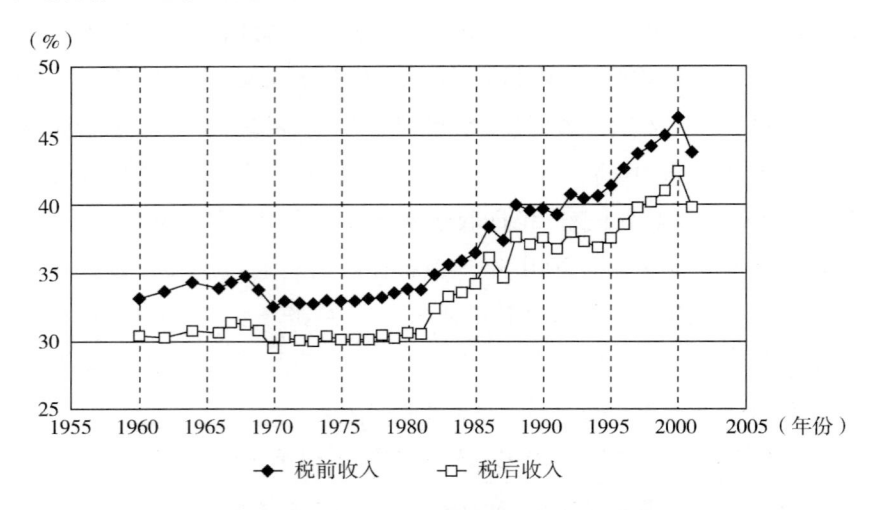

图3 美国10%最高收入家庭税前、税后收入份额变化

"里根革命"之后,虽然每个家庭都能从减税政策中获得利益,但是,最富有阶层的获益更大。他们可以享受到来自工资、股票期权、利息和资本所得等方面的更大幅度的减税。1982—1990年,1%最高收入者的平均税收减免额是52621美元,免税总额大约为2万亿美元(按1985年美元价格计算),大致相当于1960年国内生产总值(雷·坎特伯里,2011)。1%最高收入家庭的平均税后收入,从1979年的33.71万美元上升到2006年的120万美元以上,增长了将近260%(Hacker & Pierson,2010)。

从更广泛的范围看,全美10%最高收入家庭在全国税后财富中占有的份额,从1979年的67%上升到1988年的73%。最高收入为250万的美国人在20世纪80年代收入增加量中享有的份额达到惊人的75%(沃尔特·拉菲伯等,2008)。美国0.1%最高收入家庭在全国税后财富中所占份额,从1976年的7.45%上升到1999年的9.51%,就平均值来说,1985年到2000年的占比为9.14%。这种税收政策的变化实际上导演了一场穷人的收入大量转移给富人的把戏。具体地说,1979—1995年,美国20%最贫困家庭的收入减少了9%,20%

中等偏下收入家庭的收入减少了约 2%，20% 中等收入家庭收入增长不到 1%，20% 中等偏上收入家庭的收入增长约 8%，20% 最高收入家庭的收入增长 20%（沃尔特·拉菲伯等，2008）。

（二）劳资双方讨价还价能力的制度与政策

这是保证普通劳动者收入在总收入中比重的最重要因素。1935 年颁布《瓦格纳法》之前，美国工会一直被两种外部力量所阻碍——法律和民间武装组织。劳工组织的任何重大努力，都会因为政府始终站在雇主一方出手干预，逮捕工会组织者而遭遇失败。《瓦格纳法》和依此而建立的全美劳工关系委员会，彻底改变了这种局面，工会取得了政治和经济上的合法地位，确立了工人与管理者讨价还价的规则。制定这项法律的基本思想是：没有政府的支持，工人就不可能与企业主平等地进行讨价还价。仅仅是政府从老板的代理人转变为工人保护神这一点，就足以极大地提高工人的谈判能力，争取获得较好的待遇。诚如克鲁格曼所评论的，"在新政之前，当雇主想要压制工会组织者或破坏已建立的工会时，联邦政府是他们可靠的盟友。但在罗斯福执政时期，联邦政府却成为工人结社权的保护神"（克鲁格曼，2008）。

这一法案带来的最显著影响是工会力量的迅速崛起。在第二次世界大战之后的 10 年，工会化达到美国非农业就业人数的 30%—35%。工会的崛起，极大地提高了劳方与资方的谈判能力。这一方面使雇员的工资得以提高，缩小了与经理层的收入差距；另一方面也缩小了雇员之间的收入差距。这是大萧条之后很长一个时期收入差距缩小的重要因素。弗里曼已经证明：工会降低了工资的离散程度和工资收入的不均等程度（Freeman，1982）。

对于工会崛起所导致的劳动市场制度的变化，我们可以用《底特律条约》作为典型案例来说明。这是《福布斯》杂志用于称呼 1949 年全美汽车工人联合会（UAW）与通用汽车公司达成的里程碑式的协议而创造的名词。根据这一协议，通用汽车公司保证 UAW 成员的工资、医疗和退休福利与生产率同步增长，以此来换取工人的平静。这成为其他行业的工会与公司达成工资安排的规范，并惠及非工会成员的劳工。

但是，工会发挥的这种作用不应误解为工会是决定工资的唯一关键力量。虽然说法律和政策的变化是促成工会主义的核心力量，但我们也不能忽视使得工会主义在这一时期得以成功的其他基础，那就是劳动市场的变化，即对包括非熟练劳动力的需求扩大。正是工会力量和劳动力市场变化的共同作用，导致工人工资的增长。例如，制造业工人的实际收入1900—1929年平均每年增长1.43%，而1948—1973年提高到2.35%（戈尔丁，2008）。

但是，进入20世纪70年代之后，劳动收入的情形发生了逆转。这表现为实际工资增长不仅远远落后于生产率的增长，而且几乎停滞甚至下降，见图4。1986—1993年，美国实际每小时工资仅以每年0.15%的速度增长，而日本和欧洲的增长速度为3%。美国曾经支付世界上最高的工资，但是，1995年，美国制造业工人的平均工资为每小时17.19美元，日本为23.82美元，德国为31.58美元（马德里克，2003）。与此同时，管理层的年薪却大幅上涨。例如，《福布斯》前100位收入最高的CEO的年均报酬，1970年约为普通工人年均工资的40倍，1987年提高到221倍，之后更是从1994年的255倍一路飙升至1999年的1077倍，达到1970年以来的峰值，随后这一比率虽呈下降态势，但2005年仍高达793倍（据Piketty & Saez所建数据库计算）。

导致这种收入分配格局逆转的政策因素比较复杂，但"放松管制"肯定是其中最重要的因素。始于卡特政府的"放松管制"改革使企业领导者在雇佣与解雇、裁员与缩编等决策领域享有充分的自由，美其名曰"增强劳动力市场的灵活性"。这种改革在促进相关产业的活力和产业结构优化的同时，也带来了一系列的其他连锁反应：工会加速衰落，工会会员占工人的比例从20世纪70年代初的30%降到90年代的18%，且影响力大不如前；《底特律条约》之类的劳动协议终止，曾经普遍接受的报酬公平标准被取消；企业高管获取

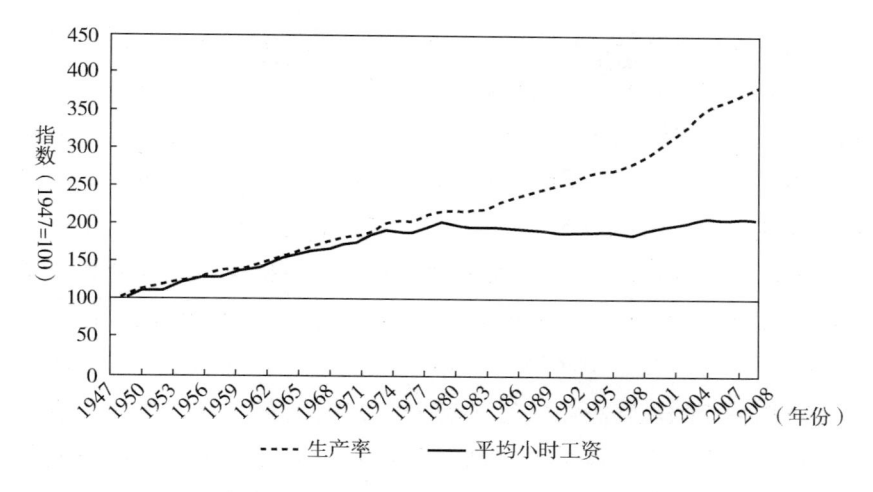

图4　美国平均小时工资和生产率增长（1947—2008年）

资料来源：罗伯特·莱克《美国的逻辑》，倪颖译，中信出版社2011年版，第53页。

巨额报酬被视为正当行为；制造业的萎缩导致许多高薪技术职位的消失，等等。

（三）社会福利制度的建立与拓展

高税收只是压缩高收入者的收入量。只有把由此而获得的财政收入惠及中下收入阶层，才能实现缩小收入差距的积极意义。其中，最有效的途径就是广义的社会福利制度，包括社会保险（伤残保险、失业保险和退休津贴）、医疗保险、住房保障和教育。

经济大萧条之前，美国社会基本上依赖于民间救济制度。面对大萧条期间大量的失业人口和收入的大幅度减少，原来那种基本上依赖民间的救济制度完全被压倒了。经济大萧条使许多人认为，贫困不仅仅是个人失败的结果，也是社会经济制度失败的产物。这种意识形态的变化，导致社会保障制度的建立。针对这种情形，1935年通过的《社会保险法案》标志着美国正式开始建立社会福利制度。这是把社会保障责任归政府承担的一个历史性转变。之后，通过历届政府的扩充，到20世纪70年代初，大多数美国公民拥有医疗保险、伤残保险、失业保险和退休津贴。

这些福利开支多数来自私人雇主，而不是国家。因为美国实现的主要是以雇佣关系为基础的保险。按照布埃里奥特·布朗利（2008）的描述，在几乎没有公众反对，而且两党都同意的情况下，联邦政府始终在提高社会保障税税率。雇主和雇员的税率结合起来，在1950年是3.0%，1960年是6.0%，1970年是9.6%，1980年达到12.26%。高税率（同时社会保障税的税基也在扩大）使得社会保障税收入从20世纪40年代还不到GNP的1%，增长到20世纪70年代末超过GNP的7%。某些社会福利项目的实际情况较为复杂。例如，提供住院治疗的联邦医疗保险A部分，其资金来源于对收入（但不包括股息、资本增值等资本收益）征收的一种比例税。联邦医疗保险的其余资金来源于个人所得税。

里根政府力图启动社会福利保障项目私有化，使美国社会福利政策开始右转：社会保障从扩大走向相对收缩，从以失业、老年为重点转向着力于解决医疗保险和医疗补助，从以低收入年轻母亲和抚养未成年子女为重点的家庭福利（单纯经济福利）转向工作福利，以强化工作动机，提高工作能力和自助能力。总的说来，"里根革命"结束之后，美国的福利制度基本上安然无恙，只是边角部分有些磨损。

社会福利制度的不同组成部分在缩小收入差距方面的具体作用是不同的：（1）以雇佣关系为基础的"工作福利"包括退休福利、医疗保险福利、人寿保险福利、带薪病假、带薪休假和带薪假日等。美国劳工部公布的统计数据显示，2012年12月，雇主为雇员提供的工作福利约占员工总收益（薪水加福利）的29.7%。[1]（2）对富人征收的税收，政府通过设立福利项目的形式转移给低收入者。联邦政府用于个人的转移支付额与来自个人税收的收益之比，自2000年以来基本维持一路走高的态势。2000年是0.74，2004年升至1.23，2006年攀升至1.86，达到1990年以来的最高点。[2]（3）政府通过强

---

[1] 见美国劳工部网站：http://www.bls.gov/ro9/ececwest.htm。
[2] 根据 *Economic Report of the President* (2011) 表B – 84（p.429）数据估算。

制性的中小学免费教育、扩大大学奖学金的范围等政策，使中下等收入家庭的孩子获得了大量宝贵的人力资本。根据丹尼森的估算，1930—1950年，美国劳动者素质指数增长最为迅速，1948—1969年也在不断上升。"二战"结束后，美国政府降低了接受高等教育的门槛，公立大学扩大了招生。《士兵福利法案》为从战场归来的士兵支付大学学费。在1947—1975年的大繁荣时期，公立大学的学费只占中等收入家庭收入的4%，私立大学的学费占20%。这些政策使美国中产阶级有能力接受高等教育。得益于此类政策，大学录取率急剧上升，到1970年，学制为4年的学生中，有70%就读于公立大学（赖克，2011）。这类政策对税前收入差距的缩小起了关键性的作用（福格尔，2003）。

三　什么力量导致政策选择的变化？

在理论上，我们可以设想存在一种理想的权衡边界：在这一边界内，包括再分配在内的制度足以保证经济增长，同时，又能保证收入和财富的不均等程度不至于造成社会和政治的不稳定。因此，每个明智的社会都必须在经济增长与社会均衡之间寻求某种权衡。这种权衡的核心政策应是什么？这取决于意识形态、社会势力和政治势力之间错综复杂的互动关系。任何一个社会在任何时期都会存在各种思潮。至于其中的哪种思潮会取得主导地位并转化为政策，除了这种思潮必须具有一种说服力之外，还取决于支持它的社会力量和政治力量是否能获得主导地位。

（一）强盗资本家时代：保守主义、资本家控制政治精英、权贵资本

"镀金时代"（1865—1913年）是美国建成工业王国的关键时代。这一时期成长起一批工商业巨头。他们精明强干，富于进取心，对建设工业王国做出了巨大的贡献，积累起大量的财富。同时，在这种财富的积累过程中，他们的手段也是无所不用其极：压榨工人

和农民、贿赂国会议员、买通立法和执法部门、雇用武装保镖、用暴力方式威胁竞争对手等。因此，被称为"强盗资本家"。但是，他们并没有因此而感到良心的不安。他们认为，自己正在开发和建立一个伟大的工业王国，是他们使这个国家繁荣昌盛；自己所获得的财富和势力完全来自艰苦的劳动和非凡的聪明才智，是实现"美国梦"的楷模。

那个时代的知识界也让工商业巨头们对自己的行为和工作的进步意义和文明价值充满信心。知识界中的保守主义（这也是那个时代"美国梦"的思想基础）大力宣扬的，一是自由放任的经济哲学，认为这是经济繁荣的唯一道路；二是社会达尔文主义，认为工商界的成功者是在社会经济世界的持续激烈竞争中通过"优胜劣汰，适者生存"的机制被筛选出来的。它们构成了主宰当时美国政治和经济精英的一种意识形态。这种意识形态认为，试图帮助不幸者的任何举措都会引发经济灾难。

"镀金时代"的工商业巨头发现，这些学说是使用方便、威力强大的武器，既可以为自己的各种行为做出巧妙的辩解，又可以用来反对不符合心意的政府管制，抵制公众呼吁实行社会福利政策的要求，反对改良主义运动。

当然，资本家们要实现这些意图，最终还必须借助于政界。19世纪80年代之前，美国政党机器的运转在很大程度上依赖于任职党员的捐款。之后，工商业者意识到自己拥有的财富的力量，学会整批买通政治家，并开始较大规模地亲自参与政治。于是，形成了美国历史上臭名昭著的"政治分肥制"：大企业从政府那里获得了无法计算其价值的优惠政策来开发国家财富；企业与政府之间形成了一种亲密的关系，企业家为政治家撑腰，而政治家又转过来为企业家效劳，给企业家各种帮助。当然，政治家们获得的不仅仅是政治捐款，还以股份、投资和受贿等方式获得财富（理查德·霍夫施塔特，1994）。正如美国历史学家所评论的，"其结果是历史性的：1850年法律塑造了公司，而到1900年则是公司塑造法律"（沃尔特·拉菲伯等，2008）。

资本家、知识界的保守主义者和亲资本的政治精英之间的结盟，使这一时期所有要求实现社会公平的努力都受到重创。例如，早在1894年就已制定出来的联邦所得税法律条款，被最高法院以违背宪法为由否决，直到1913年经过各州批准之后，才成为第十六次宪法修正案。再如，马里兰州（1901年）、纽约州（1910年）通过的劳工补偿法，被宣布为违宪；1923年，宾夕法尼亚和内华达通过《养老金法》，被法院宣判为违法；法院随意签发反对工会的命令，等等。

当然，在经济增长的过程中，工人的物质生活状态也得到了改善。1860—1890年工人的人均实际年收入增长了50%，之后也有进一步的改善（福格尔，2003）。但是，实际工资指数的增长本身并不能反映出生活于城市的普通家庭的艰辛。因此，人们要求进行社会改革的呼声也从未间断过。这种呼声的一个重要组成部分是，认为国家应该充当社会改良的工具，限制大资本的权力和行为，并给予劳动者更多的帮助，包括将适量的收入从富人手中转移给穷人。这种呼声在政治上的"进步主义运动"（1890—1920年）中也取得了一些成就，包括推动了对公用事业的管制，促使政府提高了财产税，扩大了学校、城市供水等公共设施的建设等。

但是，真正结束"强盗资本家"并使平等主义获得根本性发展的却是20世纪30年代经济大萧条的严酷现实。

（二）"罗斯福新政"开启的新时代：亲劳动者的政治精英和中产阶级在现代自由主义思想基础上的结盟

大萧条对1930—1980年美国思想和政策产生的重大影响，无论怎样强调都是不为过的。它使保守主义意识形态声名扫地，迫使政府在经济活动中承担起更多的责任。由此催生出的新政代表着一种不同于以往的新政治观，那就是分享增长的利益。

罗斯福在第二任总统就职演讲中宣布："我们一直知道，随心所欲的利己主义是不良的品行。现在，我们还知道，这还是不良的经济学。"1936年大选前,罗斯福在麦迪逊广场花园发表演讲:"我们必须与和平的宿敌作战——商业与金融垄断、投机、莽撞的银行行为、阶级敌视、地方主义、发战争财。他们已经开始将合众国政府仅仅视为其自身事务的工具。我们现在知道,由组织的财阀把持的政府与由组织的暴民团伙把持的政府同样危险。"

大萧条对所有美国人都是一场真正的噩梦。它不仅使普通家庭陷入绝境,也使富人们的财富大幅度减少。这使新政获得了广泛的支持。① 虽然不同的支持者群体持有截然不同的观点,但基本上认为,经济已经发展到需要政府进行强有力的管理的阶段。《税收法》《瓦格纳法》和《社会保险法案》等都是对大萧条时期的经济、政治和人们情感状况的反映。

正是在这种意义上,可以说,大萧条和"新政"对经济学中现代自由主义的发展及其在战后获得政策界的统治地位起到了决定性的作用。② 为了弥补机会均等的缺陷,现代自由主义者倡导一种"积极的自由观",认为,第一,将财富适度地从富人手中转移到穷人手中会增进全社会的福利;第二,这种再分配仅仅依赖于民间救济制度远远不能适应现代社会发展的要求,必须由政府主导来完成;第三,应该通过制定公共政策和设立相应的机构来实现这种再分配。因此,他们以积极的态度看待政府行为,是社会保障、失业保险、工会运动等制度的真正捍卫者,认为保护中产阶级,给予劳工讨价还价的政治权利、结束富裕精英的统治地位,是使美国更加民主、

---

① 1936年选举结果,罗斯福获得2750万张选举人票,对手兰登仅获得1670万张,罗斯福在除佛蒙特和缅因以外的所有州获胜,赢了523张,兰登只有8张。1940年大选,罗斯福赢得449张,对手威尔基82张。1944年大选,罗斯福赢得432张选举人票,对手杜威赢得99张。罗斯福的大部分支持者来自较低阶层,北方的黑人、南方的白人、乡村居民、城市移民、知识分子和蓝领工人。他是仅次于林肯的、深受美国人民爱戴的总统。

② 要特别注意:国际经济媒体在谈论经济学家的政策倾向时的称谓:把凯恩斯主义视为"现代自由主义",或自由主义"现代派",简称"自由主义";把米塞斯、哈耶克、弗里德曼等自由市场倡导者视为"古典自由主义",或者自由主义"保守派",简称"保守主义"。当然,保守主义者不限于米塞斯、哈耶克、弗里德曼的追随者,自由主义也不限于凯恩斯主义及其追随者。

自由和平等的重要基础。

"新政"遗产之所以得以拓展并在战后支配着美国的经济政策，还有其深厚的社会和政治基础。"共享增长利益"政策使美国创造了一个庞大的国内市场，出现了"增长的黄金时代"。在这一过程中，各种政治力量共同带来的"收入革命"造就了一个庞大的中产阶级势力。这在政治上也迫使原来一直亲资本的共和党改变某些政策主张，走向与民主党合作的道路。艾森豪威尔1954年写给其兄弟的信中说，"若任何政党试图取消社会保障、失业保险，废止劳工保护法和农业计划，该党势必会从美国政治史上消失"（克鲁格曼，2008）。

这种两党共识一直维持到20世纪70年代初。之后，随着美国经济陷入滞胀局面，两党共识破裂，共和党回归保守主义，分歧愈演愈烈。

（三）"市场精英时代"：政治精英与市场精英在新保守主义基础上的结盟

如果说"罗斯福新政"开启的政策选择及其传承是特殊的客观环境和时代所迫，且支持这类政策的思想是其后渐渐完善的话，那么，里根主义所开启的政策选择却是在一个已有较完备的、准备充分的保守主义运动的基础上进行的（克鲁格曼，2008）。

新保守主义的源头可以追溯到20世纪50年代兴起的两个群体：以米尔顿·弗里德曼为首的经济自由至上主义经济学家；以欧文·克里斯托尔为首并与《公共利益》杂志联系在一起的社会学家。他们不仅反对"新政"，而且反对"进步"时代的改革（主要是针对公用事业的管制），提出"重新创造自由市场"的口号。他们对各种社会公共政策的批评主要是基于经济效率的标准。这类文献几乎就要得出这种结论：国家对经济生活的任何干预肯定都是坏事，因为所有强制性的非市场方法都是反生产性的（勒帕日，1985）。

富商们毫不吝啬地支持智囊团、媒体来宣传这些观点，通过各种方式，说服人们相信自由市场是通向繁荣和自由的唯一道路。通过大量研究机构、大学和主流媒体的传播，从20世纪70年代开始，大多数公众也在不同程度上接受了这种观念。70年代的多项民意调查表明，大部分美国国民支持自由市场制度，认为从根本上改变收入分配，势必会摧毁自由市场提供的个人自由和动力（安德鲁·肖特，2012）。这种社会基础可以让我们理解，为什么1980年之后的美国在实践中最彻底地践行了新保守主义的政策精神。

美国经济严重的滞胀，则让保守主义获得了开花结果的机会。始于20世纪70年代卡特政府的放松管制，使人们开始广泛接受低工资和工作的不确定性。工会组织开始衰落，临时性工作机会的数量迅速增长，对大规模解雇员工的抗议活动几乎消失。各界对美国所谓"灵活的新型劳动力市场"大加称赞，并将欧洲缓慢的增长归咎于缺乏弹性的劳动力市场。里根政府更是使美国成为新保守主义的实验场，在之后的30年间愈演愈烈：医疗保健、学校、公有土地、军事力量等都成了私有化和市场化的对象。

"里根革命"意味着新保守主义接管了共和党。即使是民主党，也渐渐成为向新保守主义妥协的实用主义者。因为，美国的富人结构发生了根本性的转变。如果说"强盗资本家"时代的最富阶层是由土地、矿产和利润丰厚企业的所有者所构成的，那么，最近30年，最富有者基本上是由CEO、医生、律师等为主体的高收入者和各种金融资产（包括公司证券、政府债券等）的持有者构成的，而企业主在国民收入中获得的份额却是在不断下降的。

四 为什么1980年以来美国的基尼系数远高于其他发达国家？

20世纪80年代以来，虽然一部分发达国家的贫富差距有不同程度的上升，但是，美国无论在速度上还是在程度上都要远远超过几乎所有的其他国家。

既然发达国家在不同程度地出现收入差距扩大的现象，那么，其中肯定存在着某些共通的因素。这类原因包括：（1）工资变化的替代效应大于收入效应（福格尔，2003）。（2）产业结构的变化，特别是传统制造业的衰落、IT 和金融业的大发展。(3) 科技革命和全球化。科技革命推动着对技能型劳动力需求的增长，而全球化带来的国际竞争加剧却使公司把其部分生产全球化（特别是加工业）转移到发展中国家，以减少有关福利方面的开支，并造成对本国非技能型劳动力需求的下降。

但是，上述这些因素还是不足以解释为什么美国在这一时期的基尼系数远远高于其他发达国家。为什么会这样？威廉·伯恩斯坦的猜测可以解释其中的政策指导思想的差异：每个明智的社会都必须在经济增长与社会均衡之间寻求某种权衡，但是，"美国似乎在探索这一范围的'右边界'，从鼓励经济最佳增长的角度出发，探索收入和财富不均等的可容忍程度。其他发达国家似乎徘徊在这一范围的'左边界'，以鼓励最佳公平程度和幸福程度的名义，探寻可以在多大程度上牺牲经济增长"（伯恩斯坦，2011）。

20 世纪 80 年代之后，在欧洲，新保守主义在意识形态争论中整体上也渐渐占了上风，渗透到高层管理决策之中。在实践中，虽然各国都强化了市场化和自由化，但除英国之外，政府的干涉仍然以多种形式存在，牢固建立起来的行业工会并未受到批判，许多已经建立起来的既得社会权益也仍然得到尊重。以德国为例：虽然社会市场经济制度在某些方面发生了重大改变，但是它在企业管理上仍然保证众多利益相关者享有权益，包括雇员、银行家、当地团体，有时还有供应商和消费者；许多产业团体对工资待遇有集体议价的能力，并且享有高水平的就业保障。德国工人如果失业，将会拿到相当于其工资 2/3 的失业金，相比之下，英国是 1/3，美国更少。正如约翰·格雷所评论的，"德国公司系统向一系列利益相关者分散权利的做法，对于其保持低水平的收入差距起到了关键性作用。这一点与盎格鲁—撒克逊经济体形成鲜明对比……德国长期的文化和关于市场必须管制的政治共识促使其经济形态呈现这些特点，以保护和支持社会凝聚力，同时提高经济效率"（格雷，2011）。

相比之下，美国的企业文化是什么形态呢？根据莱斯特·瑟罗的判断,"如果请谋取最大利润的美国董事长说一说他们为不同顾客服务的顺序,那么,首先是股东;再往后排得很远的是顾客,雇员是第三。多数管理者会辩解说,公司的唯一目标是最大限度地增加股东的财富。顾客、雇员只是在他们为这一目标服务时才是重要的……"(瑟罗,1992)。这种企业文化使企业养成一种安之若素地忽视社会成本的文化,纵容了美国社会的贫富差距。更重要的是,相比之下,面对前述产业结构的变化和全球化的冲击,美国政府采用的是更加自由放任的政策。

这可以在美国历史传统中找到更一般的文化根源。美国最具有决定性的文化传统特性是,推崇以个人地位和天赋权利为基础的自由主义,始终对政府持有一种根深蒂固的怀疑。对税收和管制的厌恶,是这一特征的必然结果。所谓的"美国梦"只是这种文化特性的形象化,其核心观念是个人可以控制自己的命运的强烈信念,认为财富源于个人努力。在美国人看来,政府与其说是一种为民谋利的积极力量,还不如说是一种不得不存在的"恶"。既然是"恶",当然要把它控制在最小限度内。那就是仅仅限于保护人类与生俱来的自由权利和私有财产。因此,对于政府的各种贡献,例如,"对企业员工的教育、垃圾处理、修建公路、提供公共安全和国防、调控金融市场、创建稳定的金融体系、保护人们的银行存款、惩治欺诈行为、制定法律维护正义、照顾老年劳动者等,民众之中少有感激之情"(马德里克,2003)。

正是受到这种文化传统和国民性的影响,政府的作用从来就没有真正融入美国人的主流意识形态之中。在发达国家中,美国历来就是社会福利网最为稀薄的国家。即使是新政的核心遗产占据政策指南地位的时代,失业保险和社会保障都与个人的工作情况挂钩;人们的社会保障收益是其年收入和工作时间的函数,且社会保障所需的资金出自工资税,而非一般的财政收入。

五 结论

结论之一:市场收入分配的结果在很大程度上取决于支配市场

的游戏规则。

在市场经济中，每个人所获得的收入，取决于他所拥有的资源（包括物质财富、人力资本等）、他对如何运用这些资源的选择和努力、市场对这些资源所确定的价格。从这类表征看，市场决定的收入分配状态似乎很公平，是市场力量的"自然产物"。但是，如果我们进一步考察，就很容易发现，收入分配的变化并不完全是市场力量自发变化的结果，特别是在收入分配状况改善的过程中更是如此。在此过程中，非市场的力量也发挥着重要的作用。在非市场力量中，最重要的是影响"资本与劳动讨价还价"的法律和社会政策。"资本雇佣劳动"是市场经济的铁律。在讨价还价的过程中，资本天然是强势的一方。若无法律制度的健全保护，劳动是不可能与资本公平地讨价还价的。不仅如此，资本之间也存在非公平的力量对比，若无法律、制度等非市场力量的介入，大资本同样会在竞争中强力打压小资本。

像德国等西欧国家之所以能够实现收入和财富较为均等的状态，就是因为它们强调"利益相关者"理念，以各种政策和制度节制资本，提高劳动的讨价还价能力。我们也看到，即便是在美国，在政府亲资本的时代，必然是收入和财富差距扩大的时期；而在政府亲劳动的时代，却是收入和财富差距压缩的时期。

收入和财富差距急剧扩大的悲剧之所以在美国重演，是新保守主义不仅左右着政策决策，更为深远的是成为主流意识形态，并使人们相信：提高低收入者生活水平的最有效方式，就是促进经济的高速增长；而任何再分配行为都最终只会阻碍穷人地位的改善。但是，没有证据表明，收入不均等程度的适度下降，譬如说基尼系数从 0.4 降低到 0.35，就必然会严重地损害经济增长（福格尔，2003）。也没有证据表明，适当的个人所得税率必然就降低高收入者的努力程度。

结论之二：社会政策取决于各种力量的博弈，但最终的选择权在政府。

虽然社会政策是各种力量博弈的结果，但是，富有阶层对政治权力天然就拥有不当的巨大影响力。他们可以利用手中掌握的巨额私人财产，通过各种方式，扭曲政治辩论，换取政治权力，制定有利于他们的规则。而一般民众几乎既没有个人动机去弄清他们的利益如何受到这些群体的损害，更没有集体的力量去反对既得利益的行为（奥尔森，1995）。

幸运的是，最终决定社会政策的政治精英和政府在某种程度上具有相对的独立性，他们拥有抵制这种不当影响力的能力。美国的历史表明：当政治精英和市场精英结盟并支配着政策选择的时代，所实施的必然是有利于富人的政策，从而必然导致收入和财富不均等程度的加剧；当政治精英受制于广大民众的时代，所实施的政策必然会削弱收入和财富的不均等程度。

但令人遗憾的是，虽然收入和财富的高度不均等会撕裂社会和政治稳定的结构基础，但是，只要权贵在政治上结成一种牢固的同盟，要改变不良的政策倾向，是非常艰难的。只有碰到非常严重的政治和经济危机，才可能迫使当政者做出正确的选择，出台有利于收入差距缩小的社会政策。

就以当前的美国来说，收入差距程度与新政之前相当。但它会在多大程度上改革其模式？只会进行某些小修改！第一，现在，美国的收入和财富不均等程度与大萧条之前一样严重，但是，它的影响显然要比大萧条时期弱很多。因为，当前的美国拥有一个虽不能同欧洲国家相比但仍然较为广泛的社会福利制度。第二，在意识形态上，虽然国际金融危机后美国出现了一个自我批判的高潮，保守主义似乎处于守势，但民众对政府根深蒂固的怀疑只有微弱的减轻。第三，在政治上，政府"亲华尔街"的倾向没有改变。

参考文献

埃德尔斯坦：《20世纪的战争和美国经济》，载斯坦利·L. 恩格尔曼、罗伯特·E. 高尔曼主编《剑桥美国经济史》（第三卷），高德步、王珏等译，中国人民大学出版社2008年版。

安德鲁·肖特：《自由市场经济学——一种批判性的考察》，叶柱政、莫远君译，中国人民大学出版社2012年版。

奥尔森：《集体选择的逻辑》，陈郁等译，上海三联书店、上海人民出版社 1995 年版。

布埃里奥特·布朗利：《公共部门》，载斯坦利·L. 恩格尔曼、罗伯特·E. 高尔曼主编《剑桥美国经济史》（第三卷），高德步、王珏等译，中国人民大学出版社 2008 年版。

罗伯特·威廉·福格尔：《第四次大觉醒及平等主义的未来》，王中华、刘红译，首都经济贸易出版社 2003 年版。

戈尔丁：《20 世纪的劳动力市场》，载斯坦利·L. 恩格尔曼、罗伯特·E. 高尔曼主编《剑桥美国经济史》（第三卷），高德步、王珏等译，中国人民大学出版社 2008 年版。

赫伯特·斯坦：《总统经济学：从罗斯福到里根》，刘景竹译，中国计划出版社 1989 年版。

杰夫·马德里克：《经济为什么增长？》，乔江涛译，中信出版社 2003 年版。

杰里米·阿塔克、彼得·帕塞尔：《新美国经济史》，罗涛等译，中国社会科学出版社 2000 年版。

克鲁格曼：《美国怎么了？一个自由主义者的良知》，刘波译，中信出版社 2008 年版。

莱斯特·瑟罗：《二十一世纪的角逐——行将到来的日欧美经济战》，张蕴岭等译，社会科学文献出版社 1992 年版。

郭利·勒帕日：《美国新自由主义经济学》，李燕生译，北京大学出版社 1985 年版。

雷·坎特伯里：《经济学简史》，礼雁冰等译，中国人民大学出版社 2011 年版。

理查德·霍夫施塔特：《美国政治传统及其缔造者》，崔永禄、王忠和译，商务印书馆 1994 年版。

罗伯特·赖克：《美国的逻辑》，倪颖译，中信出版社 2011 年版。

普洛特尼克、斯莫伦斯基、埃文豪斯、赖利：《20 世纪美国的贫困与不平等状况》，载斯坦利·L. 恩格尔曼、罗伯特·E. 高尔曼主编《剑桥美国经济史》（第三卷），高德步、王珏等译，中国人民大学出版社 2008 年版。

威廉·伯恩斯坦：《繁荣的背后：解读现代世界的经济大增长》，符云玲译，机械工业出版社 2011 年版。

沃尔特·拉菲伯、理查德·波伦堡、南希·沃洛奇：《美国世纪》，海南出版社 2008 年版。

约翰·格雷：《伪黎明：全球资本主义的幻象》，刘继业译，中信出版社 2011

年版。

Brownlee, W. E., "Historical Perspectives on US Tax Policy Toward the Rich", J. B. Blemrod (ed.), *Does Atlas Shrug? The Economic Consequences of Taxing the Rich*, Harvard University Press, 2000.

Fortin, N. & Lemieux, T., "Institutional Changes and Rising Wage Inequality", *Journal of Economic Perspectives*, 11 (2), 1997.

Freeman, R., "Union Wage Practices and Wage Dispersion Within Establishments", *Industrial and Labor Relations Review*, 36 (Oct.), 1982.

Goldin, C. & Margo, R., "The Great Compression: The Wage Structure in United States at mid-century", *Quarterly Journal of Economics*, 107 (1): 1 – 34, 1992.

Hacker, J. S. & Pierson, P., *Winner-Take-All Politics: How Washington Made the Rich Richer and Turned Its Back on the Middle Class*, Simon & Schuster, 2010.

Kuznets, S., "Economic Growth and Income Inequality", *American Economic Review*, 45, 1955.

Piketty, T. & Saez, E., "Income Inequality In the United States, 1913—1998", *Quarterly Journal of Economics*, 118 (1): 1 – 39, 2003.

Piketty, T. & Saez, E., "The Evolution of Top Income: A Historical and International perspective", *NBER Working Papers*, No. 11955, 2006.

(原载《经济学动态》2013 年第 8 期)

社会主义政治经济学的"中国特色"问题

习近平总书记2016年5月17日《在哲学社会科学工作座谈会上的讲话》中指出:"这是一个需要理论而且一定能够产生理论的时代,也是一个需要思想而且一定能够产生思想的时代。"[①] 具体到经济学界,那就是要建立能充分解释中国经济发展道路的中国特色社会主义政治经济学。

如何建立一种具有中国特色的、适应社会生产力发展的社会主义市场经济体制,是一项前无古人的伟大事业,也是一件十分复杂和艰难的工作。在这一过程中,我们必须有一种中国化的马克思主义政治经济学作为理论指导。学界似乎达成了一个共识,即中国经济充满难以用现有理论解释的现象。但是,"现有理论"无法解释的究竟是哪些现象呢?我们只是笼统地说不能解释中国增长奇迹,却没有对不能得到解释的现象给出一种清晰的"典型事实"。[②] 中国特色社会主义政治经济学要解决的,正是借助于现有理论无法解释的中国道路的某些理论问题。它的中心任务,当然要根据60多年(特别是改革开放以来)的中国社会主义经济建设实践,总结其中的经验与教训,从中提炼出带有规律性的经验认识,把这些经验认识上升到理论层面。但是,在这种上升到理论层面的过程中,要立足于中国现实,直面怀疑者的质疑,走在学术之前沿。本文对"中国特色"问题的讨论,正是基于这样的考虑,侧重于提出还需要进一步细致讨论的一些理论问题。

[①] 习近平:《在哲学社会科学工作座谈会上的讲话》,人民出版社2016年版,第8页。
[②] 本文的主要任务不在于此。

一 以动态的观点看待社会主义

社会主义是一种永远值得追求的形态，也是实践中尚未完型也不可能完型的形态，因为这一形态一直处于不断优化的过程。在思想观念上，中国特色社会主义政治经济学首先是要以动态的观点看待社会主义。什么是社会主义？不同的时代给出的答案是不完全的，且都可能有部分是正确的。在实践中，社会主义历史的各个时代有其自身的法则。我们必须遵循经典的教导，以与时俱进的创新精神，不断地进行理论的探索和实践的发展。

早在社会主义尚未成为一种实践中的社会形态之前，恩格斯就指出："所谓'社会主义社会'不是一种一成不变的东西，而应当和任何其他社会制度一样，把它看成是经常变化和改革的社会。"[①]之后，对苏联的建设者来说，社会主义是前无古人的崭新事业，没有任何现成的方案可资借鉴。因此，十月革命以后，列宁多次强调，一定要以实践而不是以书本作为认识社会主义的标准。其中，最有名的也许是这样一句："对俄国来说，根据书本争论社会主义纲领的时代也已经过去了，我深信已经一去不复返了。今天只能根据经验来谈论社会主义。"[②]的确，正如列宁所言，在实践中，社会主义经济制度的形态是在不断发展的。因此，我们也只能根据这种实践的发展来不断更新我们对社会主义的理解。

第一种典型的社会主义经济形态是苏联模式，即"公有制＋中央集权"的计划经济。苏维埃政权建立后，它所面临的压倒一切的任务是在社会主义条件不成熟的情况下消除经济、社会和文化的落后状态。之所以选择这种经济制度形态，它的思想基础是"运用国家力量来摆脱经济落后状态，达到社会主义所要求的水平"[③]。在一定的意义上，

[①]《马克思恩格斯全集》第37卷，人民出版社1971年版，第443页。
[②]《列宁全集》第34卷，人民出版社1985年版，第466页。
[③] W. 布鲁斯、K. 拉斯基：《从马克思到市场：社会主义对经济体制的求索》，上海三联书店1998年版，第30页。

这种模式被证明是可行的。到"二战"前夕，在内忧外患的环境中，苏联的社会经济发展取得了巨大的成就，拥有较完备的工业体系，达到世界先进国家的水平。[①] 1937 年，它的工业总产值已经超过德、英、法三国，跃居欧洲第一位，世界第二位；在工农业比重中，工业占 77.4%。"二战"后，它迅速恢复了受到战争严重破坏的国民经济并获得进一步的发展。到 1960 年，苏联的空间技术、高能物理水平位于世界前列；拥有完备的工业体系，在一些传统重工业如冶炼业、石油及天然气产业和传统制造业上保持着世界领先水平，经济总量达到了美国的 60%；军事上拥有强大的核力量和常规力量，能够和美国抗衡，成为仅次于美国的世界第二超级大国。[②]

以苏联模式对社会主义国家曾经有过的影响力来说，称之为实践中的"社会主义经济经典模式"并不为过。东欧国家也都不同程度地呈现出了类似苏联的经济发展模式。根据官方数据，1950—1980 年，东欧国家国民收入年均增长率如下：罗马尼亚为 9%，保加利亚为 8%，波兰、德意志民主共和国、南斯拉夫约为 6%，匈牙利、捷克斯洛伐克为 5% 左右。[③]

但是，历史证明，这种模式没有通过长时间的检验。这种近乎"为生产而生产"的粗放增长模式，让社会付出了高昂的资源成本从而阻碍了社会生产力的发展，与此同时，人民的生活水平却没有获得预期的那种动态提高。这引发了对体制模式进行改革的不断努力。这类改革的基本思路是：以利用某种形式的市场机制来完善计划经济的效率，且原则上把市场力量的作用范围局限于产品市场，把要素市场（尤其是资本市场）排除在外。但是，这些改革并没有带来

[①] 在外部，遭到十四个资本主义国家武装干涉，西方列强长期对其存有敌意，必欲灭之而后快，处在全世界资本主义国家的包围和封锁中；在内部，动乱长期存在，先是各种暴动（包括无条件强迫加入"集体农庄"引起的暴动），后是"肃反"和"肃反扩大化"带来的混乱等。

[②] 丘吉尔曾这样评价斯大林："他接过的是一个扶木犁的穷国，他留下的是一个有核武器的强国。"这是对苏联模式的一个很好注解。

[③] W. 布鲁斯、K. 拉斯基：《从马克思到市场：社会主义对经济体制的求索》，上海三联书店 1998 年版，第 37 页。

多少值得称颂的成绩。于是，在 20 世纪 80 年代的东欧国家，改革观念发生了质的变化，渐趋激进，原来"那种认为社会主义制度在推动经济发展方面比其对立面资本主义制度优越、至少具有潜在的优越性的信仰，最终失去作用"，代之而起的是认为"社会主义已经走进历史死胡同"的悲观主义。① 当这些国家走向市场经济的时候，它们已经放弃了社会主义。②

虽然苏联模式由于存在某些根本性的缺陷而在实践和改革中被扬弃，但我们不能否认它的社会主义性质。那是前无古人的一场伟大社会试验，虽然其结果带有悲剧的色彩。在这里，我想套用普京对苏联的一个评价："谁要是不为苏联的解体感到遗憾，他就是没有良心；而谁要是希望恢复苏联，他就是没有头脑。"我们不能否定这种模式带来的成就，也不能否定这些成就的取得是付出了巨大的各类成本的。

中国也曾经选择了苏联模式。但是，只有中国，在反思和放弃苏联模式的过程中，提出了"社会主义初级阶段"这一清醒和科学的判断，在坚持社会主义道路的基础上走向市场经济，形成了新形态的社会主义经济体制："以公有制为主体，多种所有制经济共同发展"+市场经济。这是中国经济增长奇迹的制度基础。这是中国的伟大创举，也是中国对社会主义形态发展的最重大贡献。在社会主义的历史谱系中，我们可以自豪地把它称之为社会主义在经济体制上的第二种重要实践形态。③

作为这一伟大的实践创举的重要理论基石，"初级阶段理论"让我们获得了改革最迫切需要的历史方位感，也为中国特色社会主义政治经济学提供了理论底色。但是，这一实践创举也给我们带来了一些理论上的难题，提出了一个理论发展的内在新要求。社会主义，

---

① 贝尔纳·夏旺斯：《东方的经济改革：从 50 年代到 90 年代》，吴波龙译，社会科学文献出版社 1999 年版，第 131—133 页。
② 虽然有些国家自认为实行的是民主社会主义。
③ 越南、古巴等国的经济改革也带有这种形态特征。

作为一种社会经济的实践，未来必然会出现新的形态。不过，政治经济学的首要任务是讨论"初级阶段形态"的社会主义。在这里，我想预先强调一点看法，那就是："政治经济学"与"经济学"这两个概念是有差别的。在我看来，政治经济学要解决的是指导社会经济制度和改革的基本理念问题，因而也需要研究生产力与生产关系、经济基础与上层建筑之间关系的某些具体体制问题；而通常所说的经济学，重点讨论的是市场经济的一般运行，要解决的是具体政策的设计和实施问题。

二 对"中国特色"的中华文明基因之挖掘和理论化问题

从政治经济学的角度看，"中国特色"，除了"社会主义初级阶段"这一底色特征之外，还应包括存在于中华文明之中而且仍然对当今有着重大正面影响的思想基因。这是马克思主义政治经济学"本土化"或"中国化"的重要基础。

君不见，习近平总书记经常引用中国古典名言来表达自己的思想吗？那是在挖掘这类基因！他明确地指出："中华文明历史悠久，从先秦子学、两汉经学、魏晋玄学，到隋唐佛学、儒释道合流、宋明理学，经历了数个学术思想繁荣时期。……中国古代大量鸿篇巨制中包含着丰富的哲学社会科学内容、治国理政智慧，为古人认识世界、改造世界提供了重要依据，也为中华文明提供了重要内容，为人类文明作出了重大贡献。"[①] 又言："独特的文化传统，独特的历史命运，独特的国情，注定了中国必然走适合自己特点的发展道路。我们走出了这样一条道路，并且取得了成功。"[②] 这条道路就是中国特色的社会主义道路。

作为中国特色社会主义理论体系的重要组成部分，中国特色社

---

① 习近平：《在哲学社会科学工作座谈会上的讲话》，人民出版社2016年版，第4—5页。
② 习近平：《出席第三届核安全峰会并访问欧洲四国和联合国教科文组织总部、欧盟总部时的演讲》，人民出版社2014年版，第43页。

会主义政治经济学自然也就必须承担起在中华思想文明库中挖掘相关优秀基因的工作。这将是经济学人的时代课题。作为学者，我们在挖掘这类思想基因时，要注意在返本开新的动态过程之中重建这些优秀思想基因，给它们提供一种科学的分析基础。因为，中华文明的主流思维模式是感性思维（形象思维）。这使中国学者的思维变得较为敏锐，使他们擅长对词句的雕琢，特别关注文学（诗歌、绘画）特点的细微差别，在情趣和技巧上都达到很高的境界。但是，这种思维的根本缺陷是：只是粗略地认识思维对象，不追求对感性材料的深层思考和对事物的精确分析，仅满足于对经验的总结及对事物粗浅和笼统的描述，对思维的工具性缺乏自觉的认识。

　　为了说明这一问题，让我们从"李约瑟之谜"说起，回顾某些历史。中国古代有过的灿烂辉煌科技成就，除了"四大发明"外，在天文历法、物理、医术、算术、农业、地理、建筑等领域，也有大量领先于世界的技术发明和发现。英国著名生物化学家李约瑟提出了一个疑问：中国古代对人类科技发展做出了很多重要贡献，但是，为什么近代之后却远远落后于西方世界？对此，学界有众多争论。我认为，最重要的一点是缺乏近代的科学思维方法。西方学界在近代完成了从感性思维到理性思维的质的飞跃，发展出一套以分析归纳为主要内容的求"真"的科学思维方法。正是在这种科学思维方式的引导下，16世纪以来，欧美社会发生了两次重大的科学革命和三次技术革命，即近代物理学的诞生、蒸汽机和机械革命、电力和运输革命、相对论和量子论革命、电子和信息革命，走上了科学革命和技术革命相互促进的路径。与此不同，中国古代创造出的科技成果基本上是基于经验的积累，至多也就是基于直觉推理。即使是成就极高的中医，虽然也有"试验"，但它的解释却是建立在道家哲学所谓的"五行"（金、木、水、火、土）之上的。在这种解释中，人体结构本身就是宇宙的象征，水代表肾脏，土代表脾，木代表肝，金代表肺，火代表心脏。从这种语言模式中，我们可以看到中国学者缺乏近代科学方法的典型痕迹。

因此，我们在中华文明中挖掘有关中国特色社会主义政治经济学的相关思想基因时，还存在一个如何将它们理论化的问题。在这里，我将以"国家观"①为例来说明这种理论化问题。之所以选择"国家观"，是因为国家在中国社会经济中所起到的作用截然不同于西方社会，且让西方人士感到不解。

中西方文明对国家的态度是截然不同的。在近代西方文明中（特别是英美模式），国家被视为一种必不可少的"恶"。在英美文化中，所谓的"恶"，是说，作为"合法的暴力"权力的唯一垄断者，国家本身就不是什么"善"的存在，因为它会利用手中的这种权力作恶；所谓"必不可少"，是因为它是维持社会秩序所必需的。与这种观念不同，对于中国人来说，国家被赋予了近乎神圣的意义。中华文明至少把国家视为一种必不可少的"善"，并通过"选贤任能"来实现这种"善"治。在中华文明中，所谓的"善"，是说，国家不仅仅是社会秩序的维持者，还是社会经济发展的直接组织者、推动者和管理者。

从逻辑上，如果说国家的行为是一种"必不可少的恶"，自然要把它限制在最低程度内，而推导出来的必然是"守夜者"政府的概念：管理最少的政府是最好的。如果说国家是"必不可少的善"，那么，虽然对它的活动也应有所限制，但范围肯定是要超越"最小政府"的概念。

如何把这两种不同的国家观念理论化呢？我认为，方法论的主要分界线是整体主义观点与个人主义观点相对立的分界线。近代英美文化中的国家观念是以社会契约论为基础的。它的方法论是个人主义。它认为，每个人都把一部分权力让渡给国家；国家不过是 N 个人的集合体。如果说存在"整体或集体的利益"，那么，衡量这种

---

① 本部分的国家和政府是同义语。

利益的标准只能是个人偏好的反映，唯一重要的问题是，赋予每个人的偏好的权重问题（就如功利主义的社会福利形式那样）。在这种近代英美文化中，国家被视为个人为了共同的安全和保障而联合起来的"自足的个人"之创造。与此不同，中华文明把国家（政府）视为所有社会群体的自然、永恒的属性。它的思想基础是整体主义。在这种整体主义观中，国家被视为一个独立的现实，一个"集体存在者"。它被认为是在追求客观上可确定的、高于个人偏好且与某个人的特定偏好没有必然联系的公共利益。

如果沿着这样一种思路的论证是正确的，我们就可以把英美的国家观称为"个人主义国家观"，把中华文明的国家观称为"整体主义国家观"。这就意味着，我们必须用整体主义国家观来解释在中国经济中政府与市场之间的关系。如果用西方国家（或政府）与市场之间的理论框架来解释中国市场经济的某些问题，必然会得出似是而非的观点。

当然，我在这里所说的中华文明的"整体主义（或有机主义）国家观"是基于对某些历史基因的、理论上的"理性的再现"，而不是说我们可以在历史典籍中直接找到对它的明确表述。

自然地，在中华文明中寻找"中国特色"的基因时，我们要注意舍弃其中的糟粕。历史之教训告诉我们：在封建社会，这些优秀的文化基因，通常会被专制政治制度所异化，并最终导致历史周期律现象的出现。就以前述的国家观念来说，最根本的缺陷是对国家的权力几乎没有明显的或明确的限制。这就要求生活于当代的中国立法者和政府官员能够以实现"中国梦"的精神，拒绝无限扩张政府权力的诱惑。

三　社会主义与市场经济之间的相容性问题

从政治经济学的角度来看，在改革开放之前，社会主义与资本主义之间的本质区别似乎是相当清晰的：社会主义是以公有制为基础的计划经济，资本主义是以私有制为基础的市场经济。今天，面对中国改革开放的最伟大实践创举（即社会主义与市场经济体制的结合），我们再也不能用这种粗浅的公式作为分析的基础了。作为这种实践创举的一个重要思想基础，邓小平同志指出："计划经济不等于社会主义，资本主义也有计划；市场经济不等于资本主义，社会主义也有市场。计划和市场都是经济手段。"①

但是，我们必须认识到，邓小平"南方谈话"只是在思想和意识形态上解决了这一问题，并没有在理论上完全解决问题。在与早期市场社会主义者的争论中，哈耶克曾经断言，市场与社会主义的结合必然是一件赝品。米塞斯在《人类行动》中也断言："一个有市场和有市场价格的社会主义体制这一观念，如同一个有'三角的四方形'的观念一样是自相矛盾的。"在他们看来，如果市场与社会主义结合在一起，必然的结果是，既无法实现市场的效率，更不可能实现社会主义对社会公平和正义的追求。虽然我们不同意哈耶克和米塞斯的断言，但却必须正视其中可能存在的某些理论难题。如果我们不正视这类理论难题并做出科学的回答，就会给是否存在着通向社会主义的市场经济道路持怀疑态度的观点留下很大的生存空间。

要在理论上解决这类认识上的问题，我们需要特别关注如下两个具体的理论问题：（1）市场中性论，用于证明市场只是配置资源的一种有效机制，并不决定一个社会的性质。（2）市场经济的社会主义形态与市场经济的资本主义形态之间的本质区别是什么？

（一）市场中性论

习近平总书记在对党的十八届三中全会《中共中央关于全面深化改革若干重大问题的决定》做出的说明中指出："理论和实践都证明，市场配置资源是最有效率的形式。市场决定资源配置是市场经济的一般规律，市场经济本质上就是市场决定资源配置的经济。"②

---

① 《邓小平文选》第三卷，人民出版社1993年版，第373页。
② 《习近平关于全面深化改革论述摘编》，中央文献出版社2014年版，第56页。

作为一种资源配置的方式，为什么市场经济是一种有效率的机制？对这一问题的回答，我们可以称之为"市场中性论"。

第一，市场经济是一种以个人对自身利益的追求作为基础的交换共同体。这种经济体制的健康运行必然要求以法制为基础的一组自由选择权利：经济契约自由、交换自由、职业选择自由、迁移自由，等等。

第二，作为市场经济的核心机制，价格体系是一种有效率的信息交流和传递机制。作为市场交换过程的指南针——价格，一方面反映出生产的机会成本和商品的稀缺程度；另一方面反映个人的支付意愿，表明需求方对商品的估价。通过这些特性，价格在市场上充当着两大功能：在商品市场上，引导着市场参与者解决"生产什么，生产多少，如何生产"的方向问题（协调功能）；在要素市场上，价格成为对各种生产要素在生产过程中贡献大小的一种评估，决定着初次收入分配（分配功能）。在每一个市场上，买方和卖方都根据相对价格的变化做出自己的决策。买卖双方的决策组合决定着价格的结构。价格的变化引导着买卖双方行为的改变，从而使市场具有一种走向均衡的趋势。市场配置资源的效率就是用这种趋势来度量的。

第三，作为市场动态效率的一种发动机，竞争可以通过多种渠道提供激励。其中，最重要的激励是对创新的激励。在这种意义上，竞争是一种发现市场的过程。它迫使市场参与者努力寻求与其他生产者差异化的创造性行动，以更低廉的成本进行生产（工艺创新），或者在已有的价格上改善产品或者开发新产品（产品创新），从而，一方面成功者将获得更大的市场份额和盈利空间，另一方面将推动社会技术的进步。

（二）市场经济的社会主义形态与资本主义形态之间的本质区别是什么？

主流的观点是，社会主义市场经济形态区别于资本主义的制度性特征，表现在三个方面。第一，在所有制结构上，以公有制为主体，多种所有制经济平等竞争，共同发展。第二，在分配制度上，实行以按劳分配为主体，多种分配方式并存，效率优先、兼顾公平。第三，在宏观调控上，国家把人民的当前利益与长远利益、局部利益与整体利益结合起来，更好地发挥政府与市场的相对长处。有学者再加上一条，即"社会主义市场经济运行的根本目标是实现共同富裕"。

我认为，上述主流观点并没有真正说清楚市场经济的社会主义形态与市场经济的资本主义形态的根本差别。特别是"公有制为主体""按劳分配为主"的说辞，依然是在沿袭计划经济时代的理论逻辑。例如，"公有制为主体"如何成为社会主义市场经济形态区别于资本主义市场经济形态的标志呢？主流观点的解释是，公有制使得生产资料与生产者直接相结合，消灭了剥削，消除了人的异化，等等。但是，作为公有制的最重要实现形式，国有企业是否实现了生产资料与生产者直接相结合？且不论社会主义市场经济条件下的国有企业，即使是在社会主义计划经济时代，对这一问题也是有争议的，最典型的争论发生在社会主义时代的南斯拉夫。[①] 再说"按劳分配为主体"，也是含义模糊的，是说在分配中劳动拥有获取收入的优先权吗？如果说这种优先权确实存在于计划经济时代，那么，它现在还存在于社会主义市场经济之中吗？这些问题都是有待进一步分析和证明的。

我认为，要说明市场经济的社会主义形态和资本主义形态之间的差异，需要另辟蹊径。正如前面所述，市场中性论只需假定市场仅仅是资源配置的一种工具（以工具理性来判断市场的价值和意义）。经过更深入的观察，我们就很容易发现，市场的发展有着远比它的资源配置功能广泛的复杂影响。在这种复杂的影响中，公平交易背后隐藏着深层次的社会经济关系的特殊性，经济的不平等很容易转化为社会的不平等和政治的不平等。这正是政治经济学要重点研究的问题。市场经济的社会主义形态和资本主义形态之间的关键

[①] 参见爱德华·卡德尔《公有制在当代社会主义实践中的矛盾》，中国社会科学出版社1980年版。

差异，必须在这一层次上寻找答案。

正是在这些方面，马克思主义的经典著作可以给我们提供明确的指导。例如，在剥离了资本所有者与劳动者之间在劳动市场上自由交换的"市场中性"的层面之后，我们在"资本雇佣劳动"背后看到的将是资本对劳动的统治权力。这种眼界是马克思主义政治经济学远胜于西方主流经济学的精髓所在。让我们来温习一下马克思是如何在市场自由交换表象的公平之中发现了资本主义市场经济形态的真相。在市场交易中，每个人只需承认对方是所有者，就可以进行平等自由的交换，每个人的家庭出身、受教育程度、机会等方面的差别似乎都失去了存在的现实基础。于是乎，资产阶级国家高举"自由平等"的旗帜，告诉它的人民："如果一个人变穷了，另一个人变富了，那么这是他们的自由意志，而决不是由经济关系即他们彼此发生的经济联系本身所造成的。甚至遗产继承以及使由此引起的不平等永久化的类似的法律关系，都丝毫无损于这种天然的自由和平等。"[①] 然而，"在现存的资产阶级社会的总体上，商品表现为价格以及商品的流通等等，只是表面的过程，而在这一过程的背后，在深处，进行的完全是不同的另一些过程，在这些过程中个人之间表面上的平等与自由就消失了。"[②]

这"另外一些过程"是什么呢？我们必须从"资本雇佣劳动"这一政治经济学的基本命题出发来探讨马克思所说的"另外一些过程"。只有从这一命题出发，我们才能重新发现市场中性论中消匿不见的资本之权力。仅仅是出于理解市场配置资源的功能，我们把资本视为一种生产要素即可。但是，要理解由此而带来的不平等，我们就需要把资本理解为一种社会关系。

在马克思的分析中，资本主义社会是一种以资本制度为核心的社会。作为市场经济的资本主义形态，其核心结构是建立在劳动力与生产资料相分离基础上的"资本雇佣劳动"。在这种社会中，资本

---

① 《马克思恩格斯全集》第 46 卷（上），人民出版社 1979 年版，第 199 页。
② 《马克思恩格斯全集》第 46 卷（上），人民出版社 1979 年版，第 200 页。

以各种渠道统治着社会。资本的本质就是其对劳动的统治。"资本雇佣劳动"至少授予资本行使了下述两种类型的权力。

资本所有者及其代表所行使的第一类权力是组织生产本身的权力。在这种权力的行使中，虽然我们看不到赤裸裸的胁迫和勒索，但资本所有者所行使的仍然是一种特权。对此，《资本论》有精彩的分析："劳动力的买和卖是在流通领域或商品交换领域的界限以内进行的，这个领域确实是天赋人权的真正乐园。那里占统治地位的只是自由、平等、所有权和边沁。自由！因为商品例如劳动力的买者和卖者，只取决于自己的自由意志。他们是作为自由的、在法律上平等的人缔结契约的。契约是他们的意志借以得到共同的法律表现的最后结果。平等！因为他们彼此只是作为商品所有者发生关系，用等价物交换等价物。所有权！因为他们都只支配自己的东西。边沁！因为双方都只顾自己。使他们连在一起并发生关系的唯一力量，是他们的利己心，是他们的特殊利益，是他们的私人利益。正因为人人只顾自己，谁也不管别人，所以大家都是在事物的预定的和谐下，或者说，在全能的神的保佑下，完成着互惠互利、共同有益、全体有利的事业。"① 但是，一旦离开了这一简单的交换领域，"我们的剧中人物的面貌已经起了某些变化。原来的货币所有者成了资本家，昂首前行；劳动力所有者成了他的工人，尾随于后。一个笑容满面，雄心勃勃；一个战战兢兢，畏缩不前，象在市场上出卖了自己的皮一样，只有一个前途——让人家来鞣。"②

在这里，"让人家来鞣"，指的就是资本组织生产过程的特权。这种特权使生产的过程和工人的安排都将完全服从于资本追求利润最大化的利益。诚如塞缪尔·鲍尔斯和赫伯特·金蒂斯所说的："资本主义甚至在其最纯粹的形式上也不简单地是一种交换体系；它始终也是一种雇佣体系。资本主义与简单的商品生产或一般的市场经

---

① 《马克思恩格斯全集》第 23 卷，人民出版社 1972 年版，第 199 页。
② 《马克思恩格斯全集》第 23 卷，人民出版社 1972 年版，第 200 页。

济相反，包含着这样一种企业的存在，在这些企业里，生产是根据工资—劳动关系进行的。在这个基础上，资本主义始终不渝地赋予特定的少数（资本拥有者及其代表）以一种有效的控制形式，以用于满足他们的私人目的。"① 或者说，资本主义企业恰恰是作为市场体系内部的权威体系而存在的。在这种权威体系中，资本家与工人之间的交换关系，不能简化为一种纯粹的商品交换关系。在这种交换关系中，雇主对工人的权力大于店主对顾客的权力，或者说，买方的权力大于卖方的权力。资本的这种权力源于生产资料与劳动的分离，以及工人无法与他所提供的服务分离开来。于是乎，企业不仅把为雇主提供的劳动服务，而且也把提供这种服务的劳动者本身置于社会互动作用过程之中。

资本所行使的第二种权力是，通过对国家的制度安排和政策施加的影响，让国家屈从于资本的意志。对于"资本雇佣劳动"在资本主义制度之下的这种影响，马克思深刻地指出："国家不外是资产者为了在国内外相互保障自己的财产和利益所必然要采取的一种组织形式。""资产者不允许国家干预他们的私人利益，资产者赋予国家的权力的多少只限于为保证他们自身的安全和维持竞争所必需的范围之内；因为资产者一般以国家公民的姿态出现只限于他们的私人利益要他们这样做的范围之内。"②

我认为，资本行使的第二种权力是市场经济的资本主义形态与市场经济的社会主义形态之间的最重要区别。在资本主义社会中，国家屈从于资本的意志。作为一个具体的例证，我们可以援引一个分析："在美国，虽然钱多不一定就能当总统，但资本的意志却真的在决定、主导美国的一切。美国政权要符合资本及大资本家的利益，甚至为它们（他们）服务，这并非政治宣传。"③ 也许，

---

① 塞缪尔·鲍尔斯、赫伯特·金蒂斯：《民主与资本主义》，商务印书馆 2003 年版，第 95 页。
② 《马克思恩格斯全集》第 3 卷，人民出版社 1960 年版，第 70、412 页。
③ 《美国大选富豪决斗凸显"资本"主义》，《环球时报》2016 年 1 月 25 日。

正是在这类意义上,在讨论市场经济的社会主义形态与资本主义形态时,习近平同志指出:"高度资本化的市场经济就是资本主义市场经济。"①

"资本雇佣劳动"是市场经济中的一种必然现象。在中国特色的社会主义市场经济中,虽然在公有制经济和非公有制经济中都不同程度地存在着资本的第一种权力,但是,资本的第二种权力却受到了严格的控制。正是在这里,某种形式的"公有制为主体",才能最充分地凸显出其保障市场经济形态的社会主义性质的功能。因为,至少在我们的理论认识上,"公有制为主体"是作为保障社会整体利益的基础而存在的,使得资本不可能迫使国家屈从于其意志。例如,"公有制为主体"的制度安排,使国家得以摆脱资本的逐利本性的制约,动员相当一部分资源,从长远和整体的角度,谋划社会经济的发展,通过有意识的努力,发展社会基础设施,缩小地区之间的发展差距等,正是我们在实践中正在进行的努力。

因此,市场经济的社会主义形态与资本主义形态之间的关键性差异,就在于国家与资本之间的关系。以市场为基础发展的资本主义的特征,不是由资本布局来决定的,而是由国家与资本之间的关系来决定的。社会主义社会不允许资本把其利益以社会利益的名义强加于社会。在这里,"公有制为主体"为国家摆脱资本对社会的全面统治提供了一个重要的制度基础。资本的存在无疑是市场经济的核心要素之一,但是,除非国家以资本利益作为所有重大制度的出发点,否则,这种市场经济仍然是非资本主义性质的经济。在中国社会主义初级阶段,这还将通过不断完善人民民主制度来保障。社会主义利用市场经济体制,仅仅只是把它作为一种发展社会生产力的手段,最终要让它服从于社会主义的价值追求。那就是,在社会公平的基础上,逐步实现"共同富裕"。

---

① 习近平:《社会主义市场经济和马克思主义政治经济学的发展与完善》,《经济学动态》1998年第7期。

四 所有制结构问题

"公有制为主体,多种所有制经济共同发展",是中国特色社会主义市场经济最典型的制度特征。把它定义为社会主义初级阶段基本经济制度,是基于国情的正确选择,是反思历史经验和教训的必然结果,是具体灵活地运用马克思在下述经典论断精神的具体体现:"无论哪一个社会形态,在它们所能容纳的全部生产力发挥出来以前,是决不会灭亡的;而新的更高的生产关系,在它存在的物质条件在旧社会的胎胞里成熟以前,是决不会出现的。所以人类始终只提出自己能够解决的任务,因为只要仔细考察就可以发现,任务本身,只有在解决它的物质条件已经存在或者至少是在形成过程中的时候,才会产生。"[1] 这就是为什么我们在跨越了"卡夫丁峡谷"后,重新改革经济体制,将市场经济和非公有制引入社会主义制度框架的思想基础。

对于这一基本经济制度,我们已经提供了一些理论上的解释,核心是用"三个有利于"来评判所有制的改革。不过,这些理论更多的是对所有制的实践发展提供一种合理性的解释。因此,我们还需要一种综合性的所有制理论。这种理论,必须基于市场经济体制的语境,一方面对传统的公有制理论进行改造,使之能对公有制形态的崭新发展做出系统化的解释;另一方面还要承认和吸纳私有制理论的合理部分,从而对"非公有制"提供更好的理论说明。

第一,这种基本经济制度的价值基础是什么呢?

所有制关系是由社会生产力的发展水平所决定的,绝不取决于人们好恶的主观选择。"多种所有制经济共同发展"(包括私有制经济),旨在充分利用各种所有制形态的优势,发展社会生产力。这是基本经济制度的工具价值。而"公有制为主体"意在保证市场经济发展方向

---

[1] 《马克思恩格斯选集》第 2 卷,人民出版社 1972 年版,第 83 页。

的社会主义性质,更多的是体现基本经济制度的内在价值——对社会公平的追求。当然,"多种所有制经济共同发展"也具有内在的价值,那就是为个人的自由发展提供了更广阔的空间。"公有制为主体"也具有工具价值,主要体现在宏观调控效率方面。

计划经济时代的公有制理论认为,社会主义的道德和经济优越性根植于生产资料的公有制。公有制向每一位社会成员提供同等的权利,用以决定生产资料的使用方式和生产成果的分配方式。特别地,生产资料的公有制,通过生产资料与劳动的直接结合,把劳动转化为"直接社会性的劳动"(即以直接的方式满足社会需要),一方面结束了私有制所固有的那种人对人的压迫和剥削,确立了人际平等的社会经济关系;另一方面为合理组织社会化的大生产开辟了道路。显然,我们不能死板地套用这种观点来说明公有制的内在价值了。因为,在市场体制中,在劳动力和生产要素的使用与社会需要的满足之间揳入了盈利的考虑。

我们也不能用"市场失灵"理论来论证这一问题。欧洲社会曾经存在相当数量的国有企业形态的公有制经济。但是,在它们那里,这种公有制经济形态基本上是一种弥补市场失灵的工具,只具有工具理性的价值。例如,欧洲社会民主党在阐述它们的社会主义思想、公有制生产方式和分配制度时,这些东西只具有工具理性价值。在它们看来,在这些制度的背后还有更深层的价值,那就是对福利、社会公正和自由的追求;如果私人所有权能够比国有化或集体化更好地服务于这些内在价值,那么未必一定要消灭私有制。按照这种逻辑,公有制经济的生存空间势必会被大幅度压缩。[①]

在中国特色社会主义市场经济体制中,公有制经济不仅仅具有工具价值(即发展社会生产力和弥补市场失灵),而且具有不完全等同于计划经济时代的内在价值,即在市场体制下,建设一种不同于资本主义的社会经济关系,保障国家能够摆脱资本统治的意志,实

[①] 参见裴长洪、杨春学、杨新铭《中国基本经济制度——基于量化分析的视角》第二章,中国社会科学出版社 2015 年版。

现对社会公平和整体利益的追求。

这种公有制的内在价值，赋予了公有制不同于私有制的含义，那就是实现社会均衡的制度基础。这种含义在由公有制企业提供的公共物品领域得到了充分的体现，即"公平优先，兼顾效率"。以公用事业性产业领域为案例来看，它具有两个内在的特性，即公共物品的属性和自然垄断的规模经济效应。如果让一家追求利润最大化的私人企业来垄断经营，那么，在它所选择产量和价格最优组合中，价格必将高于边际成本（因为在自然垄断情形中平均总成本总是高于边际成本），产量则低于社会最优水平。因此，这种产量和价格组合并不是社会的最优组合。在这种案例中，只有不以追求利润最大化为目标的公有制企业，才可能根据社会的要求，把价格维持在边际成本上（以实现效率）且使产量等于社会最优产量。虽然由此而可能产生的亏损将由社会用财政收入来弥补，但是，对社会来说，这种公有制企业的选择，至少已经是在公平与效率之间的一种最优权衡。

第二，是否存在一种基于中国国情的公有制经济与非公有制经济之间的最适度结构？

20世纪末21世纪初，是我国公有制经济与非公有制经济之间数量比重转换的分水岭，此后，非公有制经济在重要经济指标上超过了公有制经济（公有资产指标除外）。与此同时，这两种所有制经济在主要经济领域基本上形成了一种分工协作、优势互补却也存在着竞争关系的包容性格局。一方面，如果对近年的数据进行综合性的判断，两类所有制经济在主要经济指标的相对比重方面已呈现出了相对稳定的趋势或迹象。[①] 另一方面，从效率与公平之间权衡的角度来看，我们也需要公有制经济与非公有制经济之间保持一种合理的比例关系。因此，从理论上看，就存在一个求解最适度所有制结构的问题，虽然这一结构会依据经济发展而处于动态调整过程中。

在市场经济体制下，所有制结构的动态演变，取决于这两类所

---

① 杨春学、杨新铭：《关于"国进民退"的思考》，《经济纵横》2015年第10期。

有制经济在市场中互相竞争的过程。影响这种竞争的因素包括相对经济效率、竞争的公平程度、社会的意识形态（包括对社会公平的追求）、与某一经济发展阶段适应的国家发展战略等一系列复杂的因素。根据党的十八届三中全会《决定》"让市场在资源配置中起决定性作用"的指导精神，我们可以预期，效率因素将会在未来一段时期内成为影响所有制结构调整方向的最重要因素。但是，我们也必须重视意识形态的因素。从我们的估算①可知，目前阶段公有制经济主要指标（就业、产出以及税收等综合情况）占国民经济25%—30%是比较恰当的。②

另外，在这种调整过程中，我们还要特别注意对作为公有制经济的最重要实现形式——国有企业的改革，使之能够充分实现对公平与效率的追求的某种均衡。这种改革要解决的问题包括企业治理结构中的委托—代理问题（如何促使代理人致力于提高效率，真正为委托人负责）、国企行为是否符合其代表全民和国家利益的形象、国有企业经营成果如何让全民共享等问题。这类问题最终归结为能否真正体现公有制的优越性问题。

第三，在理论上应当从什么样的角度承认现实中存在的私有制经济？

这在政策和思想层面本来已经没有什么问题了。党和国家一再强调"两个坚定不移"，认可非公有制对中国经济发展的重大意义，并强调"非公有制经济是社会主义市场经济的重要组成部分"。这就在思想上实现了对非公有制经济的"价值转换"，即对它所带来的社会经济发展的充分肯定。但是，我们在理论上还没有完成为这种"价值转换"提供一种学理基础的工作。具体的表现是："多种所有制经济"包含着私有制经济，但是，在政策层面和讨论中，我们仍

---

① 杨新铭、杨春学：《对中国经济所有制结构现状的一种定量估算》，《经济学动态》2012年第10期。

② 在欧洲（西欧）国有企业发展的鼎盛时期，国有企业占比最高的国家为法国，其就业、产出和资本占比的平均值为24%（1985年）。参见 Pier Angelo Toninelli, *The Rise and Fall of State-owned Enterprise in the Western World*, Cambridge University Press, 2000, p. 21。

然在使用"民营企业""非公有制经济"这类概念,回避使用"私有制"这一概念,对私有制理论持批判态度。我猜想,我们之所以回避使用"私有制"这一概念,是因为我们还没有搞清楚马克思在《资本论》对资本主义的批判中,哪些是针对私有制本身,哪些是针对市场经济可能带来的不良后果。进一步地,我们还没有对如下的问题做出一种很好的判断:在现实的市场经济中,哪些类型的不公平是私有制度带来的,哪些又是市场机制的必然产物。这些都是有待我们进一步讨论的问题。

如果"非公有制经济"在制度上既不是公有制,也不是私有制,那是一种什么性质的所有制形态呢?这就给我们提出了一个重大的理论问题:或者承认非公有制经济就是私有制经济,并在这种认识的基础上吸收私有制理论的合理部分;或者就是力证"非公有制经济"在性质上就不同于私有制。这是建立一种综合性所有制理论所必然面对的问题。在学术界,似乎主流的观点是:非公有制经济虽然是社会主义市场经济的组成部分,但并不属于社会主义经济,因为只有公有制经济才具有社会主义的性质。另有一种不同的声音是:在社会主义初级阶段,非公有制经济也属于社会主义经济。这种观点通常引用的是马克思在《政治经济学批判导言》中的下述论点:"在一切社会形式中都有一种一定的生产决定其他一切生产的地位和影响,因而它的关系也决定其他一切关系的地位和影响。这是一种普照的光,它掩盖了一切其他色彩,改变着它们的特点。这是一种特殊的以太,它决定着它里面显露出来的一切存在的比重。"① 有学者以此为据,认为在公有制为主体的形态中,公有制经济的普照之光必然会使非公有制经济也带有了社会主义的性质,至少是"初级阶段"形态的社会主义性质。

五 中国式经济治理问题

经济治理是治国理政的一个重要方面,也是一个复杂的问题。

---

① 《马克思恩格斯选集》第 2 卷,人民出版社 2012 年版,第 707 页。

其中所涉及的一个议题是政府与市场之间的关系问题。关于这一问题，经济学似乎有了共识。那就是政府只能进行市场无法有效承担的经济活动。至于市场无法承担的是哪些活动的问题，是借助于"市场失灵"的概念来回答的，而且，在这种回答中，以帕累托最优定义的效率是唯一的衡量标准。在这种分析框架中，每当市场出现失灵时，政府干涉就有了合理性。但是，它的假设是：国家能够通过这种干涉实现一种完全竞争市场状态下的帕累托最优。因此，这种分析框架让我们确定一个政府干涉的最低门槛。其实，在这一系列的推理环节中，还存在不少措辞模糊的地方，从而为政府和市场的行为边界留下了很大的伸缩空间。具体地说，要确定政府行为和市场的最优混合程度，就意味着必须背离福利经济学的理想化定理，并承认这样一种逻辑：如果说市场失灵可以论证政府干涉的合理性，那么，政府失灵则可以用来说明保持竞争性市场的必要性（即便市场机制是不完全的）。最终，是选择政府还是选择市场，或者是二者的某种组合，将取决于每种行为的成本和优势的比较。在这里，我们不想讨论这些一般理论问题，只想讨论在中国语境中（即"条条""块块"）的两个相关的问题。只有在这种语境中，我们才能更有效地理解和讨论中国政府与市场的关系问题。

第一，中央—地方政府结构与市场之间的关系。

至少从秦汉以来，中国一直是典型的单一制国家，地方政府的权力来源于中央政府的授权，因而，中央与地方关系构成经济社会发展的一般政治框架。因此，在中国语境中，讨论政府与市场之间的关系，不能纯粹套用有关方面的一般理论，而是要进一步深入到中国政府结构的特色。那就是不能撇开中央与地方之间的关系结构来泛泛地讨论政府与市场之间的关系。只有在这种中央—地方的政府结构中，在中央与地方之间的利益博弈中，我们才能更好地解释和解决政府与市场的关系问题。

科学地总结和分析当代中国的中央与地方关系，是政治经济学"中国特色"的一个重要方面。在从计划经济走向市场经济的改革中，这种关系始终在进行着动态的调整，总体的趋势是中央向地方的分权，在经济方面，主要表现为国有资产和资源控制权地方化、财政收支责任地方化、固定资产投资主导的地方化。在这种分权化改革中，地方政府（特别是县级政府）利用纵向分权所获得的资源支配权，在横向上彼此之间展开"增长竞争"。正是这种竞争，成为创造中国增长奇迹的一种重要机制。这种竞争之所以得以展开，在体制上源于不同层级的政府在分权化改革中获得的自主权，既有制定具体政策的自主权，又有执行政策的自由裁量权，从而使地方政府在某种程度上享有很大的改革空间，进行不同的尝试。这是中国社会经济治理最突出的特征。

但是，在这一过程中，地方政府之间的竞争也变成了一把"双刃剑"。这种竞争和地方与中央之间的博弈交织在一起，在对推动经济高速增长做出显著贡献的同时，也带来一些严重的副作用和后遗症：既有放纵市场的某些行为，也有对市场干涉过多的问题。这些问题影响着政府权力的运作和价值取向。要走出这种利益博弈的困局，必须从制度建设着眼，构建激励和约束地方政府竞争行为的新机制，清晰地界定中央和地方在权、责、利三个方面的关系，从而形成制度化的、利益博弈的相对均衡。但是，不论如何调整中央与地方的关系，中央政府的"中性"是至关重要的。只有中央政府保持"中性"，国家才有能力抵御来自各方的压力，以国家的整体利益为标准来制定政策，从而消除地方政府放纵或过度干涉市场的行为倾向。

第二，官商之间关系问题。

这里所说的"官商关系"特指公务员（特别是官员）与商人（企业家）之间的关系。虽然这种关系与政企关系、政府与市场（商界）关系等存在交集和共振关系，但却是不同的问题。在中国走向市场经济的改革过程中，商人开始扮演一种前所未有的角色；政府官员在这种经济转型中的角色也远比欧美社会重要得多。有两类因素影响着官员的角色。一类因素涉及官僚体制因素，官员（代表政府机构）控制着大量的经济和行政资源，本身就处于拥有权力的有利位置，是商人找官员办事，而不是相反。另一类因素涉及制度转轨过程。在这一过程中，官员手中握有指挥权、控制权、决策权和政策执行的自由裁量权。这种意义上，官商关系映射的是权力和资本之间的关系。

社会经济的发展，离不开各级官员的决策与引导，也离不开广大商人的积极参与。因此，官商之间存在密切的互动关系，在中国，是必然的现象。但是，如果制度安排出问题，那么，官商勾结现象的出现也是必然的。总体而言，官商关系的主流是好的，但也存在官商关系的局部异化问题，主要表现为官员以权逐"利"，商人以利围"权"，双方利用这些权力获得商机和利益，从而出现官商勾结现象。

随着政府职能转变以及全面依法治国战略布局的深入推进，重塑透明、公平、公正的新型政商关系渐渐成为政府、社会和公众的基本共识。

以习近平总书记的话来说，正常的新型官商关系就在于要在"清"和"亲"之间建立起一种良性的互动关系。何为"亲"？虽然各司其职，双方要彼此尊重对方。何为"清"？所有的交往都以制度为基础。这二者之间能否建立起良性的互动关系，关键就在于我们如何建立一种"清"的制度：在简政放权的同时，不断健全"权力清单""责任清单""负面清单"制度，充分厘清政府行为和企业行为的边界。这是划定行为边界的制度保障。

六　结束语

中国特色社会主义道路是一条前人没有走过的道路。在沿着这条道路前进的过程中，需要我们在实践和理论两个方面的不断探索。在实践中，社会主义市场经济的根本目的是，要创造一种既超越传统社会主义又超越发达资本主义，集人类社会一切文明成果于一体的中国特色社会主义经济体。在理论上，这就要求我们以马克思主义政治经济学为指导，不断发展和丰富中国特色社会主义政治经济学这一"中国化"的理论成果。

在理论上，如何检视这种"中国化"？第一，要找到"中国特色"的理论参照系，且这种参照系会因为讨论的具体问题不同而存在差异。这就要求我们通过细微的逻辑修饰来进行辨识。社会主义初级阶段和中华文明基因是"中国特色"的底色。要理性地看待"中国特色"实践中的各类制度安排，思考其中哪些是具有过渡性质的，哪些是具有长期性质的，不能简单地用政策思路来替代对这些问题的理论思考。第二，以开放的心态，走在学术的前沿。强调中国特色，并不意味着市场经济学的一般原理不适用于中国，不能把相同的经济学原理与不同的政策处方混为一谈。改革没有完成式，马克思主义政治经济学的"中国化"也没有完成式，必须保持一种包容和开放的态度。在这方面，我们要吸取苏联《政治经济学教科书》的教训。虽然它很好地总结了指导苏联模式的经济思想，但是，却缺乏对这种体制存在的矛盾和问题的深入检讨，以至于没有能够对体制的改革提供前瞻性的指导。第三，要以理论自信的精神，直面怀疑者的批评。对其中不合理的论点的反批评，我们要注重现实逻辑和理论逻辑的一致性。只有这样，我们的反批评才能体现出对"道路自信"和"理论自信"的统一，避免陷入被自己的批判逻辑反批判的地步。不合逻辑的事情是可能发生的。但是，无论早晚，总会出现另一条路，引导它回到逻辑的起点，被逻辑负反馈。

（原载《经济研究》2016年第8期）

私有财产权理论的核心命题：一种思想史式的注解和批判[*]

一　所有制发展的某些历史事实

一种流传甚广的主流观点是：私有制是在原始公有制社会解体的过程中产生的。换句话说，人类社会的初始状态是公有制。其实，这是一种误解，不符合历史事实（龚唯平，1994）。可以确切地判断说，人类的初始状态所面对的外部物质世界是大自然——土地及其之上的动植物。那时的大自然仅仅是纯粹形态的自然本身，处于无主的状态。

人类走出这种初始状态之后，才开始出现所谓的所有权问题。这种所有权肯定是以先占原则为基础获得的，恰如我们在近现代仍然可以在某些原始部落中看到的那样（加腾雅信，2012）。这种所有权的初始状态是"内公外私"：不同的血缘家族或部落之间大致上存在一种领地的概念，部落成员的狩猎、渔捞和采集等经济活动，只能在本部落的领地上进行；同一血缘家族或部落内部，对这些资源的利用是以共同分享的形态存在的。即便进入农耕社会之后，部落（族）内部采取的"公有制"的一般形态是：领域内的土地为共同体的成员共同所有；每个家庭对其所占用的土地只有一种临时性的使用权；这种使用权的获得或分配方式是多样化的。在这种意

---

[*] 本文是国家社科基金重点项目"经济思想史的知识社会学研究"与中国社会科学院经济研究所创新工程项目"经济思想的知识社会学与知识经济学研究"的阶段性成果，文责自负。

义上，可以说，公有制和私有制的产生是同源的，都植根于人类的生存需要与资源的相对有限之间的冲突。当然，这仅仅是就这两种所有制的萌芽而言的。其实，它们都与近现代意义的所有权差距很远。

人类走出原始状态之后，所有权的含义日益清晰，所有权的形式也在不断拓展，以至于在奴隶社会中奴隶都成为奴隶主的私人财产。当然，随着时间的流逝，我们已经难以考证这类变化的起源和演变过程。但是，对于它们的基本情形，还是可以做出一种较为公认的判断。

让我们回到西欧的历史上来。在近代市民社会形成之前的封建社会，土地所有是以领主或地主的地租征收权为中心的上一层级所有权和以实现土地收益权为中心的下一层级所有权，错综或重叠在一个物上的权利关系。这里，下一层级所有权以农民的土地利用权能为基础，把农民束缚在土地上（李国强，2009）。这种封建时代的"双重所有权"，是与领主的权力或身份的支配融为一体的。

在制度上，早在古埃及、古希腊、古罗马时代，就已经存在对私有财产的一些成文或不成文的规定。但是，对近现代社会财产权的保护具有里程碑式影响的，是英国的《大宪章》（1215年）。它在第39章规定了国王应做出的最重要承诺：国王不经过法定程序，不能独断地剥夺任何自由人的生命、财产和自由。但我们要记住的是，历史证明：虽然《大宪章》点燃了保护个人基本权利和私有财产的制度基础，但是，在随后的500年间，历代英国国王都在不同程度上以狡猾的手段违背承诺。如果没有一代又一代的法学家、哲学家和国会议员不断的保护和雕琢，《大宪章》的规定早已成为一纸空文（威廉·伯恩斯坦，2011）。

在这种私有制不断扩展的历史过程中，公有制并未完全消失。例如，在西欧封建社会中，仍然保留着公地制度。中世纪末期的西欧，存在着可供领主、自由农和非自由农共同使用的大量未开发土地，包括天然牧场、荒地、林地、沼泽地等。人们可以在其上自由放牧，可以从中获取生活所必需的燃料、木材、水源等。这被视为共同体所有人与生俱来的权利，习惯法也保障这种集体使用权（拉法格，1962）。

这种公有制的实践和习惯获得了宗教的支持。在中世纪宗教和神学的理想社会中，没有私有财产的位置。奥古斯丁在《对圣约翰的评论》中指出，私有制起源于原罪，是天生就不道德和非正义的。但是，面对现实中存在私有制这一不可更改的事实，神学家不得不把目光从天堂投向尘世，承认私有财产是现实世界中的一种必然选择。这在阿奎那的思想中获得典型的反映。阿奎那给出了这种被迫之选择的三个理由：第一，因为每个人对于获取自己可以独享的物品，比获取许多人甚至所有人共享的物品，更加上心。毕竟，一旦涉及集体事务，每个人都会逃避劳动，期待其他人做事。第二，如果只是要求每个人关照他自己的某种事务，那么，人世间的事务就会处理得较有条理。倘若要让每个人对没有明确权责的事务进行共同管理，那就只会陷入混乱之中。第三，如果让每个人满足于自己的所有物，那么，这将可以保证人类处于一种比较和平的境地。所以，我们就会看到，只要某种东西没有分配而共同拥有，很容易发生纠纷（Schlatter，1973）。

宗教承认私有财产必然性，并不意味着它在道德上做出了妥协。如何解决这种现实与理想之间的冲突呢？于是，阿奎那提出了一种"私有共享"原则：虽然人为的法律把财产划归私人占有，但是，富有者不能忘记神意，要把多余的东西留给穷人分享。这一原则，可以用一个形象的例子来说明：当你收割地里的庄稼时，你不要完全收拾干净，也不要收集遗留在地上的麦穗，而要把它们留给那些贫穷和陌生的人（赵文洪，1998）。

但是，当历史行进到近代西欧社会时，公地制度在"圈地运动"中遭到沉重的打击，土地不断地被私有化，由此引起了具有现代意义的所有权争论，进而产生具有现代意义的所有权理论。在此之前，也存在有关财产权问题的各种思想和观点，但都不能称之为理论。在近代之前，所有权问题一直是与某种人身依附关系融为一体的，因而也不可能产生出一种相对独立的所有权理论。

虽然这种私有化的合理性遭到当时为主流意识的宗教的质疑，但却得到了在这种运动中获得突破性发展的新生资本主义意识形态的支持。确切地说，资本主义所有制的发展，要求有一种绝对所有权的观念来充当宣扬自由、促进交易的角色。对于这种意识形态的系统性论证始于洛克，并通过后人的不断拓展，形成了一种较为完整的私有制理论。在洛克的《政府论》之前，就已经有许多人对私人所有权问题进行了思考，但是，总体上来说，这类讨论只具有零星的性质，并且总是与其他的问题纠缠在一起的。只是随着市场经济和资本主义的发展，对私有财产权的理论探讨，才成为西欧特别是英国的时代课题。这种讨论的历史大背景是英国正在成为一个被伏尔泰称之为"商人社会"的国度。更具体地说，在英国，关于私有财产权的起源和本质所进行的思考，其原动力来自两个方面。一是限制国王专制权力的愿望，为此，在17世纪中叶展开了国王是否有权力未经国会的批准而征税的讨论（Pipes，2000）。二是来源于"圈地运动"引发的争论。对此，18世纪英国著名法学家威廉·布莱克斯通爵士写道：世上没有任何一种东西，像财产权这样，如此普遍地冲击着人类的想象力，激荡着人类的情感。这种权利，就是一个人对这一世界外在物的索取和行使的一种独断的、排他性的所有权。而且，几乎没有人不在费神地思考这种权利的起源和基础。占有让我们高兴，但同时，我们似乎惧怕回看最初获取这种财产权的方式，担心我们的资格有某种缺陷；或者，我们最多只是依赖和满足有利于我们的法律规定，而不去考察那些法律规定得以建立的理由或其拥有权威的基础（Schlatter，1973）。

二 私有制理论的几个核心命题

命题之一：私人财产所有权是公民对人身"自我所有权"的自

然拓展和直接延伸。

　　这一著名命题出自洛克于 1690 年发表的《政府论》，并由后人加以不断的修改和完善。洛克是以自然法哲学的方式，以个人对自身的"自我所有权"为基础，论证私有财产在道德上的合理性和神圣性质。他的所有权理论要直接回答的就是当时对天赋人权学说的相关批评。与天赋人权概念一样，他也假设了一种人类初始的"自然状态"。在这种状态中，出于上帝的安排，人们共同享有自由地利用土地及其上的各种资源的平等权利。但是，这并不是一种幸福的状态。走出这种状态的唯一公正的方式，就是让人们赞同对这些共同财富的不平等分配。批评者的诘难是：怎么能做出这样的假设呢？因为没有一个人会同意放弃他的平等权利。更何况这是上帝赋予每个人的神圣权利！（Schlatter，1973）在洛克看来，自然状态的公共所有权是一种消极的权利，而不是一种积极的权利。因为这种共有权不属于任何一个人具体拥有。如果要获得一致同意才能使用，面对上帝给予的丰富物质财富，人类岂不早就都陷入饥饿之中？因此，问题的关键在于要回答：当某人从这种共有的资源中拿取一部分时，为什么其他人就要负有尊重这一部分外在物是这个人的私有财产的责任？

　　早在 1646 年，英国平等派的领袖欧维顿就对"自我所有权"做出了清晰的阐述：对每个人而言，他之所以是他自己，就在于他有着独立的自我处置权，否则他就不成其为他自己；关于这一点，只要妄想剥夺，就显然是要侵犯和践踏自然法则本身及人际的公平和正义原则。除非这些规则被尊重，否则你我的同一性就将被抹杀（帕尔默，2011）。洛克的创造性贡献在于：运用这种"自我所有权"来解释私人财产权的起源问题，而欧维顿只是用于捍卫宗教自由。在洛克看来，每个人都对自身拥有一种所有权，对自己的生命拥有不可剥夺的天赋权利。人的生命"属于"自我。因此，每个人运用自己的体力和脑力，通过劳动，占有和使用尚未被他人占有的大自然之恩赐物（即无主之物），从而，对此物拥有排他性的权利，也是天赋的自由权利，与生命一样，是一种不可剥夺的权利。

这种观点类似于罗马法的"先占"原则，但注入了新的思想。用洛克的原话来说：只要他使任何东西脱离自然所提供的那个东西所处的状态，他就已经掺进他的劳动，在这上面加入他自己所有的某些东西，因而使它成为他的财产。既然劳动是劳动者无可争议的所有物，那么，对于这一有所增益的东西，除他以外就没有人能够享有权利，至少在还留有足够同样好的东西给其他人所共有的情况下，事情就是如此。[①] 上帝只是将自然界之物提供给勤劳的、理性的人使用并取得所有权。这确实是崭新的学说。洛克所有权理论的核心观点是：劳动是劳动者获得其果实的所有权并理应得到人们认可的基础；而且，劳动者对自身拥有一种不可剥夺的、神圣天赋的"自我所有权"，因而，建立在这种所有权基础上的财产所有权，也是不可剥夺的天赋权利。对洛克的这种思想，Schlatter（1973）评论说，在1690年之前，没有人把一个人通过其劳动创造的财产视为他的一种天赋权利；1690年之后，这一理念成了社会科学的一个公理。

当然，洛克的论证还存在不少模糊不清和混乱的地方。后来的学者在继承洛克以"自我所有权"来论证私有制合理性的过程中，在不断地修正、完善和拓展他的论证。这主要表现在三个方面。

第一，对洛克论证的创造性重新表述。

在18世纪，对重述洛克财产权理论产生重大影响的英国学者中，首推法学家威廉·布莱克斯通爵士。[②] 在他看来，洛克等人对这一问题的解答是存在瑕疵的。他认为，对无主物（例如土地）的先占取者，最初获得的只是一种暂时性的使用权而不是所有权。但是，通过对这块土地进行的耕耘、改良等劳动，使土地摆脱了其纯自然

[①] 最后这句话似乎是对阿奎那"私有共享"原则的一种妥协，学术界称之"洛克条件"。

[②] 威廉·布莱克斯通爵士（1723—1780年），法学家、法官，其 *Commentaries on the Laws of England* 共5本，分别出版于1765年、1766年、1768年、1770年，到1794年就出了第12版，可见其在当时的影响。

的原始状态，他就有资格获得对这块土地本身的"物"的排他性所有权。这种资格的获得是建立在人们的这样一种普遍认可的基础上的，即认为这种获得所有权的方式是最公平合理的。在这种意义上，私人所有权是一种合乎自然规律的制度或习惯。人们之所以组成"公民社会"，就是为了以法律的方式来保障已经创造出来的这种财产权利，从而获得永久性的所有权，而无须去追溯财产的初始获得的细节。财产的继承权和自由交换权，都是这种永久性所有权的拓展。在这种意义上，所有权并不是天赋的，纯粹是一种法律规定的公民权利。但是，他强调，公民社会也获得了授权，可以出于公共利益，削弱这种权利。作为一种必要的制度，私人所有权在时间上不早于政府，在权利上也不高于政府。至高无上的君主不可以废除私人所有权，但是，他的主要职责之一是，出于社会的公共利益，可以限制、削弱这种所有权（Schlatter，1973）。

第二，认为财产的私人所有权是公民的一种社会权利，抛弃了洛克式论证的宗教和自然法外衣。

洛克的所有权是一种"天赋权利"的观点，在当时具有反对封建主义和宗教神学的历史进步意义。因为，这种观点意味着财产权不归上帝所有，也不是上帝创造的。但是，随着社会的进步，这种天赋权利的非科学性质必然会受到人们的质疑。例如，休谟就不认为私有财产权是一种天赋的权利。在他看来，洛克的理论最多也就是提出了"所有权是如何产生的"这样一种思想观念，并不足以证明所有权的正当性。在现实世界中，最为重要的问题是如何实现这种所有权的"稳定的持有"。

对这里提出的问题，我们可以用"两难选择"模型来使之理论化。假设一个由两个人构成的社会，他们面临着在两种行为之间进行选择：一种行为是承认对方的所有权并通过自由交换的方式取得对方的物品；另一种行为是不承认对方的所有权，以掠夺行为获得对方的物品，且这样做是有利可图的。这种博弈的支付矩阵（罗利，2007）如图 1 所示。

		B	
		交易	掠夺
A	交易	200100	10160
	掠夺	22020	3040

图1　从"霍布斯丛林"到公民社会

由矩阵可知，只有 A、B 双方都选择交易行为，所代表的才是一个基于私有财产权的正常市场。其他形态都属于"霍布斯丛林"社会。社会如何避免陷入"霍布斯丛林"，走向一种彼此承认并尊重对方的所有权的状态呢？

从这种理论化的分析中，我们可以清楚地指出对洛克批评的问题要害：对财产的占有和使用最多只是一种临时性的权利，并不能依此构成对这一财产拥有永久性的所有权。劳动者与其劳动客体之间的联系，并不足以对其他人施加让他们认可这一客体是劳动者的私人财产的义务。这种构成还有赖于其他评价标准或因素，才能走出"霍布斯丛林"。基于什么样的考虑，人们才会尊重他人的财产权呢？

第一个因素是休谟所强调的基于"功利准则"的惯例。在休谟看来，人们之所以尊重所有权及其惯例或法律，只是出于一种功利准则。所谓"功利准则"（即所谓"正义规则"），不外乎就是经过我们亲身体验的、有利于促进幸福的惯例。我们之所以遵守这些规则，并不是因为我们有这样的义务，而是因为自身利益让我们意识到，这样做，可以避免无休止的权利纷争，有利于大家的共同利益。休谟把这一原则运用于所有权时就极力争辩说，私有所有制及其法则，除这种功利准则之外，没有其他能证明其合理性的源泉。

第二个因素是边沁所强调的法律。边沁比休谟更明确地反对所有权的自然权利学说。在布莱克斯通那里，个人权利还被分为两类：绝对的或天赋的权利和相对的或社会的权利。边沁强调，根本就不存在所谓的"天赋权利"。权利不外乎是法律规定的功利原则，"诸种权利……是法律的成果，而且只能是法律的成果。没有法律，就没有权利——不存在与法律相违背的权利,也没有先于法律存在的权利","所有权与法律同生共死"。(Schlatter,1973)

边沁之所以这么强调法律因素,是因为他意识到财产权的"天赋权利"学说本身,就暗含着对市民社会中新生资产阶级的所有权及其相关利益者的威胁。这种威胁随着封建主义的土崩瓦解和资本主义的大踏步前进而在18世纪后期和19世纪初期日益突出。具体地说,把私有财产权视为一种天赋权利的思想,曾经是新生的资产阶级用来抨击封建主义的强大武器,但到18世纪和19世纪之交却以意想不到的方式威胁着资本主义社会的私有制。如果财产权是劳动者对其劳动成果的天赋人权且对人的自由发展是必不可少的,那么,财产就不应该被少数人独享,成为可恶的特权;所有的劳动者都应当成为财产的所有者。这就是空想社会主义者摩莱里、巴贝夫、圣西门、傅立叶、欧文等的基本逻辑(赫茨勒,1990),也是法国大革命的逻辑。正是为了否定这种逻辑,在19世纪,边沁及其追随者坚决否定存在所谓的"天赋人权",认为所有的人权(包括财产权)都是社会和法律的产物(拉吉罗,2001)。

第三,拓展获得"正当的"所有权之方式及其理论基础。

洛克关于初始所有权的正当性证明,是基于将个人的劳动与无主的自然资源融合起来的事实推导出来的。但是,这种证明并不是普遍适用的原则。也就是说,这种所有权理论并没有为其他财产获取方式提供证明。例如,它能将土地私有权、遗产继承权等都合理化吗?19世纪的学者给出的普遍回答是:不能!就土地所有权的历史起源来说,我们可以大胆地猜想,那是建立在"先占原则"基础上的。在这里,第一个发现无主物的人即为此物的正当所有者。这是一种广泛接受的观点,是一种惯例,是一种道德信条,也是罗马法的原则。至于遗产继承权,那仅仅是一种习惯法规定的权利。更有甚者,例如当代学者格雷就认为,"可以公平地讲,关于最初获得财产的理论都没有充分的依据,其实没有东西表明,可以确定最初获得的过程始于每个人对其自身拥有的最初财产权"(格雷,2005)。

可以说，洛克的财产所有权理论已经难以解释市场社会中复杂的所有权问题。第一类难题涉及土地及自然资源的有限性。洛克喜欢用土地为例来解释财产权问题。他认为，自然无限丰饶，人们总可以通过开垦新的土地来增加自己的财富，所以贫困只能是出于个体的懒惰和无能，跟社会—政治秩序没有关系。针对洛克的这个例子，黑格尔指出，"自然虽是富饶的，但也是有限的，非常有限"，"事实上，地球被完全地填满了，因此个体转而求助于市民社会"。而在市民社会，"直接占有一个东西，这不再可能"，因为"每一个东西都已属于另一个人"，"每一棵树，每一只动物，都再也不属于自然，而只属于一个所有者。（张盾、刘聪，2010）这种情形下，人们从何处可以取得新的财产所有权呢？第二类难题是那些与劳动无直接关系而获得的所有权的正当性问题。对这类问题，蒲鲁东有一个非常著名的回答，那就是"所有权就是盗窃"。

那么，19世纪的经济学家是如何处理这类难题的？让我们看一看约翰·穆勒的辩护思路。他认为：私有财产制度，就其根本要素而言，是指承认每个人有权任意处置他自身努力生产出来的物品，或是不靠暴力和欺诈从生产者那里作为赠品或按公平的协议取得的东西。整个制度的根本是生产者对自己生产的物品具有权益（穆勒，1991）。又言：所有权只包含以下的各种权利，即每个人对自身才能、对用自身才能所能生产的物品、对用它们在公平交易中换得的物品享有的权利，以及他自愿将这些物品给予他人和他人接受并享用它们的权利（穆勒，1991）。那么，说资本家凭借他对资本的所有权而剥夺了劳动者对其生产的商品的所有权，这种说法是不是合理的？穆勒的回答是，这是一种错误的观点。因为，商品是资本家提供的生产资料与劳动相结合的结果，并不仅仅是劳动的产物；更何况，没有这些生产资料，劳动根本就无法进行生产性活动。进一步地，我们为什么对历史上以暴力和欺诈的方式取得的财产权的正当性问题置之不理呢？穆勒的回答是：随着时间的推移，历史上的不公正行为越来越难以纠正，非要纠正，反而会带来更大的不公正；况且，法律承认，若干年内从未在法律上提出疑义的所有权，是完全的所有权（穆勒，1991）。总之，穆勒认为，政治经济学的分析只能以"私有制既已认定"作为事实基础。

这就是当时对资本主义私有制度的典型辩护方式。以诺齐克的话来说，从此之后，财产的公正分配取决于两个原则：初始获得的公正和财产转让的公正。只要符合这两个条件，私有财产权就是不可侵犯的。如果一个人正当地拥有其物质财产，就可以推断，其拥有用这些财产与其他人正当地拥有的财产进行交换的权利，也拥有按其意愿把财产赠予他人的权利（诺齐克，1991）。这一演绎链条建立了自由交换和自愿赠予的财产权利结构。

当然，有些当代经济学家不甘心于仅仅做出这种辩护，想进行新的补充。例如，伊斯雷尔·柯兹纳认为，如果我们把发现者理解为此物的创造者，那么，"发现者即占有者"的道德和逻辑就可以拓展到更为广泛的情形和领域，使之成为私人所有权的合法性的证据。当然，在这里，"发现者即为创造者"在本质上是不同于无主物的发现者的。无主物的发现者是遵循"先占原则"的道德基础而获得私有财产权的。他之所以能够"先占"，是因为在他采取行动之前，无主物本来就已经存在于客观世界。"发现者即为创造者"，却是与此截然不同的事态，他事实上是给客观世界注入了全新的因素，例如新的产品、新的技术或让现有技术具备新的用途，等等。如果承认"发现行为"中的这种创造性，那么，它理所当然地适用于"发现者即占有者"的原则。而且，在这种情形中，"洛克条件"失效了（柯兹纳，2012）。

命题之二：私有制和作为其必然产物的自由市场，是促进社会经济发展的优选制度。

这一命题其实是为了在理论上消解"洛克条件"。在洛克那里，所谓的私人财产权"神圣不可侵犯"，是有条件的，即如果没有充分的资源留给他人，私人占有之后就必然会限制可供其他人支配的共同资源，那么，这种私人占有方式就必然损害他人利益，因而是不正当的。

如果把"洛克条件"一般化，那就意味着所有权的获得和行使不能危害其他人的利益。这个问题是 18 世纪启蒙运动思想家所极力讨论的"市民社会的协调问题"的一部分。他们力图以各种方式论证：普遍利益来自个人利益。经济学家把"市民社会"理解为"市场社会"的思想，几乎让人们对这类问题有了大彻大悟的感觉（罗桑瓦隆，2004）。在他们看来，市民社会的基础是私有财产，而市场交换不外乎是这种财产权的交换而已。经济学家对这一命题的论证，是基于市场经济的背景而在两个层面上展开的：微观（即个人）层面涉及的是激励问题；宏观层面涉及的是资源有效配置问题。

私有财产是对个人的最佳激励因素。这种观点早已有之，其论据被视为植根于人性之中的自利本性。早在古希腊时代，亚里士多德就认为，相对于公共财产，人们将会对他们自己所有的财产倾注最大的热情和关心（罗斯巴德，2012）。正如前面所述，中世纪神学家阿奎那虽然被迫承认私有财产制度存在的合理性，但否定追求财富行为在道德上的合理性。在中世纪宗教和神学家眼中，对财富、荣誉、权力的追求是人类堕落的三大贪欲。

启蒙运动思想家及其先驱们努力从在道德上被污名化的"贪婪"之中辨识追求自身利益的合理性。这种去污名化的核心是：从"贪婪"中剥离追求自身利益的合理化动机。赫斯曼较为细致地考察了这种去污名化的思想历程，并指出了这种思想努力的结果："欲望在 17 世纪末时逐渐恢复了名誉，被当作生命的本质和潜在的创造性力量。这在 18 世纪表现得更为充分"（赫斯曼，2015）。这些思想家力图证明：其一，对社会来说，相对而言，在财富、荣誉、权力的三种追求中，虽然财富和金钱在性质上是"卑下之物"，但对财富的追求可能是一种最无害的动机，甚至可以成为抗拒以暴力获取的权力的制衡力量。其二，为了追求和积累财富，人们会精于成本与收益的比较，即进行理性的核算。新教伦理还给这种论点提供了宗教的合理性（韦伯，2010）。其三，在对财富的追求过程中，人们会培养出新的道德品质（孟德斯鸠，2009）。

所有这类思想努力的结果，在斯密那里，被提炼成为这样一句简朴的名言：人类改善自身状况的愿望，"虽然是冷静的、沉着的，但我们从胎里出来一直到死，从没一刻放弃过这种愿望。我们一生到死，对于自身地位，几乎没有一个人会有一刻觉得完全满意，不求进步，不想改良。但是怎么改良呢，一般人觉得，增加财产是必要的手段，这手段最通俗，最明显"（亚当·斯密，1983）。

根据这种思想基础，私有制的合理性就在于：人们对财富的追求或者利用财产所有权对财富的追求包含对改善自身生活状态的合理的欲望，包含计算和理性的成分。特别地，这种观点在功利主义那里还获得了一种新的基础：自身利益是一种个人的独立力量；每个人都是其自身利益的最好判断者，也最有能力保障和提供自身利益。

这些观点结合在一起，在现代经济学中被转化为这样一种正式的表达：对自身利益的追求是每个人经济行为的第一推动力，而私有财产是鼓励人们做出有效率的经济决策并认真加以实施的理想方法。如果私有财产获得良好的保护，那么，它将会鼓励人们通过冒险精神和创造性活动等方式来追求财富。同时，它也让人们为其错误的决策而承担失败的后果。这将促使人们进行认真的成本—收益核算。这就是微观效率的根本基础。

为消解"洛克条件"，学者们还进行了更多的努力，期望为私有制的合理化提供更一般的综合性证明，即这种制度也有利于整个社会的所有人。这类证明的一部分带有较为浓厚的功利主义色彩。例如，在休谟看来，功利准则非常适合于用来证明私人所有权的合理性。因为自私的我们生存在一个物质稀缺的世界里。如果我们生存在一个大自然赋予我们无限量的物品供给的社会里，那么，我们就根本不可能看到私有财产权法律的出现。再者，如果我们没有自身利益的考虑，每个人都把其他人的利益完全视同自己的利益，那么，私有财产权法律也无用武之地。但是，事实上，人类并没有生存在这类世界之中。人类本质上是自私的,但是,他们能够认识到尊重其他人的利益的好处:大自然提供的物质并不是免费的;只有通过劳动,人们才可以生产出丰富的物品。"正因为如此,文明社会才需要有所有权的观念;正因为如此,才会衍生出有用于公众的正义准则;也正因为如此,才会产生出所有权值得称赞的价值和遵守它的道德义务"(休谟,1980)。

边沁接受早期功利主义者的这样一个结论,即:如果不考虑其他因素,一种均等的财富分配可能会带来社会的最大幸福。假设每个人都具有同等的感受快乐和痛苦的能力,那么,根据边际效用原理,我们就可以证明,给予一个一无所有的人以一点点财富,就会给这个人带来最大的快乐。由此可以推论出,在财富分配中,立法者应该为平等而奋斗。但是,他随即又补充说,总会存在"其他的考虑",而且公平也仅仅只是基于功利主义的立法者需要考虑的目标之一。财富的公平分配会带来幸福,是以存在创造财富的活动为前提的。立法者的首要任务是确保人们会进行劳动和生产。为了激励人们进行生产性活动,法律要确保每个人获得其勤劳的成果之安全。因此,在立法中,最重要的目标是保护勤劳者享有其劳动果实。这是比公平更重要的法律目的。如果勤劳者的果实得不到保护和尊重,那么,就无法激励人们进行创造性的各种生产性活动,也就不可能存在我们欲"公平"之的物质财富。因此,"当保障劳动果实的安全与公平之间发生冲突时,我们别无选择,公平必须让路。……确立完全的公平是一种妄想:唯一可以做的事情,是减少不公平。"(Schlatter,1973)

休谟、边沁等人的高明之处在于:把个人利益与公共利益上升到政治经济学的层面,上升到制度的层面来加以理解,把保证财产权所必需的公正的法律和稳定的社会秩序视为本身就最具有公共利益性质的东西(高全喜,2004)。在他们看来,不同的人有着不同的利益,不可避免地会产生利益的冲突。但是,这一问题会被个人的自身利益本身的逻辑所解决:侵害他人的利益最终会背离自己的利益。在这里,政府的作用就是:用"最大多数人的最大幸福"这一简单而又普遍的原则来检验所有的法律和制度。通过这种检验的制度，都会自动地把个人利益与社会利益协调一致。

如果说休谟和边沁的论证更多的还只是在道德哲学层面，那么，他们的同代人，斯密则把这种论证更直接地结合到对市场经济社会的理解之中。"无形之手"被视为对此的经典论证：社会的普遍利益巧妙地潜伏于个人利益之中。亚当·斯密写道："劳动所有权是一切其他所有权的主要基础，所以，这种所有权是最神圣不可侵犯的。一个穷人所有的世袭财产，就是他的体力和技巧。不让他以他认为正当的方式，在不侵害邻人的条件下，使用他们的体力和技巧，那明显的是侵犯这最神圣的财产。显然，那不但侵害劳动者的正当自由，而且侵害劳动雇用者的正当自由。妨害一个人，使不能在自己认为适当的用途上劳动，也就妨害另一个人，使不能雇用自己认为适当的人。一个人适合不适合雇用，无疑地可交由有那么大利害关系的雇主自行裁夺。"（亚当·斯密，1983）因为他们是自身利益的最好判断者。

一旦废除了荒谬的封建主义和重商主义政策的残余，建立起"简单明了的自由体制"，在市场经济中，以私有财产权为基础进行的谋利行为，将会奇妙地把社会利益融于个人利益的追求之中：每个"把资本用来支持产业的人，既以牟取利润为唯一目的，他自然总会努力使其资本所支持的产业的生产物能具有最大价值……确实，他通常既不打算促进公共的利益，也不知道他自己是在什么程度上促进那种利益……他所盘算的也只是他自己的利益。在这种场合，像在其他许多场合一样，他受着一只看不见的手的指导，去尽力达到一个并非他本意想要达到的目的。也并非因为事非出于本意，就对社会有害。他追求自己的利益，往往使他能比在真正出于本意的情况下更有效地促进社会的利益"（亚当·斯密，1983）。

不仅如此，平等和分配的正义也会内化于互利的市场交换过程之中："傲慢无情的地主看着他那大片的土地，想象自己能吃光生长在其上的全部粮食，全然不考虑他的同胞的贫苦，但这种想法没用。

眼大肚小这一俗话，用在他身上，非常贴切。他的欲望无限，可肚子的容量有限，能容纳的食物不会多于最卑贱的农民。剩余的只好施惠于他人：一部分分配给雇来照管家务的佣人和管家；还有一部分分配给经济繁荣时雇来打杂的那些人。所有这些人都是从地主的奢侈和随意行为中获得那份生活必需品的，若期望通过他的人道和公正获得这些东西却是徒劳的。……富人的消费不比穷人高多少，尽管他们生性自私、贪婪，只考虑自己的便利，而且雇用成千的劳动者的唯一目的就是要满足自己的虚荣和贪得无厌的欲望，但他们只能与穷人分享所有进步的成果。他们被一只无形之手所引导，对生活必需品做出几乎等量于若土地平均分配给全体居民的情况下所能产生的那种分配，因此，就这样，既没有打算，也不知觉，却促进了社会的利益，给不断增多的人类提供了生活资料。"（Smith，1976）

此后，经济学家基本上都是沿着斯密所开辟的这种路径来证明私有制度的合理性，即：它既给社会带来最大的产出，同时也会带来一种自然的公平分配。如果没有私有财产权，就不可能有市场经济的发展，资源就不会得到有效率的配置。只不过现代经济学家的这类证明已经穿上了一般均衡、帕累托最优的外衣，但却抛弃了斯密"无形之手"的丰富内容。在斯密那里，"无形之手"并不仅仅是市场机制，还包括其他制衡自利行为的机制（杨春学，1998）。

命题之三：私有制是个人自由的最重要保障。

这一命题的论证，存在两种不同的思路。一种是英国式的论证，把私有财产对自由的贡献，归于个人的独立和自治。另一种是德国式的论证，把私有财产对自由的贡献，归于个人的自我实现。

在英国式的论证中，早在 17 世纪后期，思想家们就以人身的"自我所有权"概念作为批判和对抗封建主义的人身依附关系、教会的思想专制的武器。对此，约翰·格雷有一个清晰的现代总结："对任何人来说，对其人身的占有关系，首先至少意味着他可以支配自己的才干、能力和劳动。除非满足了这种对自我的所有关系，否则人类就是奴隶——他人的财产（如奴隶制中那样），或者共同体的一份资源（如在社会主义国家那样）。这是由于，如果我缺乏控制自我身体和劳动的权利，我就无法达成自己的目标并实现自身的价值：我必须使自己的目的服从于他人的目的，或者屈从于一个集体决策程序的要求。拥有这一最基本的对自我人身的所有权，似乎就必然要享有许多标准的自由主义自由——契约自由、职业选择自由、结社和迁徙的自由，等等，而且，一旦这些自由遭到剥夺，这一权利也受到损害。在这些情况下，财产和基本自由权之间的关联是构成性的而不仅仅是工具意义的。"（格雷，2005）也就是说，私有财产权本身就是自由价值的一个必然组成部分。这是17世纪"财产权"一词的含义所经历的根本性变化的产物（Pipes，1999）。这种新的含义在洛克《政府论》中也获得充分的体现："我所说的财产权，无论在此时此地还是在其他地方，都应该理解为人对自己的人身以及物品所拥有的财产权"，也就是"生命、自由和资产"。受《大宪章》的长期影响，英国人似乎在以一种奇特的方式来理解私有财产与自由之间的关系，即：统治者即使不给其臣民以参政的权利，也必须尊重臣民的私有财产权。这种观念如此之强，以至于查理一世站在断头台上时仍然说道："人民的自主与自由在于政府的法律使民众对自己的生命和财产拥有最大限度的自主权，而不在于在政府中拥有一席之地。先生们，这与它们毫无关系"（Pipes，1999）。

可以说，英国启蒙运动的学者们对财产权的起源和本质所做的深入思考，其原动力完全来自限制国王的专制权力（特别是在税收问题上）的愿望。随着市场经济的发展，私有财产制度逐渐地被视为人们有效地行使上述公民自由权利的重要保证。早在18世纪，某些英国学者就意识到，以私有财产制度为基础的市场社会的扩张，已经成为一种防止政治权力肆意妄为的重要力量（赫斯曼，2015）。其中，表述得较为简洁的是经济学家詹姆斯·斯图亚特："政治家惊奇地环顾四周，他曾自以为各个方面都是社会上的头号人物，现在却感到私有财产的光辉让他黯然失色；当政治家想对它伸手时，它却躲开了他的控制。这使他的统治变得更加复杂、更加难以维持。

他除了拥有权力和权威之外，还要懂得技巧，善言辞"（赫斯曼，2015）。为什么呢？因为，在商业社会中，财富具有很强的隐匿性和流动性。如果政治家任性地运用其专横的权力，势必会阻碍本国工商业的发展，甚至使财富逃离本国，从而最终损害其税收的基础。

受到法律健全保护的私有财产权的存在，本身就意味着存在一个在法治下受到保护的、不受干涉的、独立的个人领域，一个个人自由权利的王国。更具体地说，以私有财产制度为基础的自由市场构成了一种自由的经济王国。在这一经济王国中，芸芸众生运用其财产和资源，每天进行着自由的生产、交换和消费。在进行这种自由活动过程中，每个人必须承担自己做出的判断的结果的责任，或者收获成功的快乐，或者是承担失败的痛苦。这就是做"人"的自由。这类自由是一种世俗的、平凡的经济活动，但对普通民众来说，却是第一位的、最基本的自由，是个人独立的正式标志。正是由于这种独立的经济自由领域的存在及其提供的物质基础，才使得个人有能力和可能抵御其他人和国家对他的肆意侵犯，在很大程度上得以摆脱国家的专断意志的控制。

在德语世界中，学者们的论证采取了具有浓厚形而上学色彩的哲学形式。其中，最典型的也许是黑格尔。他的《权利哲学》想证明的一个核心命题就是：所有权是"人的自由在现象世界中的实现"。他认为，正是通过财产权，人原来内在的、纯粹主观的个人意志第一次变成了"实在意志"，在外在世界中获得了"第一次表现"。正是通过对财产的占有，人才能把自己的本质、力量、自由意志对象化、实在化、具体化和外部化，从而实现自身的自由；正是通过他的财产，个人就超越了自身，与他人联系在一起，并建立了社会制度，从而拓展了自由的空间。在这种社会制度之中，人可以充分使用他的财产，并且可以通过使它成为无主物、赠与或以契约交换的形式，将它转让。在契约形式中，所有者相互承认对方的财产权，并按照自己的专断意志，自由地等价交换彼此的"外在之物"。在这种形式中，人以"物"为中介而建立起联系，并且通过相互承认对方的财产,通过自由、平等的契约关系而相互承认对方的人格自由。因此,在黑格尔看来,"财产权之所以就是自由,是因为它给予个人行动的范围,并且使他进一步延伸和扩展他的人格成为可能"。①

在 20 世纪,这种论证主要是与米塞斯、哈耶克、弗里德曼联系在一起的。他们把詹姆斯·斯图亚特等人的观点拓展到非经济领域,新增的主要论据来自资本主义国家和苏联式社会主义国家的比较。米塞斯认为"财产私有制为个人创造了一个不受国家控制的领域,它对政府的意志加以限制,除了反对政治权力的扩张之外,它允许出现其他政治力量。因此,私有制成为所有不受国家和强权控制的生活基础,成为自由、个人自治赖以植根和获取养料的土壤,……它对人类的一切精神和物质的巨大进步产生了深远影响","人类有意义的经济秩序、人类社会的共同生活,如果背离了这一基础,就会完全进行不下去"。(米塞斯,1995)

哈耶克则进一步认为,以私有制为基础的市场制度所需的政治强制力的集中程度最少,因而,对西式宪法中所规定的基本自由权利威胁最小。在他看来,中央集权的计划经济体制固有的特点就是导致政治经济权力的集中。再者,中央计划无非是对将来的行为进行规划,通过有行政约束力的命令和规定使得这些行动得以实现,并加以控制。因而,个人的经济权利和自由也被强制性取消。相比之下,自由市场代表着协调经济活动的唯一非强制性手段,而且,它所需要的强制力的集中度最少。

具体地说,市场本身提供了一种独特的控制形式,它的"无形之手"可以解除政府的许多行为。市场的任务是,发现一种程序来识别并向他人传递无限复杂的社会偏好和资源结构的数据。而价格机制恰好就能充当这种机制。每个人行为主体都根据价格信号传递的有关他人偏好和资源的数据做出反应,从而根据他人的计划调整

---

① P. G. 斯蒂尔曼:《黑格尔在〈权利哲学〉中对财产权的分析》,黄金荣译,转引自中国法学网,http://www.iolaw.org.cn/show News.asp? id = 7023.

自己的计划。这种调整将在个人行为之间产生趋向于协同或平衡的结果。这是自由市场的非强制性的特征。当然，这不是新古典经济学所主张的那种协调一致的总体平衡，而是在现实世界的市场过程中，可以观察到的目的和活动的松散整合。但这种协同形式较之中央计划所能获得的任何协同形式更为优越，而且丝毫没有缩小个人自由，因而，与自由个人主义的社会具有独一无二的契合性。因此，市场过程既是非强制性的，而且较之于计划经济，又能够更有效地给人们的经济活动带来和谐。这种自发秩序的存在使得政府的职能被限制在较小的范围内，或者说只需要一个"有限的政府"，从而使政治权力缩小（格雷，2005）。这种观点意味着，虽然自由秩序的宪政框架以形式上的或消极的形式保护了基本自由权，然而，正是私有财产权才以物质的或积极的形式保障了这些自由权。在说明这一论点时，弗里德曼以新闻自由为例，认为，只要能控制人们的经济行为和生存条件，就可以保证让这些人按照控制者的意图来写作。在一个国家控制了所有经济活动的社会中，没有私人资本和财产可以用来资助一个反对现行政府的新闻机构，因而只可能存在国家控制的新闻机构。在这种机构工作的人们，不仅其自身的生存完全依赖政府，而且，工作中所需的一切都有赖于政府：向政府申请房子、印刷机、纸张、工人和一份有效率的报纸所需要的其他一切条件。在这种情形下，这一机构除了成为官方的喉舌之外，绝无出路。正如列昂·托洛茨基所言："在一个政府是唯一雇主的国度中，反对派意味着慢慢饥饿而死。不劳动者不得食的古训，已经被一条不服从者不得食的新典则所取代。"（格雷，2005）而在一个依靠竞争来获取商品的社会中，人们却能避免这类厄运。

很明显，这些自由至上主义者倾向于通过与苏联模式的社会主义进行比较和论证，并把核心结论（即"私有财产"是个人自由的保障）推论到政治自由领域。为什么英国启蒙运动思想家不重视这种推论呢？因为他们意识到这种论证可能带来政治风险。法国著名的自由主义理论家贡斯当（Benjamin Constant）在《古代人的自由与现代人的自由》（1819）中力图区分启蒙运动过程产生的现代自由观和古希腊、古罗马时代的自由观。他认为，这种自由（即个人独立的自由空间）是现代人才拥有的自由，而古代人拥有的是参与集体或共同体决策的自由。他的言下之意是，个人自由与大众民主之间只有偶然的而不是必然的联系。在某种意义上，这是符合近代的历史事实的。在近代西欧社会，像古代希腊、罗马一样，民主权利是与财产权结合在一起的，无财产者并无参与民主决定的自由权利（鲍尔斯、金蒂斯，2013）。[①] 即便是号称"生来就是自由人"的英国，穷人也不属于政治"公民"的一部分。这在洛克那里也是非常明显的：只有财产达到某一数量的人，才拥有政治自由权利。当然，当代的自由至上主义者试图在论证中涤除贡斯当的痕迹。

三 私有制的历史和现实之痛

私有制是现代西方文明的基石。马克思从不否认以私有制为基础的资本主义在人类历史上的进步作用。马克思、恩格斯在《共产党宣言》中就给予高度评价："现代资产阶级本身是一个长期发展过程的产物，是生产方式和交换方式的一系列变革的产物"[②]，"资产阶级在它的不到一百年的阶级统治中所创造的生产力，比过去一切世代创造的全部生产力还要多，还要大。自然力的征服，机器的采用，化学在工业和农业中的应用，轮船的行驶，铁路的通行，电报的使用，整个整个大陆的开垦，河川的通航，仿佛用法术从地下呼唤出来的大量人口，——过去哪一个世纪能够料想有这样的生产力潜伏在社会劳动里呢？"[③] 既然如此，我们对在思想上支撑着这种私有制度的理论能够一概否定之？当然不能。与此同时，马克思和恩

[①] 只是进入20世纪之后，参与民主选举权利的普及化与私人财产权无关。
[②] 《马克思恩格斯选集》第1卷，人民出版社1972年版，第252页。
[③] 《马克思恩格斯选集》第1卷，人民出版社1972年版，第256页。

格斯也指出了资本主义私有制的历史局限性和它给人类带来的痛苦。

伤痛之一：初始财产之获得是否符合正义原则（不论您怎么理解这一原则），是私有制辩护者永远的伤痛。虽然他们可以用既往不咎的态度来解决理论上的分歧，但是并不能消解历史的事实。

所谓私有财产的"神圣不可侵犯"，曾经有其阴暗的、残酷的历史面目。诚如马克思所言，"资本来到世间，从头到脚，每个毛孔都滴着血和肮脏的东西"[①]。资本主义私有制的发展不仅仅限于"圈地运动"，还有更广泛的资本原始积累形式。

但限于篇幅，仅以众所周知的"圈地运动"的历史为案例来考察。对启蒙时代的人来说，"圈地"不是一种新的现象。早在15世纪和16世纪，它就曾激起大量的抗议。因为被圈占的并不完全是荒芜的土地，而包括那些在敞地制（Open-field System）下已经被开垦和使用的土地。因此，村民自然不愿意失去他们赖以生存的传统公用土地（拉法格，1962）。对于这种现象，《乌托邦》的著者莫尔以"羊吃人"来谴责之。但是，一批所谓"进步阶级"的代言人却以私人财产"神圣不可侵犯"来赞美"圈地运动"对促进经济增长的好处：土地的开垦、农业技术的进步、产量的扩大等。面对"圈地运动"的抗议者和批评者，当时，有产者的一种典型观点是，"认为掠夺贫民只不过是似是而非的论据，因为贫民没有享用公地的合法权利"（芒图，1977）；农学家认为，大农场最有利于农业技术的进步和提高土地的生产力，仅仅这一证据就足以证明"圈地运动"的合理性（芒图，1977）。

正是在这类意识形态的鼓励之下，法律成为"圈地运动"的正当工具。英国议会通过大量的法律，以直接或间接地损害人民之中贫穷的大多数人的传统权利为代价，扩展了有产者的权利。在这些被"理性的"经济学家解释为"进步"的财产权的扩展中，农民的某些传统权利被完全重新界定为侵犯财产权的犯罪行为。财产权的

[①] 《马克思恩格斯选集》第1卷，人民出版社1995年版，第266页。

"神圣不可侵犯"被极端化到这样的残忍程度,一个人因为偷盗一先令、一个16岁的男孩因为偷盗三个先令和一把小刀、一个小女孩因为偷盗一条手帕、一个11岁男孩因为使其主人的房子失火,均被绞死,更多的则被判处流放(阿巴拉斯特,2004)。"圈地运动"带来的更为普遍的社会灾难是:数量惊人的农民从一种部分独立的状态降低到仅仅处于被雇佣的不稳定状态。

面对"圈地运动"带来的灾难,当时的自由主义认为,这是社会进步不可避免的代价。与当时对穷人的冷酷无情和自鸣得意的自由主义观点不同,甚至连阿瑟·杨,这位"圈地运动"的长期热情倡导者和著名的1801年《圈地法案》发起人,最后也开始怀疑,考虑到这种运动带来的各种苦难,是否还可以证明圈地的正当性:"我宁可所有的公共物都沉入大海也不愿意看到穷苦的人将来会受到像迄今为止已经普遍遭受的那样的圈地威胁。"(阿巴拉斯特,2004)

如果要追溯历史,我们怎么识别今天的财富和收入分配在多大程度上反映的是历史上那些通过抢夺、偷盗、欺骗等非法获得的土地和其他资源呢?即便是诺齐克,这位绝对私有制的当代辩护者,也不得不承认,要甄别出财产的初始获得是正当之财还是不义之财,并非易事。于是,他提出了第三项原则——"矫正的正义原则"。但是,对于如何"矫正",他的语焉不详。对这一问题的处理,现代社会采取的是一种权宜之计,即法律规定:在某一规定的时效之内无人提出疑义,财产就归之于现在的持有者正当地所有。

伤痛之二:财产私有制必然会产生社会财产、收入和权力分配的悬殊,并导致各种严重的社会后果。

这是历史的事实。正是出于对私有制可能并且已经带来的严重社会后果的不满,包括空想社会主义在内的乌托邦主义者,提出废除私有制的构想。比空想社会主义更温和的观点是强调所有权的社会责任问题。首先值得提及的是黑格尔在《法哲学》中以"生命权"的名义质疑洛克等人的私有财产神圣不可侵犯的教义时写道:"一个快要饿死的人有绝对的权利侵犯另一个人的所有权。"这个权利的根据何在？它不可能来自现存的法律即"实定法"，只能来自"世界精神"，即生命权高于财产权的认知。黑格尔认为，"一个快要饿死的人有绝对的权利去侵犯别人的所有权，因为他只是在以一种有限的方式侵犯别人的所有权。这种必需的权利（Notrecht，亦译为'紧急避难权'）并不意味着侵犯另一个人的诸如此类的权利：他只是对一片面包感兴趣，他并没有把另一个人当作没有权利的个体来对待。抽象的理智倾向于把任何违法的侵犯都看作绝对的，但一个快要饿死的人只是在侵犯特殊，他并没有侵犯权利本身。"

正是基于这种认识，在19世纪后期，就有学者提出私有财产权的社会责任问题。在法律上，私有财产权从来就不是一种绝对的权利，而是一种受到某种限制的权利。例如，德国《魏玛宪法》第153条第3款就规定："所有权负有义务，财产权的行使要以公共福祉为目的。"这种对财产权的社会义务的规定对民法产生了重大影响，使法律对财产权的保障从绝对转为相对（张翔，2012）。不过，要特别注意的是，西方社会的法律对财产权的约束主要体现在限制财产权的行使，而不是禁止财产的永久占有。

当代自由至上主义者利用"完整的自由所有权"概念，致力于证明私有财产合理性时，有意识或无意识地以轻描淡写的方式来对待这类社会苦难。最具有典型性的是米尔顿·弗里德曼、罗斯·弗里德曼的辩解。他们劝告说，我们要学会享受这种不平等带来的好处，"人生本就是不公平的。大自然造物，本就是各色人等参差不齐，想靠政府来抹平矫正，这种想法确实很诱人。但我们更应该认识到，正是由于这种不公平，我们从中受益良多！……穆罕默德·阿里（M. Ali）天生神技，成为一代拳王，这当然也是不公平的。……阿里打一晚上的比赛就能赚几百万美元，这当然是不公平的。但是，若是我们单单为了追求一种抽象的平等理念，就不允许阿里打一晚比赛（或备战一天）比社会底层的码头工人干一天粗活赚得多，这对那些喜欢看阿里拳击比赛的人来说，公平吗？"（米尔顿·弗里德曼、罗斯·弗里德曼，2013）

其实，这种观点是启蒙运动中存在的宿命论的现代翻版。或者说，这种宿命论早就存在于启蒙运动某些思想家的论述中，并在 19 世纪中叶英国"新救贫法"的争论中达到高潮。按照阿巴拉斯特的评论，"从历史上来看，自由主义经常与针对穷人的冷酷无情的态度和政策联系在一起。这种冷酷部分是来自于更早时期的新教教义的遗产，但是，它被古典自由主义的经济学家赋予了'科学的'的正当性"（阿巴拉斯特，2004）。这些思想家包括洛克、配第、曼德维尔、福笛、马尔萨斯、伯克等。在他们看来，穷人之所以陷入贫困，在主观上，是因为他们的懒惰和无能，"生而贫穷"，客观上是市场的自然规律作用的结果；对穷人的救助，一方面会强化他们的懒惰，另一方面必然会削弱市场规律的作用，进而使穷人的处境恶化。这种观点在马尔萨斯的《人口理论》中获得集中的表现。他认为，穷人根本就没有被救济的权利："一个降生到已人满为患的世界上来的人，如果父母无力担负他的责任，而社会又不需要他的劳动，他就没有权利得到一点食物，实际上，他在地球上就是个多余的人。在大自然的盛大宴席中，没有他的座位。大自然会请他离开，从而实现自身的秩序。"[①]因此，他坚决地既反对济贫法，也反对任何慈善事业。

弗里德曼、哈耶克、诺齐克等人在这方面的观点不过是复活了马尔萨斯的观点，但获得了表面上理性但实质上更为残酷的表述。在他们眼里，私有制导致的社会财产和收入分配的悬殊，是市场规律的必然结果；对这种结果的干预，不管多么充满善意，都属于对所谓的"完整的自由所有权"的侵犯，不仅是徒劳无益的，更重要的是只会使穷人的处境更坏。这些新保守主义是通过强调所有者的自由意志来为"自由所有权"辩护的。何谓"自由所有权"？那就是：所有者对其私有财产的占有、使用、收益和处置等权利，拥有完全的、无限制的"独断主权"。这是国家无权干预的私人行为的领域。自由所有权的最纯粹形式，甚至把对收入的征税都视为对私人财产权的侵犯。即

[①] 转引自夏尔·季德、夏尔·利斯特《经济学说史》，中译本，商务印书馆 1986 年版，第 190 页。我们在中译本中看不到这句话。因为马尔萨斯在后来的版本中删除了这段话。

使是出于防止饥饿和帮助残疾人这类特殊的情形,为这些救济项目的征税,也被视为对私有财产权的一种侵犯(克里斯特曼,2004)。

这种宿命论是想让人们不得不认为现存的制度和秩序是永恒的,并容忍那些不应该容忍的东西。幸运的是,在西方社会中,也一直存在着对抗这种宿命论的思想,强调私有财产的社会责任。

事实上,现代西方社会继承的正是这类思想,只不过它是以"积极自由"的名义来避免黑格尔的论证方式(这种思想在当代被称为自由主义"现代派"或"现代自由主义",与之相对应的就是自由主义"保守派"、自由至上主义)。多亏了这种思想的存在,促使现代西方社会建立了社会保障制度,缓解了以私有制为基础的自由市场制度的残酷性。

伤痛之三:马克思在《资本论》等著作中的论证结论,那就是,只要存在资本主义私有制,这种狭隘的生产关系就无法支配自己用法术呼唤出来的现代生产力这一魔鬼,人类就不可能摆脱被异化的命运,人类就不可能获得全面的自由发展。

马克思并不否定以私有制为基础的资本主义所带来的自由。它让生活于这种社会中的人们摆脱了之前社会形态中的那种人身依附关系,获得了很大程度的自由:"劳动力的买和卖是在流通领域或商品交换领域的界限以内进行的,这个领域确实是天赋人权的真正乐园。那里占统治地位的只是自由、平等、所有权和边沁。自由!因为商品例如劳动力的买者和卖者,只取决于自己的自由意志。他们是作为自由的、在法律上平等的人缔结契约的。契约是他们的意志借以得到共同的法律表现的最后结果。平等!因为他们彼此只是作为商品占有者发生关系,用等价物交换等价物。所有权!因为他们都只支配自己的东西。边沁!因为双方都只顾自己。使他们连在一起并发生关系的唯一力量,是他们的利己心,是他们的特殊利益,是他们的私人利益。"[①]

[①] 《马克思恩格斯选集》第 2 卷,人民出版社 1995 年版,第 176 页。

但是，这类自由同时又让人陷入更深刻的不自由——新的异化形态之中。这种异化是资本的本性及其逻辑的必然产物。对这种资本的本性及其逻辑，马克思有一个非常著名的公式：$M-C-M'$。资本通过这些形态转化体现出自身的价值。但是，在资本体现自身价值的这种过程中，资本家和劳动者以不同的形式都被异化，处于被奴役的状态。劳动者被资本驱使着不断地生产出剩余价值，并成为这种剩余价值转化而成的资本的奴隶。资本家作为资本的人格化身，在利用资本奴役劳动的过程中，被锁定在不断追求利润和资本积累的必然性之中，成为资本权力的崇拜者，沦落为资本的高级奴隶。

只有通过自由自主的劳动，"对对象世界的改造，人才在实际上确证自己是类的存在物。这种生产是他的能动的类的生活。通过这种生产，自然界才能表现为他的创造物和他的现实性"[1]。但是，在资本主义私有制中，资本的本性却迫使资本家和工人都被异化于资本追求利润最大化的逻辑链之中，丧失了"自我"的本性，使人的"自我"外化为"非我"。

参考文献

阿尔伯特·赫斯曼：《欲望与利益——资本主义胜利之前的政治争论》，浙江大学出版社2015年版。

安东尼·阿巴拉斯特：《西方自由主义的兴衰》，曹海军等译，吉林人民出版社2004年版。

保尔·芒图：《十八世纪产业革命》，中译本，商务印书馆1977年版。

查尔斯·K. 罗利：《财产权与民主有限度》，刘晓峰译，商务印书馆2007年版。

高全喜：《休谟的政治哲学》，北京大学出版社2004年版。

龚唯平：《所有制范畴论》，陕西人民出版社1994年版。

圭多·德·拉吉罗：《欧洲自由主义史》，吉林人民出版社2001年版。

加藤雅信：《"所有权"的诞生》，法律出版社2012年版。

---

[1] 参见马克思《1844年经济学哲学手稿》，人民出版社2000年版，第49页。

克里斯特曼：《财产的神话》，广西师范大学出版社 2004 年版。

拉法格：《财产及其起源》（1895），中译本，生活·读书·新知三联书店 1962 年版。

李国强：《相对所有权观念的形成》，载《金陵法学评论》春季卷，法律出版社 2009 年版。

罗斯巴德：《亚当·斯密以前的经济思想：奥地利学派视角下的经济思想史》（1995），中译本，商务印书馆 2012 年版。

孟德斯鸠：《论法的精神》（1748），中译本，商务印书馆 2009 年版。

米尔顿·弗里德曼、罗斯·弗里德曼：《自由选择》，张琦译，机械工业出版社 2013 年版。

米塞斯：《自由与繁荣的国度》，韩光明译，中国社会科学出版社 1995 年版。

诺齐克：《无政府、国家和乌托邦》（1974），中译本，中国社会科学出版社 1991 年版。

皮埃尔·罗桑瓦隆：《乌托邦资本主义——市场观念史》，中国社会科学出版社 2004 年版。

乔·奥·赫茨勒：《乌托邦思想史》，商务印书馆 1990 年版。

塞缪尔·鲍尔斯、赫伯特·金蒂斯：《民主与资本主义》，韩水法译，商务印书馆 2013 年版。

汤姆·G. 帕尔默：《实现自由：自由意志主义的理论、历史与实践》，景朝亮译，法律出版社 2011 年版。

托马斯·皮凯蒂：《21 世纪资本论》，中信出版社 2014 年版。

威廉·伯恩斯坦：《解读现代世界的经济增长》，机械工业出版社 2011 年版。

韦伯：《新教伦理与资本主义精神》（1920），中译本，上海人民出版社 2010 年版。

休谟：《人性论》（1739），中译本，商务印书馆 1980 年版。

亚当·斯密：《国民财富的性质和原因的研究》上卷，郭大力、王亚楠译，商务印书馆 1983 年版。

杨春学：《经济人与社会秩序分析》，上海三联书店、上海人民出版社 1998 年版。

伊斯雷尔·柯兹纳：《市场过程的含义》，中国社会科学出版社 2012 年版。

约翰·格雷：《自由主义》，曹海军、刘训练译，吉林人民出版社 2005 年版。

约翰·穆勒（1848）：《政治经济学原理及其在社会哲学上的若干应用》，赵荣潜等译，商务印书馆 1991 年版。

张盾、刘聪：《论黑格尔对财产权的批判及其对马克思的影响》，《江海学刊》2010 年第 6 期。

张翔:《财产权的社会义务》,《中国社会科学》2012 年第 9 期。

Bartlett, *Property, Its Duties and Rights*, Macmillan, 1922.

Pipes, R., *Property and Freedom*, Vintage Books, 2000.

Schlatter, R. B., *Private Property: History of an Idea*, New York: Russell & Russell, 1973.

Smith, A., *Theory of Moral Sentiments*, Oxford University Press, 1976.

(原载《经济学动态》2017 年第 4 期)

论公有制理论的发展

一 引言

本文把所有制理论的发展分为三种形态：基于意识形态的所有制理论、基于市场失灵的所有制理论、基于产权和契约理论的所有制理论。基于意识形态的所有制理论的核心问题是：私有制和公有制，哪一种所有制能更好地实现效率与社会公平的均衡？或者说，哪一种所有制更优越？衡量标准有两个，一是效率，二是社会公平。基于市场失灵的所有制理论的核心问题是：哪些因素决定着所有制结构在产业之间的分布？基于产权和契约理论的所有制理论的核心问题是：通过比较不同所有制企业内部的机制，讨论不同的所有制企业之间的选择问题。如果把第一种理论形态称为所有制的宏观理论，那么，第二种可称为所有制的中观理论，第三种可称为所有制的微观理论。限于篇幅，本文仅讨论第一种形态的公有制理论。

私有制的支持者认为，只有以私有制度为基础，才可能建立起一种自由、民主、繁荣的社会[1]。公有制的支持者也持有类似的愿景，但却认为只有在公有制的基础上，才可能实现真正的自由、民主和繁荣。私有制与公有制之间的历史选择，是一个非常复杂的问题，任何一种单一因素的解释都是注定没有说服力的。基于意识形态的所有制理论，就是对各类因素进行一种综合性解释的努力。意识形态在所有制的选择中充当着什么样的角色呢？它当然是辩护性

---

[1] 杨春学：《私有财产权理论的核心命题：一种思想史式的注解和批判》，《经济学动态》2017年第4期。

质的，带有明显的倾向性。但是，这种辩护并不必然就是谎言！诚如熊彼特所说的，"意识形态并不就是谎言；它们可以是对一个人认为他所看到的一切的真实陈述"[①]。

这里，有必要对"意识形态"这一概念的内涵作一点说明。在中国，这是一个敏感的词语。之所以"敏感"，仅仅是因为有些人把这一概念纯粹政治化，甚至认为意识形态只具有辩护性质！其实，这是对这一概念缺乏科学的理解而产生的一种误解。何谓"意识形态"？那就是经济学家关于什么是"良好的社会"的认知。这种认知存在于经济学家的"愿景"之中，属于研究开始之前的"一系列相关想象的认知"，包含着经济学家对社会应走向何方的最初认识。它是一种前科学行为，本身并不是完全科学的，却是支撑经济学家不断努力探索的动力。

真正持有科学精神的经济学家，不会通过歪曲事实或结论来让自己的科学研究结果服从于自己的某种理想或服务于某个特殊的利益集团。因此，为某种制度辩护，并不必然就是非科学的，也可能是进行诚实的分析性科学研究的结果。马克思主义历来不隐藏自己的"意识形态"，那就是服务于广大人民的利益，因为它坚信自己的理论的科学性和意识形态是统一的。因此，恩格斯自豪地写道："科学越是毫无顾忌和大公无私，它就越符合工人的利益和愿望。"[②]

基于意识形态的公有制理论，源于包括空想社会主义者在内的乌托邦主义思想。在这类文献中，公有制是在批判私有制带来的各种不良社会经济后果的过程中形成的一种认识。虽然这些文献对公有制社会充满一连串形而上学的、唯心主义的空洞幻想，但也包含着人类精神世界中最具雄心的伟大憧憬：创造一种每个人都有能力获得充分发展的自由、平等、公正、繁荣的社会。

乌托邦主义者认为，人的本性是好的，但是，财产私有制度及其

[①] Schumpeter, J. A., Science and Ideology, *American Economic Review*, 1949, 39（2）, pp. 346 – 359.

[②] 《马克思恩格斯选集》第4卷，人民出版社1995年版，第258页。

缺陷却驱使人类社会走上了一条充满苦难的道路。他们几乎都是财产社会化的倡导者,认为只有消灭了私有财产制度,人类社会才可能建立起一种"简单明了的、自然的自由制度"。在他们看来,财产私有制度"使人的感情和同情心变得狭隘;它使共同的自然资源不能用于共同的福利事业;因此,必须把它从人们的头脑中清除出去。生产也必须社会化,并由社会为其本身的利益来管理"。他们坚信,社会是可以改造的;改造的基本方式是:公有制+教育制度①。正是在这些方面,暴露出了乌托邦主义的空想性质。

与"乌托邦主义"不同,马克思和恩格斯认为,公有制并不是基于某种平等观念而设想出来的经济制度,而是社会生产力在资本主义私有制范围内发展到某个成熟阶段的必然产物。在马克思和恩格斯看来,公有制是在资本主义"旧社会的胎胞里成熟"的一种社会经济制度,是"在资本主义时代的成就的基础上"建立起来的,不是社会主义者或共产主义者的"个人发明"。正是这种历史唯物主义的观点,为公有制找到了理论支撑,使公有制的产生不是依赖于人们的想象,而是经济社会发展规律的必然产物,从而为社会主义替代资本主义找到了客观的生产力和生产关系辩证运动的依据,也就使得社会主义从空想走向科学。

二 经典公有制理论

关于社会主义公有制的历史必然性,《资本论》的以下论述具有特别的意义:"从资本主义生产方式产生的资本主义占有方式,从而资本主义的私有制,是对个人的、以自己劳动为基础的私有制的第一个否定。但资本主义生产由于自然过程的必然性,造成了对自身的否定。这是否定的否定。这种否定不是重新建立私有制,而是在资本主义时代的成就的基础上,也就是说,在协作和对土地及靠劳动本身生产的

---

① [美]乔·奥·赫茨勒:《乌托邦思想史》,张兆麟译,商务印书馆1990年版。

生产资料的共同占有的基础上，重新建立个人所有制。"①

在代替资本主义私有制过程中最终形成的所有制形式，是社会直接占有全部生产资料的社会所有制。用公有制代替私有制，"并不是要恢复原始的公有制，而是要建立高级得多、发达得多的共同占有形式"②，最终的目的是要"实现整个社会对一切生产资料——土地、铁路、矿山、机器等等——的直接占有，供全体为了全体利益而共同利用。"③

这种新生的公有制将如何成功地克服资本主义私有制中那种劳动与资本的异化，从而实现比资本主义更高的生产力的发展呢？这在理论上要从公有制的命题中寻找答案。确切地说，下述命题来源于苏联、东欧和中国的经济学家们对马克思和恩格斯关于未来社会形态基本特征的某些论断的系统化解读和整合。

命题一：在这种公有制中，劳动者共同占有和使用生产资料，将实现劳动与生产资料的直接结合，生产资料不再像私有制那样是建立在生产资料与劳动者相互分离的基础上的一种剥削手段，结束借助于生产资料私有制而实现的那种人对人的统治（剥削、压迫和不公正），从而把生产力从资本主义过时的生产关系束缚中解放出来。

经典注释：马克思、恩格斯所理解的公有制是一种劳动者联合起来的公有制。马克思写道："工人自己的合作工厂，是在旧形式内对旧形式打开的第一个缺口，虽然它在自己的实际组织中，当然到处都再生产出并且必然会再生产出现存制度的一切缺点。但是，资本和劳动之间的对立在这种工厂内已经被扬弃，虽然起初只是在下述形式上被扬弃，即工人作为联合体是他们自己的资本家，也就是说，他们利用生产资料来使他们自己的劳动增殖。"④

命题二：公有制将使社会以理性的方式，合理配置社会资源、

---

① 《马克思恩格斯全集》第23卷，人民出版社1972年版，第832页。
② 《马克思恩格斯选集》第3卷，人民出版社1995年版，第481页。
③ 《马克思恩格斯选集》第4卷，人民出版社1972年版，第258页。
④ 《马克思恩格斯选集》第2卷，人民出版社1995年版，第520页。

组织整个社会的经济活动成为可能。具体说，生产资料的公有制，通过计划经济的机制，使劳动转化为直接的社会性活动（即以直接的方式满足社会成员的需要），而不像在资本主义社会那样劳动是间接社会性的（即在生产资料、劳动力的使用和社会需要之间嵌入私人盈利的考虑）。把劳动转化为直接的社会性活动的机制是计划经济体制，而计划经济体制将根据公共利益的要求，协调社会分工和协作，按发展所要求的比例，配置社会资源。

经典注释：恩格斯写道："一旦社会占有了生产资料，商品生产就将被消除，而产品对生产者的统治也将随之消除。社会生产内部的无政府状态将为有计划的自觉的组织所代替。生存斗争停止了。于是，人才在一定意义上最终地脱离了动物界，从动物的生存条件进入真正人的生存条件。"① "社会一旦占有生产资料并且以直接社会化的形式把它们应用于生产，每一个人的劳动，无论其特殊用途是如何的不同，从一开始就成为直接的社会劳动。那时，一件产品中所包含的社会劳动量，可以不必首先采用迂回的途径加以确定；日常的经验就直接显示出这件产品平均需要多少数量的社会劳动。"②

命题三：生产资料的公有制将向每个社会成员提供经济上和政治上同等的权利，从而劳动者在这种公有制基础上将会形成一种新型的社会经济平等关系。这种新型的社会经济平等关系包括劳动者共同占有和使用生产资料的权利、生存权、福利权等。

经典注释：在这种社会中，"社会的每一成员不仅有可能参加社会财富的生产，而且有可能参加社会财富的分配和管理，并通过有计划地经营全部生产，使社会生产力及其成果不断增长，足以保证每个人的一切合理的需要在越来越大的程度上得到满足。"③

命题四：异化形式的消灭、公平且平等的社会经济关系的建立

---

① 《马克思恩格斯选集》第3卷，人民出版社1972年版，第441页。
② 《马克思恩格斯选集》第20卷，人民出版社1971年版，第334页。
③ 《马克思恩格斯选集》第3卷，人民出版社1995年版，第336页。

等因素，将会激发出强大的社会生产力，从而为前述命题的实现提供坚实的物质基础，形成良性的循环。在这种社会中，由于各个社会成员已实现在生产资料的占有和产品分配方面的平等，个人利益、生产单位利益和社会的整体利益将会融为一体。

经典注释："通过社会化生产，不仅可能保证一切社会成员有富足的和一天比一天充裕的物质生活，而且还可能保证他们的体力和智力获得充分的自由的发展和运用。"①

总之，只有公有制，才会充分考虑到社会的整体利益，并在此基础上走向"每个人的全面自由发展"。在这种"自由人的联合体"中，每个人对于自由的基础即生产资料都拥有所有权，以保证每个人的自由的实现。

借用马克西莫维奇的说法，上述公有制理论是以其"纯粹的形态"表达出来的。这些命题是一种有待具体化和实践检验的推论，不能把它们等同于社会主义公有制的具体历史实践形态。或者说，公有制可以促进生产力高速发展的前提是在马克思、恩格斯设想的那种生产力本身已经高度发展的社会基础上实现的，而现实的社会主义及其公有制并没有按照这种预设进行，相反，在生产力不发达的国家首先实现了社会主义和公有制，这就意味着现实的公有制与理论上的公有制是存在距离的。

三 公有制理论在苏联模式中的发展及其问题

在历史实践中，社会主义并不是像马克思和恩格斯原来推测的那样产生于成熟的资本主义"母体"，而是诞生于社会经济落后的国家。公有制是通过"剥夺剥夺者"的革命而诞生出来的。苏联是人类历史上第一个实行社会主义的国家。它要在一个社会、经济、文化和政治上都极为落后的国家中建立社会主义经济，而且在外部一

---

① 《马克思恩格斯文集》第3卷，人民出版社2009年版，第563—564页。

直面临着资本主义阵营的巨大威胁。对他们来说,社会主义是前无古人的崭新事业,没有任何现成的方案可资借鉴。虽然在实践中遭遇各种困难,但社会主义者一直对公有制社会充满期待。例如,斯大林于 1952 年写道:"随着资本主义的消灭和生产资料的公有化,人们将获得支配自己生产资料的权力;他们将摆脱社会经济关系的压迫而获得自由,成为自己社会生活的'主人'。"①

基于对社会经济基础现实的认真思考,苏联社会主义建设者认识到,不能把公有制的"纯粹的理论形态"等同于公有制的具体实践形态。因此,摆在他们面前的问题是,如何在实践中践行这些理念。列宁强调:"对俄国来说,根据书本争论社会主义纲领的时代也已经过去了,我深信已经一去不复返了。今天只能根据经验来谈社会主义。"② 正是在这种思想的指导下,苏联领导人、学者和人民在理论和实践上对社会主义公有制进行了大量的思考和探索。其理论成果集中体现在苏联科学院经济研究所编的《政治经济学教科书》等著述之中。

第一,公有制是社会主义的经济基础,决定着它所特有的生产力与生产资料的结合方式。在这种结合方式中,生产资料不再是资本,劳动者不再是被剥夺了生产资料因而不得不出卖自己的劳动力的无产者。劳动者以所有者的身份与生产资料相结合,排除了人剥削人的现象,建立起"同志合作和社会主义互助的关系"③。

第二,基于还不可能实现"社会直接占有全部生产资料"的现实,公有制采取两种具体的基本形式——国家所有制和集体所有制。国家所有制(即全民所有制),是代表着整个社会利益的公有制"高级形式",在社会经济中处于主导地位。集体所有制是一种特定群体的所有制,是公有制的一种"低级形式"。至于私有制,被视为

---

① 斯大林:《苏联社会主义经济问题》,人民出版社 1961 年版,第 3 页。
② 《列宁全集》第 34 卷,人民出版社 1985 年版,第 466 页。
③ 苏联科学院经济研究所编:《政治经济学教科书》下册,人民出版社 1960 年版,第 119 页。

一种社会主义异己的残余物。在实践中，国有制企业在社会主义经济中占据着制高点，在重要的工业、金融、外贸等领域占据统治地位，农业、零售业等则以集体所有制为主体。

第三，开创以公有制为基础的中央计划经济体制。这被视为社会化大生产的组织形式。"生产资料的社会主义公有制使各企业之间的经济关系具有原则上不同于资本主义的性质。资本主义制度下各个企业之间的相互关系的特点是生产无政府状态、竞争和弱肉强食；与此相反，社会主义制度下企业之间的相互关系，则建立在有计划的合作、有计划的社会分工、以及生产的合理的专业化和协作化的基础上。"①

这种体制有两个基本特征：一是经济目标的等级式分层管理。中央首先确定宏观经济的数量指标，其次，把这类计划指标分解为部门的中间层次目标，最后，在微观经济层面再分解为指令性指标，下达给每个企业。二是根据逐层下达的目标，以行政手段分配企业的投入，从而形成企业之间的横向关系。在这一过程中，中央及其下属机构的经济决策，以详细的指令形式，对企业经济活动的所有重要方面都做出了规定，特别是产量、生产结构、生产方式、供应渠道和流通渠道等。在其中，货币和价格仅仅充当着一种经济核算单位的角色。在这种体制中，正是公有制保证国家可以集中大量的社会资源（物力、财力和人力），投入基础设施、基础工业、主导产业，在较短的时期内，走向工业化的道路，缩小与发达资本主义国家的差距。

第四，开创体现社会成员享有公有制带来的利益的某些原则。这些原则是通过生存权、工作权、劳动产品分享权、参与经济组织的决策权等形式来体现的。生存权是用社会保障制度来实现的。劳动权是以分配工作的充分就业方式实现的。劳动产品分享权是以"按劳分配原则"来确定的。概言之，"剥削阶级和人剥削人的现象消灭以后，劳动成了决定人在社会上的地位及其福利的唯一

---

① 苏联科学院经济研究所编：《政治经济学教科书》下册，人民出版社 1960 年版，第 119—120 页。

依据"①。

这些制度安排曾经使人们对社会主义这种新型的社会形态充满憧憬，由此激发出广大民众的生产积极性。正是依赖于这种经济制度，苏联迅速摆脱了落后的社会经济面貌，实现了社会主义工业化，成为欧洲第一、世界第二的工业强国；劳动人民摆脱了阶级剥削和压迫，经济生活、文化、教育、卫生等得到了切实保障，建成了一个崭新的社会。

俄共（布）是扛着带给人民"土地、面包、和平与自由"的旗帜走上历史舞台并赢得民心的。它承诺要让广大的劳动人民成为社会的主人，享有虚伪的资产阶级民主不可比拟的真正民主，过上富足的和充实的生活。从苏联的情形来看，"公有制＋计划经济"的体制完成了在尽可能短的时期内摆脱社会主义母体社会经济严重不发达的过渡性任务，也极大地改善了人民的物质生活水平和文化程度，但并没有完成为了全面走向社会主义而奠定丰富的物质基础的历史任务。实际上，由于缺乏定量的判断，难以预估生产力高度发达到何种程度才能真正接近马克思、恩格斯设想的社会主义制度诞生的物质条件，这也就意味着社会主义公有制必须持续不断地促进生产力向更高水平发展。而要实现持续发展，仅仅依赖于革命热情是不够的。随着时间的推移，理论承诺与现实之间存在的差距似乎不断扩大，某些设想的优势并未充分实现，而某些出乎预料的缺陷却暴露了出来，包括经济效率、经济民主、自由等方面，似乎与最初的承诺渐行渐远。

"二战"之后诞生的社会主义国家遵行的也基本上是这种苏联模式。这些国家也不同程度地暴露出上述问题。于是，苏联和东欧国家在20世纪50年代后期开始进入改革的时代。改革的主调是：在生产资料公有制和中央计划管理的基础上，通过体制的调整，更好地让商品关系、价值规律和经济激励在社会主义经济的资源配置中

---

① 苏联科学院经济研究所编：《政治经济学教科书》下册，人民出版社1960年版，第207页。

发挥积极的作用。在这种改革中，人们没有放弃寄托在公有制身上的期望。例如，1972年，南斯拉夫著名经济学家卡德尔还在满怀热情地写道，生产资料从私有制走向公有制，是人类历史上的一次革命性飞跃。与资本主义私有制截然不同，这种飞跃将"使工人阶级、劳动者和创造者追求劳动和劳动者解放这一历史愿望得以实现，也就是说，得以创造这样一种生产关系，在这种生产关系中，工人自己将能成功地克服与其劳动的客观条件、手段和成果的一切形式的异化"①。

在20世纪80年代之前的苏联和东欧，虽然人们对各种改革的效果不满意，但对社会主义经济的基本态度是"制度不错，执行有误"。但是，进入20世纪80年代之后，人们似乎失去了耐心，"那种认为社会主义制度在推动经济发展方面比其对立面资本主义制度优越、至少具有潜在的优越性的信仰，最终失去作用"②。这些国家最终走向了全面私有化和资本主义的道路。

四　所有制思想在中国的发展

中国社会主义建立在比苏联、东欧更落后的社会、经济和政治形态的基础上。因此，中华人民共和国成立之初，我们曾经冷静地提出新民主主义经济纲领，即：国营经济、合作社经济、国家资本主义、个体和私营经济五种成分并存和共同发展，以补缺乏资本主义发展带来的物质文明之课。但是当时严峻的国内外形势，迫使中国也选择了苏联模式。

但是，只有中国，在放弃苏联模式并走向市场经济的改革开放过程中，逐步走向了"以公有制为主体，多种所有制经济共同发

---

① ［南斯拉夫］爱德华·卡德尔：《公有制在当代社会主义实践中的矛盾》，王森译，中国社会科学出版社1980年版。
② ［法］贝尔纳·夏旺斯：《东方的经济改革：从50年代到90年代》，吴波龙译，社会科学文献出版社1999年版，第131页。

展"的体制，坚定地走在社会主义的道路上。这一基本经济制度不同于苏联模式中的公有制。二者的差异不是边际意义上的变化，而是实质性的变革。这种变革使我们对社会主义本身有了一种新的认识。

当然，这种所有制的改革和发展不是一帆风顺的，其间也充满着意识形态领域中各种力量的较量。例如，在如何看待农村土地承包制、个体经济、"三资企业"的发展，如何看待国有企业的改革形式等问题上，都出现过姓"资"还是姓"社"的激烈争论①。有关中国特色社会主义所有制问题的思想和实践，正是在这种争论过程中发展起来的。这种发展，一方面，把"公有制为主体"，视为可以保证社会主义性质的一种内在价值；另一方面，把它和"非公有制"作为发展社会生产力的一种重要手段。综合来看，这种所有制思想的发展，主要体现在下述几个方面。

第一，确立以"是否有利于"社会生产力的发展作为评价所有制问题的核心尺度，强调所有制必须符合社会生产力发展的客观要求，从而形成了多层级的所有制结构。这种观点充分体现了马克思的思想："无论哪一个社会形态，在它们所能容纳的全部生产力发挥出来以前，是决不会灭亡的；而新的更高的生产关系，在它存在的物质条件在旧社会的胎胞里成熟以前，是决不会出现的。所以人类始终只提出自己能够解决的任务，因为只要仔细考察就可以发现，任务本身，只有在解决它的物质条件已经存在或者至少是在形成过程中的时候，才会产生。"②

这成为我们以"社会主义初级阶段"的名义重新思考有关所有制的一切问题的指导思想。"初级阶段"这一定位给我们带来了伟大的思想解放，让我们得以用"三个有利于"作为衡量所有改革的标准，也为所有制改革提供了广泛的空间，从而在实践中发展出丰富

---

① 马立诚、凌志军：《交锋：当代中国三次思想解放实录》，今日中国出版社1999年版。

② 《马克思恩格斯选集》第21卷，人民出版社1972年版，第83页。

得多的所有制形态：国家所有制、集体所有制、合作（社）所有制、社团所有制、个体所有制、私人所有制、外资所有制，以及由它们派生出来的、各种类型的混合所有制。

第二，较为充分地认识到，任何一种所有制能否促进社会生产力的发展，核心的问题是经济利益的激励机制。传统公有制理论有一种教条主义的观点：私有制改造成公有制之后，劳动者与生产资料直接结合，人民自然就当家作主，从而具备了主人翁的自觉责任感。这本身就足以构成新时代劳动者劳动的全部推动力，成为人们不计较个人利益得失的献身精神的基本源泉。这种观点的出现，"与对社会主义本身的简单化理解有关外，还同未能恰当分析革命胜利之初在劳动者当中焕发出来的劳动热情与主动性的性质有关。其实，后者更多地与剧烈变革所带来的政治上的激情相联系，而这种激情之所以能够出现，是有相当复杂的、许多可能是我们目前还尚未知晓的社会心理学的内容……大家都认为革命胜利后不长时间内劳动者表现出来的巨大热情，验证并且证实了工人阶级的大公无私和彻底革命性。"[①]

这种观点实质上对人性做出了错误的判断，对个人经济激励的问题采取了虚无主义的态度。从传统公有制实践的情况看，多数劳动者并没有在生产中感觉到自己是主人，只是把工作单位视为赖以谋生的场所，出现"吃大锅饭"等消极的现象，严重影响着经济效率的提高。这类事实证明，社会或集体的利益固然存在，但它不能代表也不可能囊括无数的个体对自身利益的关切。

基于对这类教训的反思，所有制改革伊始，学术界就抛弃对个人经济利益的虚无主义态度，开始对个人利益"去污名化"的讨论历程，证明了个人追求自身物质利益的正当性，承认人们对财富的追求包含着改善家庭生活状态的合理性。虽然人类行为的动机是多样化的，但是，对自身利益的追求是其中最强大的动力。追求、创

---

① 张博树：《经济行为与人——经济改革的哲学思考》，贵州人民出版社1988年版，第85页。

造和占有私人财产不再是一种罪恶，而是成功的标志。正是基于这种思想基础的各种类型所有制改革，激发出经济主体的积极性，形成了经济发展的动力机制。

第三，提出所有制结构的概念，承认并正视在市场体制中公有制与非公有制相互依存的客观事实，把非公有制经济视为社会主义初级阶段基本经济制度的重要组成部分。在某种意义上，这冲破了只有公有制才具有社会主义性质的传统观念。在改革过程中，我们最早认可的是被称为"个体户"的劳动者个人私有制。在马克思的理论中，这是一种不同于其他私有制的、积极的私有制。之后，我们慢慢地在思想上也接纳了私营企业、外资企业等私有制形式。最后，我们终于明确认识到，市场经济只可能建立在多种所有制共同发展的基础上。

这种认识让我们最终抛弃了"私有制代表的是一种落后的生产力"之类的陈旧观点。在重要的中央文献中，党的十六大报告第一次明确地指出："坚持公有制为主体，促进非公有制经济发展，统一于社会主义现代化建设的进程中，不能把这两者对立起来。各种所有制经济完全可以在市场竞争中发挥各自优势，相互促进，共同发展。"①

排他性的所有权的制度安排是市场交换的基础，或者说，市场交换的实质是所有权的交换。只要我们选择以市场体制来发展社会主义生产力，就必须承认多种所有制的存在和发展。市场经济之所以有效率，就因为它本质上是交换经济，是不同的所有者交换产品、交换劳动的经济，因而，它的微观基础必然是且必须是不同利益主体的所有者，必须是多元化的产权主体。基于这种认识，我们致力于在不同的所有制企业之间建立平等的竞争关系，使我们获得了理论的自信，敢于一再声明"两个毫不动摇"的政策思想。

第四，重新解释公有制概念，区分公有制与公有制的实现形式，

---

① 《中国共产党第十六次全国代表大会文件汇编》，人民出版社2002年版，第25页。

抛弃以"一大二公"衡量所有制形式先进程度的传统思想，在拓展公有制各种实现形式的实践发展的过程中提炼出新的理论观点。所有权不是一种权利，而是一组权利的集合，至少包括占有权、使用权、管理权、收益权、处置权等。公有制并不是简单地把一组权利从 A 转移到 B 手中（也就是从个人转移到集体或国家）就万事大吉了。改革之前的教训教导我们，要让公有制完成其使命，我们还需要科学地做出分配各种权利的抉择。正是在这种意义上，党的十八届三中全会《决定》写道："产权是所有制的核心。"这是对之前所有制实现形式的改革思想的高度概括。

用这种理论观念，我们就可以合理地解释公有制各种类型的新形态之发展。在实践中，率先进行的是农村土地集体所有制基础上的家庭承包责任制，最近进行的是"三权分置"改革。在国有企业领域，率先进行的也是承包制改革，之后，逐渐发展到以"两权分离"为基础的股份制改革，而且，股份制改造成为国有企业的主流改革模式。

上述所有制的改革和思考过程，给中国经济改革提供了多元化竞争的制度基础，激发了各种经济行为主体的积极性，使市场经济不断走向成熟。在这种制度基础上，中国创造了经济增长的奇迹。

五 所有制理论存在的某些问题

虽然我们在所有制问题上取得很大的进步，但在思想上和实践中仍然面临着一些悬而未决的挑战。我们不能再沿用计划经济时代的公有制理论，而必须基于市场经济的语境和客观事实来讨论所有制问题。我认为，至少还需要认真思考下述问题。

1. 如何根据实践的发展来理解公有制

经验告诉我们，公有制把一组权利从私人手中转移到集体或国家手中，并不会自动地实现公有制"纯粹形态"的理论承诺，不会自动地解决私有制社会存在的问题。否则，我们也就不用费力地对公有制进行改革。

以国有企业来说，南斯拉夫经济学家早就指出了其间存在问题的实质：劳动者仍然与生产资料处于分离的状态，没有获得对生产资料的直接管理权。这一矛盾带来的消极后果是，一方面，直接生产者实际上是国家的雇佣劳动者，因而无法调动他们的生产积极性；另一方面，也会造成国家机关与人民群众的脱离，产生官僚主义[①]。因此，他们认为，国家所有制是公有制的低级形式，它本身孕育着异化的种子。

事实上，这种问题仍然存在于中国的国有企业之中。虽然主管部门对企业领导人拥有任免的权力，但在体制不完善时他在企业中却可能拥有绝对的权威。在这种制度下，企业可能会排除劳动者参与或共同管理企业的所有可能性，工会也可能仅仅充当一种组织有限的福利活动的角色。随着市场体制下所有制结构和实现形式的发展，劳动者与生产资料的结合方式也正在发生着根本性的变化。

面对这种现实，在理论上，对于各种形态的公有制，我们必须区分和研究两种具有实质性差异的形态：在一种形态中，每个人拥有一个明确的份额，实为"联合的公共所有"（Joint Ownership）；在另一种形态中，每个人都可以平等地利用但没有一个人拥有其中任何一部分。在前一种形态中，物质或资源是由所有相关者"积极的"共同持有；而在后一种形态中，人们可能只是"消极的"共同所有。以此而论，农村土地所有制属于前一种公有制形态，实现了生产者与生产资料的直接结合。国有企业属于后一种公有制形态，生产者与生产资料处于相对分离的状态。因此，我们不能笼统地沿用"生产资料与劳动者直接相结合"的表述来论证公有制的优越性。

2. 如何正确地对待非公有制的性质

这在政策和思想层面本来已经没有什么问题了。党和国家一再

[①] [南斯拉夫] 爱德华·卡德尔：《公有制在当代社会主义实践中的矛盾》，王森译，中国社会科学出版社1980年版；伊万·马克西莫维奇：《公有制的理论基础》，陈长源译，中国社会科学出版社1982年版。

强调"两个坚定不移",认可非公有制对中国经济奇迹的重大贡献,并强调"非公有制经济是社会主义市场经济的重要组成部分"。这就在思想上实现了对非公有制经济的"价值转换",即对它所带来的社会经济发展的充分肯定。但是,我们在理论上还没有完成对这种"价值转换"提供一种学理基础的工作。具体的表现是:"多种所有制经济"包含着私有制经济,但是,在政策层面和讨论中,我们仍然在使用"民营企业""非公有制经济"这类概念,回避使用"私有制"这一概念,并对私有制理论持批判态度。

如果"非公有制经济"在制度上既不是公有制,也不是私有制,那是一种什么性质的所有制形态呢?这就给我们提出了一个重大的理论问题:或者承认非公有制经济就是私有制经济,并在这种认识的基础上吸收私有制理论的合理部分;或者力证"非公有制经济"在性质上就不同于私有制。这是建立一种综合性所有制理论所必然面对的问题。在学术界,似乎主流的观点是:非公有制经济虽然是社会主义市场经济的组成部分,但并不属于社会主义经济,因为只有公有制经济才具有社会主义的性质。另一种不同的声音是:在社会主义初级阶段,非公有制经济也属于社会主义经济。这种观点通常引用的是马克思在《政治经济学批判导言》中的论点:"在一切社会形式中都有一种一定的生产支配着其他一切生产的地位和影响,因而它的关系也支配着其他一切关系的地位和影响。这是一种普照的光,一切其他色彩都隐没其中,它使它们的特点变了样。这是一种特殊的以太,它决定着它里面显露出来的一切存在的比重。"[①] 有学者以此为据,认为在公有制为主体的形态中,公有制经济的普照之光必然会使非公有制经济也带有社会主义的性质,至少是"初级阶段"形态的社会主义性质。

如果我们坚持"只有公有制经济才是社会主义性质的经济",那么,我们将永远摆脱不了"公有"还是"私有"之争!因为,只要

---

① 《马克思恩格斯选集》第2卷,人民出版社1972年版,第109页。

在"共同发展"的基本格局下,在实践中,两种所有制经济之间就必然存在竞争关系,而且,二者在数量上的相对比重必然是此消彼长的关系。回避其中的冲突和矛盾,只强调其中的和谐理念,是无法最终解决问题的。为了解决这一问题,我们需要找到一种理论的"黏合剂",从而形成一种综合性的所有制理论。

3. 所有制与社会公平之间究竟是一种怎样的关系

"公有制是实现社会平等的基础",这种观点在计划经济时代还有其现实基础。在市场体制中呢?所有制结构的变化使我们不仅不再能理直气壮地声称公有制会自动带来公平,更得面对财产和收入分配差距扩大的现实。在理论上,我们还没有搞清楚《资本论》对资本主义的批判中,哪些是针对私有制本身,哪些是针对市场经济可能带来的不良后果。进一步地,我们还没有对如下的问题做出一种很好的判断:在现实的市场经济中,哪些类型的不公平是所有制问题带来的?哪些又是市场机制的必然产物?这些都是有待我们进一步研究的问题。

计划经济体制通过禁止个人积累的财产转化为资本而把收入和财富的不平等控制在某种程度之内,但是,在市场经济中,收入分配是与生产密切相关的市场交换的结果,是这种交换过程的衍生物。通过公有制实现的、对生产资料的平等所有权,只会部分地有助于矫正这种不平等。假设人们之间存在着内在能力上的不平等,这种内在的能力,是那种比别人工作更努力,或者学习时间更长,或者更具魅力从而得到合意工作的能力。只要我们承认每个人都保留对自己技能的所有权以及运用这种技能的权利,并认可这种运用应获得相应的报酬转化为投资的权利,那么,在市场经济条件下,收入分配和财富差距的扩大就是必然的现象。

因此,我们面临的政策问题是:通过什么样的方式,才能消除或削弱收入和财富差距过大带来的弊端,实现社会主义所许诺的社会经济状态?这是一个远比批判私有制社会复杂得多的重大问题。所有制是市场初次分配中的决定性因素,但是,我们可以通过再分配的社会政策,削弱由此而产生的财富和收入分配的差距。欧美国家在20世纪的经验表明,以累进制的收入和遗产税为核心,辅之以广泛的社会福利政策,就可以有效地压缩差距,实现较公平的分配。在这种意义上,在实现社会公平过程中,这类制度安排比所有制更为重要。

(原载《中国工业经济》2017年第10期)

新古典自由主义经济学的困境及其批判

一 引论

国内学界和媒体用于指称以弗里德里希·哈耶克、米尔顿·弗里德曼为代表的"新自由主义",英文实为 Neo-liberalism;与此密切相关的另一个英文 New Liberalism,也被译为"新自由主义",从而导致在讨论中出现某些混乱。从词义的角度来看,"New"和"Neo-"虽然都具有汉语所说的"新"之意,但"Neo-"所说的"新"具有"复制、模仿(Copy)先前事物"之意。就欧美自由主义思想史来说,the New Liberalism 兴起于 19 世纪和 20 世纪之交,力图发展出一种不同于古典自由主义的积极政府观,借助政府的力量,发展和实现"积极的自由",是对古典自由主义(Classic Liberalism)的批评和修正。它无论在时间上还是在逻辑上,都先于 the Neo-liberalism。至于 the Neo-liberalism,在很大程度上是对 the New Liberalism 的批判和否定。哈耶克、弗里德曼用 the Neo-liberalism 自称,第一是为了对抗 the New Liberalism 及其影响。第二是为了表达他们复兴、发展和超越古典自由主义的努力,即追求法治下的有限政府的道路。哈耶克和弗里德曼就多次强调自己的自由观秉承的是英国古典自由主义传统。

据考证,Neo-liberalism 这一概念最早出现于 1938 年法国哲学家路易·鲁吉耶在巴黎组织的沃尔特·李普曼著作《美好社会》的研讨会上,意在探讨自由社会的前景,重构自由主义。哈耶克、米塞斯都参加了此次会议,并在 1947 年组织朝圣山学社时明言,"朝圣山学社的成员对自由的理解的核心是,鼓励、维持并保护自由市场资本主义。这才是西方民主制度的定义性特征。要想扭转思想潮流的趋势，必须坚持这个核心"[1]。因此，按其蕴涵之义，Neo-liberalism 应译为"新古典自由主义"最为贴切，这样，才符合哈耶克、弗里德曼的原意。相应地，我们把他们所代表的倡导"自由市场"的思想称为"新古典自由主义经济学"。至于凯恩斯及其追随者、哲学家罗尔斯和德沃金等人，在自由主义谱系中属于"新自由主义"支系。不过，凯恩斯主义者自称时，并不使用 New Liberalism 的提法，而是直接用"自由主义者"或"自由主义现代派"。

新古典自由主义经济学家基本上是作为以凯恩斯为精神领袖、萨缪尔森的《经济学》为蓝本的主流经济学的批判者的身份登上学术舞台的，把他们统一在一起的旗帜，是"自由市场"理念。市场本身就孕育着自己的自由逻辑，包括契约自由、职业选择自由、迁徙自由等。但是，这些自由市场理念倡导者走得更远。在他们的眼里，只有"消极的自由"，没有"积极的自由"任何容身之处，把倡导"积极的自由"的思想斥为"伪自由主义"。

按照伯林（Berlin）的经典解释，所谓"消极的（Negative）自由"是指"免于…的自由（Freedom from）"，即从他人、特别是国家的束缚和强制下解放出来的状态。[2] 它关心的问题是："一个人或个人组成的团体不受他人干涉，做自己想做的事，在多大范围内能够或应该任凭自己的追求为所欲为。"这种不受干涉的范围越大，就表明个人的自由度越高。所谓"积极的自由"是说"做……的自由（Freedom to）"，即希望扩大个人享受自由的能力，包含获得某种结果的权利。它关心的问题是："决定某人不要这个而要那个、不是这个而是那个的管制乃至干预的根据是什么，以及谁来决定。"[3]

---

[1] 丹尼尔·斯特德·琼斯：《宇宙的主宰——哈耶克、弗里德曼与新自由主义的诞生》，贾拥民译，华夏出版社 2014 年版，第 42 页。

[2] Isaiah Berlin, *Two Concepts of Liberty* (1958), in Four Essays on Liberty, Oxford University Press, 1969, pp. 121 – 122.

[3] Isaiah Berlin, *Two Concepts of Liberty* (1958), in Four Essays on Liberty, Oxford University Press, 1969, p. 121.

依此而论，凯恩斯及其追随者所信奉的自由主义并不反对"消极的自由"，但进一步援引"积极的自由"观。在他们看来，充分意义上的个人自由包括拥有自我实现的机会和能力，因此，必须超越机会均等。"积极的自由"观的政策含义是：如果某些资源（包括个体的人力资源）是有效地实现自由所必需的，那么，拥有这些资源，就必须视为自由本身的构成部分。正是基于此，凯恩斯主义者才为福利制度辩护，认为这类政策将会保证个人获得真正的、完整的自由。他们以积极的态度看待政府行为，把政府视为社会保障、失业保险、工会运动等制度的真正捍卫者，认为保护中产阶级、给予劳工讨价还价的政治权利、结束富裕精英的统治地位，是使西方社会更加民主、自由和平等的重要基础。

与这类自由主义经济学家不同，新古典自由主义经济学家信奉的只是"消极的自由"，强调自由的本质是"免于干涉和独立"。他们坚决反对把政府视为普遍福利的合理提供者的观念，坚持认为自由市场政策的任务就在于设计出各种能解除政府服务职能的制度，尽可能地将政府在社会保障、教育、医疗等公共领域的职能私有化和市场化，并且反对反垄断法律、保护环境法规、工会和消费者权益组织等保护性制度安排。他们在这类制度安排中看到的只是个人自由的缩小、政府的失败，并致力于通过对这类制度安排的经验实证研究，揭露和批判其"真相"，证明自由市场的优越性。[1] 在歌颂自由市场之时，他们倾向于忽视或轻描淡写市场失灵现象，强调政府失灵甚于市场失灵，不相信政府在弥补市场失灵时具有不把事情搞得更糟的能力。自由交易被视为解决这类问题的最佳方案。"管得最少的政府就是最好的政府"成为他们的座右铭，只不过换了一种说法，即"市场的自我监管优于政府的监管"。

这一学术群体的正式形成可以追溯到朝圣山学社成立之时。当

---

[1] 亨利·勒帕日：《美国新自由主义经济学》，李燕生译，北京大学出版社1985年版。

时，参与的经济学家包括弗里德里希·哈耶克、米尔顿·弗里德曼、路德维希·米塞斯、乔治·施蒂格勒等；后来，几乎所有具有新古典自由主义倾向的重要经济学家都是这一学社的活动的积极参与者。在其后的发展过程中，这一学术群体，通过朝圣山学社与英美自由智库的频繁交往，创造出了同属于一个阵营的感觉。至20世纪70年代，新古典自由主义经济学的核心教义日益清晰。随着哈耶克、弗里德曼获得诺贝尔经济学奖，它在学术界已经取得突破性的成就，拥有一大批追随者。同时，它在媒体、基金会、商界和政界也赢得一大批信奉者和宣传者，推动着以倡导自由市场为核心的新古典自由主义思想向主流公共辩论平台和政治意识形态的渗透。在新古典自由主义经济学家看来，20世纪70年代欧美经济的糟糕表现（特别是滞胀），都是政府行为造成的。欧美国家三分之一甚至将近一半的GDP是由政府依据某种集体主义的政治手段分配的，市场配置资源的空间相对被缩小。因此，他们提出了一整套以自由化和私有化为核心的市场改革方案，呼吁重建自由市场。20世纪80年代及其后，这套改革方案的理念终于获得了政治决策者的认可，先是在英美，后扩散到其他发达国家和发展中国家。

鉴于这种经济学思潮对学术界和决策界的重大影响，审视其中存在的问题，是必须进行的一种重要学术探讨。由于"新古典自由主义"在西方文献中所涵盖的思想领域非常广泛，本文将它的范围进行了限制，仅指称建立在个人自由和有限政府基础上的自由市场思想，谓之"新古典自由主义经济学"。

二 自由市场的理论困境

虽然新古典自由主义经济学家倡导自由市场，但他们内部对自由市场的论证却是基于对市场本质的不同理解，在理论上是彼此矛盾的，甚至是对立的。这最明显地体现在芝加哥学派与新奥地利学派两个群体之间。它们在下述根本性问题上存在着截然不同的理论解释[1]：自由市场的本质特征是一般均衡还是一种动态协调过程？价格传递出来的究竟是什么类型的信息？竞争与效率之间的关系是什么？

芝加哥学派的论证，遵循的是新古典主义经济学的思路，以均衡理论来论证市场的最优性质。弗里德曼、施蒂格勒尚只是用马歇尔均衡范式来为自由市场的效率辩护，而卢卡斯等较年轻的一代却用动态随机一般均衡模型来为之辩护。一般均衡模型原本只能充当一种启发式的思考框架，不能把它视为对自由市场经济的一种解读，甚至算不上是一种近似的解读。因为，市场失灵在理论上正是从这种模型中推导出来的，且不说这种模型本身还存在某些根本性问题。但是，卢卡斯及其追随者却坚持认为，只要对阿罗－德布鲁模型做一些理论上的改进，就可以把它视为对自由市场纯粹形态的论证，一种对现实市场经济的近似描述。

如何改进呢？那就是以"有效市场假说"为榜样，增添理性预期之类的假设。理性预期意味着所有市场参与者都能充分利用可获得的信息，而且确切知道经济运转的机制，由此可以形成关于工资、价格和其他经济变量的准确预测。正是基于对这一假设的理论自信，卢卡斯及其追随者将有效市场假说推论到整个市场经济体系。另外一个重要的假设是"卢卡斯供给函数"，它依赖于所谓劳动供给的"跨期弹性"。根据这一假设并结合理性预期假设，卢卡斯和追随者坚持市场会自动快速出清的观点。再加上货币中性论，他们就轻而易举地得出了"政策无效"的结论。有人甚至根据这种理论，认为政府是"经济周期的发生器"。

我们应该如何看待这类改进？研究一般均衡论的著名经济学家哈恩早就坦诚地指出，我们"已接近路的尽头。现在，我们已经到了并非如我们想象的那样好的地方。一部分原因是世界改变了，不

---

[1] 杨春学、谢志刚、王瑶：《对自由市场的理解：芝加哥学派和奥地利学派的比较研究》，社会科学文献出版社 2013 年版。

再像过去那样分散了；另一部分原因是我们走的路过于狭窄，而且，我们现在觉得，在修建这条路时，我们避开了太多的、本该经过的荒凉而杂乱的原野。我们确实已经到达了井然有序的目的地，但我们却越来越不可能停留在那里"。① 卢卡斯们没有听从哈恩的警告，走得更远。在上述所谓通过"改进"的理论模型中，不存在市场失灵、失业、有限理性、经济泡沫等现象，也不存在行为经济学揭示出来的各种非理性行为。这类现象都通过假设而消失在视野之中。正如福克斯所评论的，"早在20世纪70年代，持不同意见的经济学家和金融学者就开始质疑理性市场理论，揭露它在理论上的前后矛盾和缺乏现实依据。在20世纪末，他们已经成功摧毁了该理论的主要支柱，但是却没有提出令人信服的替代理论。结果，理性市场理论仍然充斥于公众辩论、政府决策和私人投资中，直到21世纪的第一个十年——2008年的市场崩溃前夕"②。卡西亚把这种现象恰当地形容为"乌托邦经济学的胜利"③。

新奥地利学派对芝加哥学派的上述论证非常不以为然，认为这是一种错误的理论路径，误解了自由市场及其相关问题的本质。

第一，在奥地利学派看来，自由市场的最根本优势在于，能够有效应对经济世界所充满的各类不确定性。在这里，根本就不存在所谓的"最优"，最多只有一种适应性效率。

新古典主义经济学用均衡概念来解释市场的运行，存在着"合成推理的谬误"。拉赫曼明确指出："瓦尔拉斯主义者在三个层面上使用均衡概念——个人、市场和整个经济系统，从而犯下了没有保证的推广的谬误：他们错误地相信，打开一扇门的钥匙将打开一系列门。正如米塞斯说明的那样，受一个大脑控制的行动必然是一致

---

① 转引自柯兰德《新古典政治经济学》，马春文、宋春艳译，长春出版社2005年版，第2页。
② 贾斯汀·福克斯：《理性市场谬论：一部华尔街投资风险、收益和幻想的历史》，侯谨慎、李陶亚、卞丽娟、邢佳译，中国人民大学出版社2013年版，第4页。
③ 约翰·卡西亚：《市场是怎么失败的》，刘晓锋、纪晓峰译，机械工业出版社2011年版。

的。同一个市场中许多头脑的行动缺乏此类一致性,就像同时出现的看涨和看跌一样。在一个经济系统之间,许多市场中的个人行动相互和谐,这是一个更冒失的假定。"①

最早认识到这一问题的是哈耶克。在他看来,如果使用纯粹的选择逻辑,用均衡概念来解释纯粹的个人行为(例如消费者均衡、生产者均衡),是不成问题的。虽然个人会存在认识上的错误,但就个人在特定时间上的主观认识而言,均衡不外乎是一种纯粹个人选择逻辑的产物。关键在于从个人均衡转向社会均衡时在概念上出现的问题:"长期以来,我总是感到,我们在纯粹分析中所使用的均衡概念本身及其方法,只有在局限于单个人的行为分析时才有明确的意义。当我们将其应用于解释许多不同个体之间相互作用时,我们实际上正步入一个不同的领域,并悄然引进一个具有完全不同特征的新因素。"② 究竟是什么样的一种"新因素"呢?那就是,为了实现社会经济均衡,如何协调个人之间不同决策的问题。这是一个经验问题。

哈耶克认为,经济学只有当它能够说明所有参与者如何获得知识并且在竞争过程中利用这些知识,才能重新成为一种经验科学。真正的解释不在于均衡状态本身,而在于至少在趋势上朝着均衡状态发展的过程。因此,奥地利学派认为,理解市场的正确思路,是把它作为一个真正的竞争过程。这是一个由一系列发现造就的变化过程,其中充满不确定性和试错行为,只存在一种学习和适应性效率。③ 正是在这种学习和适应过程中,会产生出一种自发的拓展秩序。在哈耶克看来,描述和分析这种过程,只能运用"复杂现象"理论。

---

① 路德维希·拉赫曼:《论奥地利学派经济学的核心概念:市场过程》,埃德温·多兰主编:《现代奥地利学派经济学的基础》,王文玉译,浙江大学出版社2008年版,第118页。
② 哈耶克:《个人主义与经济秩序》,邓正来译,生活·读书·新知三联书店2003年版,第33—34页。
③ 伊斯雷尔·柯兹纳:《市场过程的含义》,冯兴元等译,中国社会科学出版社2012年版。

第二，在奥地利学派看来，价格的本质在于：通过市场过程，所有的市场参与者可以充分地利用分散在各个参与者身上的"特定时空的私人知识"，从而有效地对付充满在市场中的各种不确定性。

新古典主义经济学用均衡模型来解释价格的形成，是一种带有误导性的思路，不足以揭示价格的本质。它把市场参与者的行为改造成为一种纯粹的最大化逻辑思维，所有的行为主体被"给定的"大量信息，从"给定的"技术演绎出"给定的"成本，从中又演绎出"给定的"价格，完全误解了古典经济学的"无形之手"的精神。正是存在这种误解，使兰格等人也能够借助这种经济学，证明中央集权的计划经济也可以实现帕累托最优。这一学术史实本身就足以证明一般均衡理论对市场和价格本质的理解是无用的，甚至是误导性的。

事实上，价格体系之所以可以充当信息交流机制，完全是因为被新古典主义经济学视为"给定的"信息，只有在交换和竞争过程中才可能被发现和利用。在事前，人们拥有的只是特定时空的零星知识；在事前，市场参与者并不能确知消费者对哪些商品存在有支付能力的需求，也不知道这些商品的相对稀缺程度，不清楚谁能以最低的成本提供这些商品，等等。所有这些信息都是在动态的竞争过程中获得的。作为自发秩序的一种典型，价格体系之所以能引导市场参与者的资源配置并赋予它以秩序，就是因为价格体系记录下了人们在参与市场竞争和交换的过程中留下的那些零星知识，并通过价格对个人"特定时空的私人知识"进行编码，形成新的价格和显性知识。由此而形成的自发秩序不是一种状态，而是一种过程；不是一种最优过程，而是一种可以动态修正的过程。

第三，只有市场过程理论，才能充分揭示出市场与个人自由之间的内在联系。

在均衡理论中，个人选择堕落为一种纯粹的数学计算，看不到真正的个人自由。与此不同，在市场过程理论中，市场的本质就在于给参与者提供一种发现并利用未被注意到的谋利机会的自由。正是通过这种机会，个人可以充分表达、展现和发挥个人的自由。因此，柯兹纳说，"不仅市场的运行有赖于个体自由，而且只有在自由市场的背景下，一个社会才有可能有真正的个体自由"①。

越来越多的学者认识到，若要在芝加哥学派信奉的新古典主义经济学和奥地利学派经济学之间选择一种自由市场理论，最好的选项也许就是要有效地容纳奥地利学派经济学的思想。经济学家很喜欢《铅笔的故事》对市场机制的那种寓言式的描述。但是，这个故事所描述的市场机制包含的内容，最接近奥地利学派的理解，而离新古典主义经济学的论证很远。对这一选项，非奥地利学派的最强烈支持者，也许是著名的经济思想史学家马克·布劳格。他认为，作为新古典主义经济学的核心基石，一般均衡模型关注竞争的最终结果胜于过程本身（即竞争如何发挥作用），就像一份"一个国家的城市地图，却没有描述城市之间的道路"，是无用之物。他呼吁放弃完全竞争模型、一般均衡及福利经济学，代之以由米塞斯、哈耶克和柯兹纳传授的新奥地利学派的市场运行模型："我缓慢而极不情愿地正视，他们（奥地利学派）是对的，而我们一直都是错的……亚当·斯密的看不见之手指的是动态的竞争过程而不是被古诺带入经济学的静态的、作为结果状态的完全竞争概念。"② 当然，布劳格的呼吁有点极端。奥地利学派经济学也存在根本性的缺陷。更多的学者（包括相当一部分奥地利学派的经济学家）则力图在新古典主义经济学与奥地利学派经济学之间形成某种折中主义的理论形态。③

三 "有限政府"的政治困境

新古典自由主义经济学认为，与"自由市场"相容的，只可能

---

① 伊斯雷尔·柯兹纳：《市场过程的含义》，冯兴元等译，中国社会科学出版社2012年版，第56页。

② Blaug, Mark, *Not Only an Economist*, Edward Elgar, 1997, p. 189. 转引自马克·斯考森《现代经济学的历程》，马春文等译，长春出版社2006年版，第218页。

③ 卡伦·沃恩：《奥地利学派在美国》，朱全红等译，浙江大学出版社2008年版。

是"有限政府";[1] 而且,只有这种有限政府,才可能保证自由市场与政治自由的携手并进。

自由植根于自由市场。这种理念是新古典自由主义不同于古典自由主义的最显著特征。据言,把自由市场与政治自由密切地联系起来,是弗里德曼对新古典自由主义的最重要贡献。弗里德曼认为,把经济与政治领域分割开来思考市场问题是错误的,这会让人们误解经济自由与政治自由之间内在的基本联系,从而低估市场在维护和促进个人自由、限制政府行为方面的巨大潜力。在他看来,市场是"公民不服从能力"的守护神。例如,正是存在媒体市场,基于赢得读者和盈利的考虑,任何观点都可以找出发表和出版的机会。再有,麦卡锡主义泛滥时期被起诉的政府雇员可以在私人部门找到就业机会。自由市场还具有一种强大的非人格化力量,把恶劣的歧视和偏见阻挡在经济领域之外[2]。新古典自由主义经济学家赞同弗里德曼这种观点,即:政治自由和公民自由都有赖于自由市场。但是,只要细致考察一下他们设想以什么形式来实现"有限政府"的问题,我们就会发现,他们所标榜的"有限政府"与政治自由之间的关系是相当模糊的。

在新古典自由主义经济学阵营中,致力于有限政府研究的是哈耶克、詹姆斯·布坎南及其追随者。他们以立宪政治经济学的名义,研究宪政问题(即宪政秩序的机制)。在他们看来,要实现"有限政府"的目标,当务之急是如何用宪法机制来限制国家干预社会经济生活、税收、财政开支和发行货币的权力。立宪政治经济学的核心主题是,压缩政治权力的潜在行使空间,确定有限政府的规则,其严格程度不亚于保护个人基本自由权利的制度安排。

在研究中,哈耶克、布坎南及其追随者发现,民主政治与自由市场之间存在着多方面的对立[3]。因此,他们致力于揭露西方政治制

---

[1] 在这里的讨论中,有意识地排除了奥地利学派的米塞斯和罗斯巴德。因为他们几乎就是无政府主义者,而不是有限政府的倡导者。
[2] 米尔顿·弗里德曼:《资本主义与自由》,张瑞玉译,商务印书馆1988年版。
[3] 查尔斯·K. 罗利编:《财产权与民主的限度》,刘晓峰译,商务印书馆2007年版。

度对"有限政府"的破坏,认为官僚机构借助于议会的多数决策规则,攫取了宪法的权力,严重破坏了立法、司法和行政"三权分立"的原则。多数决策规则不仅不能有效地限制政府的行为范围,反而成为政府不断扩大其行动范围的工具,已经显现出滑入"利维坦"的危险。例如,哈耶克强调,"多数票决"所选出的政府并不能等价于"人民的意志",它仅仅是一种代议制政府。流行于西方社会的民主政治已经从最初保护个人自由的一种工具演变为用多数票决定某些特定问题(例如再分配)的制度,成为一种"无限制的民主"。①因此,他们倡导立宪改革,呼吁确立新的决策规则,用有限民主来约束政府的权力,重建一种"有限政府"。

在讨论用有限民主来限制政府行为时,他们实质上承袭的是古典自由主义批判"多数人暴政"的理念。最早明确提出这个概念的是托克维尔,但之前的古典自由主义者就已经认识到这问题。在洛克及其追随者眼中,普遍的民主必然会带来再分配的要求,从而对个人财产的自由权构成潜在的威胁。所以,他们支持英国的政治传统,主张对选民进行财产资格限制。著名的法国古典自由主义者贡斯当清晰地论证了这种主张的依据。这种论据可以归纳为两点。第一,有产者摆脱了物质生活的贫困,一般倾向于关心和思考公共事务,具备行使政治权利的能力。第二,有产者出于自身利益的考虑,趋于保守,热爱秩序和正义。因此,人类政治实践中的制衡力量只能到财产所有者中去寻找。② 当代学者鲍尔斯和金蒂斯指出了这种财产资格限制的本质,那就是力图剥夺最有可能与财富霸权竞争的集团(劳动者阶级本身)的公民权。③

与洛克、贡斯当等人不同,在托克维尔看来,民主面临的关键

---

① 哈耶克:《法律、立法与自由》第三卷,李静冰、邓正来译,中国大百科全书出版社 2002 年版。

② 邦雅曼·贡斯当:《古代人的自由与现代人的自由》,阎克文、刘满贵译,商务印书馆 1999 年版。

③ 塞缪尔·鲍尔斯、赫伯特·金蒂斯:《民主与资本主义》,韩水法译,商务印书馆 2013 年版。

问题在于，人们是否能够在不断强化政治平等的过程中维护自由。他不愿意为了保护财产权不受政治过程的影响而提出限制公民权的主张。与英国古典自由主义者一样，新古典自由主义经济学家之所以要用有限民主塑造有限政府，其根本目的在于保护所谓个人的完全"私有财产权"。诺齐克提供了有限政府形态的一种理论基准："能够得到证明的是一种最低限度的国家，其功能仅限于保护人们免于暴力、偷盗和欺骗以及强制履行契约等；任何更多功能的国家都会侵犯人们的权利，都会强迫人们去做某些事情，从而也都无法得到证明。"[①] 在他看来，只有这种政府形态，才有可能保障完全的个人"自我所有权"和建立在其上的私有财产权不受任何强制性的外部干扰，从而实现充分和完整的个人自由权利。

诺齐克证据的核心是古典自由主义的"自我所有权"概念。它的逻辑是：如果每个人对自身拥有所有权，那么，这至少意味着他可以自由支配自己的意志、能力和劳动；既然如此，他也就必然有权根据自己的意愿自由支配其劳动成果（财富和收入）。不仅如此，拥有自身这一最基本的权利，似乎也就必然要求享有契约自由、职业选择自由、迁徙自由等。一旦这些自由被剥夺，"自我所有权"也就会受到损害。如是观之，财产自由等自由权利、"自我所有权"与自由市场之间的关系是建构性的而不是工具意义上的。桑托斯把这种思想称为"自由市场哲学"。[②]

立宪政治经济学家赞同这种自由市场哲学的基本论点，但仅仅只是把最弱意义上的国家视为研究的一种起点，不赞同诺齐克把征税视为奴役的推论。因为他们倡导的有限政府并不是守夜人式的最小政府概念。按照哈耶克的分类，政府有两种截然不同的正当职能，即"强制的功能"和"服务的功能"；按照布坎南的分类，相应地分别称之为"保护型国家"和"生产型国家"。有限政府的形式必然是一种

[①] 诺齐克：《无政府、国家和乌托邦》，姚大志译，中国社会科学出版社2008年版，第1页。

[②] 迈克尔·桑德尔：《公正》，朱慧玲译，中信出版社2011年版。

民主政府，但这种民主政府必须受到明确限制，方能成为一种自由的有限政府。问题在于如何在现实中重建有限政府呢？

在哈耶克看来，有限政府应具有两个特征。第一，政府依赖于法律进行统治，而且这种法律只规定抽象的一般原则，以防止政府对社会经济生活的具体干预。第二，即使是政府提供的服务，也应当按照竞争原则进行管理。那就是尽可能把权力交给地方政府，让它们为争取公民的支持而展开竞争。因为公民可以用脚投票，迫使地方政府按照公民的意愿行事。① 在如何让政府依法统治的问题上，他认为，既然民主政治只是一种决策程序，那么，就没有必要非把普选制作为衡量民主政治的原则。按照他的观点，以财产、收入、年龄和受教育程度等作为限制公民拥有备选人资格的标准，也未尝不可，只要由此而产生的决策不危及自由市场秩序和个人自由。为此，他建议设立两种决策机构——立法代表大会和政府代表大会。前者仅仅在定义政府行为的正当与否的问题上代表人民的意愿；后者则在前者制定的原则范围内，根据人民的意愿，决定采取何种措施。立法代表大会不允许存在党派之间的分歧，这种分歧只允许存在于政府代表大会中。哈耶克还为选举这两种机构的代表提出一些程序和成员资格限制。对这类建议，哈耶克的传记作家甘布尔略带讽刺的口吻评论说，"根据哈耶克的原则，20 世纪五六十年代的南非种族隔离制度既可以算是一种民主政体（因为政府是按简单多数原则选举产生的），也可以算是一种自由主义政体（因为它主张保护财产私有制和保障个人的私人空间不受侵犯）"。②

这种限制公民权的主张，显然是违背现代西方政治文明之精神的。在这一点，布坎南比哈耶克更明智，弱化了对多数决策规则的指责程度。布坎南及其追随者认为，要想防止"多数人的暴政"，唯

---

① 哈耶克：《经济、科学与政治：哈耶克论文演讲集》，冯克利译，江苏人民出版社 2003 年版。

② 安德鲁·甘布尔：《自由的铁笼：哈耶克传》，朱之江译，江苏人民出版社 2005 年版，第 156 页。

一理想的民主制度是遵循"一致同意"规则。这种规则在理论上等价于经济学中的帕累托最优。如果我们把集体行动视为一种减少由纯粹的私人行动或自愿行动所强加的影响的那些外部成本的方法，并把集体决策的成本分为两种（外部成本和决策成本），那么，唯有"一致同意"规则才能消除所有外部成本，任何弱于"一致同意"的规则，其结果必然包含外部成本，从而带有"多数人的暴政"的性质。① 然而，在现实中，鉴于达到"一致同意"的高昂成本及其实现的机会渺茫，人们才退而求其次，采用"多数同意"的决策规则。这可以视为基于现实的次优选择。只要人们都同意少数服从多数，那么，这种规则就具有一致性。虽然按照这种规则进行决策的结果没有达到帕累托最优，但这种规则本身却是具有"过程效率"的。在这种意义上，多数规则的民主制度是集体选择的最优方案。② 如何把这种思想运用于建立有限政府呢？布坎南只是强调，对政府运用"多数同意"规则的范围要有严格的限制。越是涉及基本人权和产权的层次，越需要更大比例的多数同意，直至一致同意。至于如何具体限制，他并没有清晰的清单，只是列举一些案例，譬如说增税必须通过绝对多数（2/3）选民的同意。

　　至此，我们看到他们通过有限民主来塑造"有限政府"的清晰的可行方案了吗？没有，至少是模糊的！哈耶克只是抽象地强调要以法治的原则来限制政府的行为，拒绝列出对政府行为进行实质性限制的清单。在他看来，政府对自由的最大威胁来自其任意的强制。布坎南也只是一般性地建议，在确定立宪条约时用"一致同意"作为投票规则，在立宪后的条约中，政府可以采用"多数票决"的规则。在他们眼里，有限政府并不是诺齐克所说的那种最弱意义上的政府。例如，虽然布坎南给人们一种"政府失败"的强烈倡导者的形象，他实际上对政府持有较为积极的态度。在他看来，诺齐克所

---

① 詹姆斯·M. 布坎南、戈登·塔洛克：《同意的计算》，陈光金译，中国社会科学出版社 2000 年版。
② 詹姆斯·M. 布坎南：《自由的限度》，董子云译，浙江大学出版社 2012 年版。

倡导的，只是一种"保护型国家"。而某种程度的"生产型国家"也是合理的。作为一种集体力量和集体决策制度，国家行动或政府行为具有其他方式无法比拟的优势，可以在诸如公共物品、负外部性等市场失灵的领域更好地满足个人的偏好。[①] 但是，他们与其他新古典自由主义经济学家一样，低估了下述历史力量对"有限政府"的限制。

第一，欧美历史表明，市场经济的存在和发展确实与个人自由（经济自由、公民自由和政治自由）之间存在着一种相互促进的关系。特别是这一过程中形成的中产阶层，被视为民主的天然盟友。但这一事实并不能证明自由市场是政治自由和公民自由的最佳保护神。市场资本主义必然会带来经济上的不平等，而且这种不平等会以多种方式造成政治资源分配上的不平等，从而影响公民的政治自由和政治平等。例如，在美国的选举过程和政府组阁等方面，我们可以明显地观察到以华尔街为核心的资本力量带来的"少数人暴政"。新古典自由主义经济学家回避了资本执行政府职能，甚至凌驾于政府之上的事实。[②] 正是这种少数人的暴政，成为通向不同于哈耶克所说的另一种类型的"奴役之路"。

第二，市场资本主义与民主政治之间一直存在冲突。著名政治学家达尔把这种冲突形容为"像两个被不和谐的婚姻所束缚的夫妻。尽管婚姻充满了矛盾，但它却牢不可破，因为没有任何一方希望离开对方。用植物世界来比喻就是，二者是敌对的共生"，"每一方都在改变和限制另一方"[③]。在 OECD 国家中，正是自由市场资本主义已经造成或预期将造成的损害，诱使了政府的行为范围和规模的扩大。例如，正是 20 世纪 30 年代初的经济大萧条所暴露的自由市场

[①] 詹姆斯·M. 布坎南：《宪则经济学：人类集体行动机制的探索》，韩朝华译，中国社会科学出版社 2017 年版。

[②] 罗伯特·海尔布隆纳：《资本主义的本质与逻辑》，马林梅译，东方出版社 2013 年版。

[③] 罗伯特·达尔：《论民主》，李柏光、林猛译，商务印书馆 1999 年版，第 174、181 页。

灾难，以及面对这种灾难时私人和民间慈善的无力，才导致美国现代福利制度的诞生和发展。

四　市场秩序的道德困境

与自由市场（和有限政府）相适应的，是一种什么样的道德基础呢？新古典自由主义经济学家认为，市场是"道德无涉区域"，即市场交易与道德情感无关。布坎南曾经用一个故事来通俗地表达这种观点，那就是市场参与者在道德上是独立的。只要双方互相承认各自的财产权，市场交易就可以用公平的方式有效地进行。在这一过程中，交易者对对方的处境（贫困还是富有）毫无兴趣，也不在乎对方的政治倾向、宗教信仰或种族，甚至无需语言交流，仍然可以顺利地完成自愿交易。[1] 这么看来，自由市场的美妙之处就在于：即使人们相互漠视，市场仍能运转自如。它不需要参与者之间有复杂的交流甚至信仰。市场上的交流是由价格来传递的，不是由人来表达的，是货币在说话。

在这种意义上，"市场是道德秩序的体现，它只要求互相尊重保证实现权利和执行契约的法律。在这些最低限度内，参与理想市场的个人，在道德上是独立的"[2]。这种道德秩序不同于"道德社会"和"道德的无政府状态"。"道德社会"以每个人对自己作为共同体的成员身份的认可为基础，服从某种共同的道德意识。在"道德的无政府状态"中，每个人都把他人完全视为实现自己目的之工具，缺乏彼此的尊重。与这两种状态不同，"道德秩序是每个人都在信奉和遵守一套非人格化的规则的基础上相互合作。它对人们在道德上的要求是非常低的，但在这种环境中，个人的人身和财产是安全的，社会安全对治理的需要降至最小程度。相应来说，个人的自由达到

---

[1] 詹姆斯·M. 布坎南：《自由的限度》，董子云译，浙江大学出版社2012年版。
[2] 詹姆斯·M. 布坎南：《自由、市场和国家》，吴良健、桑伍、曾获译，北京经济学院出版社1989年版，第241页。

最大程度"[①]。

如果"道德无涉区域"的观点仅仅运用于描述单个的交易行为，也许是没有问题的。但是，如果由此而把它推论为整个市场的伦理基础，并认为仅此就可以解决市场社会的道德问题，难道不存在问题吗？事实上，市场社会的伦理基础问题要比单个交易行为的道德准则问题复杂得多，否则就不会出现围绕着马克斯·韦伯《新教伦理与资本主义精神》的争论，更不会出现"资本主义文化矛盾"的更广泛的持久争论。

"道德秩序"涉及的一个根本性问题是：为什么人们会自愿遵守和奉行一套非人格化的规则？或者说，这种道德秩序是如何产生并得以维系的？互利是自愿交换的最根本基础。理性的人们会认识到，只有尊重其他人的利益，才可能实现自身的利益。这种观点没有问题。问题在于新古典自由主义者由此而进行的推论，即：对自身利益的理性追求，会促使每个人充分考虑到利益相关者的利益；特别是竞争的压力，会阻止他们以牺牲他人利益为代价的方式毫无顾忌地追求自己的利益。这是他们得出"市场的自我监管优于政府监管"的核心论据。

历史和现实的真相就是：市场在创造新的伦理准则的同时也在破坏着互利交易的道德基础。非对称信息经济学提供了这方面丰富的证据。人们并非总是愿意自觉地遵守符合双方共同利益的规则。由于交易关系的瞬间性和匿名性、市场参与者的流动性及伙伴的可替代性，市场上总是会出现牺牲他人利益而无风险地获取个人利益的黄金机会。这正是机会主义行为产生的现实基础。

如果自由市场要削弱这种机会主义行为倾向，那么，它赖以生存的道德，就不仅仅是在交易中尊重对方的产权，还要包括隐含于社会历史传统中的智慧。从欧美历史上看，市场经济运作所需的诚实、守信、克制、责任等社会美德，在很大程度上是以传统的共同

[①] 詹姆斯·M. 布坎南：《自由、市场和国家》，吴良健、桑伍、曾获译，北京经济学院出版社1989年版，第113页。

体意识、宗教信仰为基础的。在这一点上，不同于布坎南，哈耶克强调，自由社会要想获得繁荣并长久地生存下去，就必须敬畏保留于传统道德中的习俗和惯例，珍惜社会共同体的行为规则，其中包含着有利于秩序的人类实践经验。[①] 以他的语言来说，这种道德传统"既非出自本能，也不是来自理性的创造"，而是存在于本能与理性之间的一种理智选择，是由文化进化赋予人类的一种独特禀性。[②] 这种理智让个人拥抱那些超越狭隘经济计算的感情，从而产生一种道德秩序。

但是，新古典自由主义经济学家所倡导的自由市场逻辑（自利和理性）势必会消解哈耶克珍视的传统社会纽带。在现实生活中，市场关系倾向于扩展到人类生活的各个领域，扩展到不包含"严格的"市场关系的人类生活领域，似乎给一切定了价格。其结果是，某些有独特价值的人类关系被贬低。人际交往过程也带有强烈的功利性，遵循成本—收益核算。甚至在某些人的行为中，似乎财富、名誉、地位带给他的效用远大于亲情、友情和爱情给他带来的满足；受追逐利润与盈利的驱使，其他人被作为达到经济目的之手段，被等同于工具。从这个角度来看，追求物质富裕和致富便不再是"温和"或者"无害"的，而是一种破坏性力量。它会使社会共同体中人与人之间的纽带崩溃，容许毫无感情的"异化了"的经济关系取代传统价值（如爱、家庭、个人荣誉）而成为人与人之间仅余的纽带，对精神上的惩罚与奖赏、传统的社会樊篱、地位、等级和出身等漠不关心。

也许，我们可以把市场的这类不良影响称之为"市场暴政"。新古典自由主义经济学家无视这类"市场暴政"，不愿正视这样一个经验和历史事实，即：自由市场贯彻其自利原则和工具理性，势必会消解必要的社会纽带。加里·贝克尔甚至把自利和工具理性结合起

---

① 约翰·格雷：《哈耶克论自由与传统》，拉齐恩·萨丽编：《哈耶克与古典自由主义》，秋风译，贵州人民出版社2003年版。

② 哈耶克：《致命的自负》，冯克利等译，中国社会科学出版社2000年版。

来的方法论武器，大胆地运用于婚姻、家庭等的解释。他的追随者把这种分析视为科学的证据，把所谓的"婚姻市场"这类现象视为个人自由和自由市场的拓展。出于对这种思想倾向的反感，沃勒斯坦以讽刺的口吻写道，在20世纪80年代，"从羞羞答答地躲藏在衣柜里，'市场'现在昂然地走出来，并成为全球政客、平民百姓和学者等口中治疗各种社会顽疾的灵丹妙药。你是不是营养不良、受到官僚和警察的压迫、对一生的前途感到沮丧、刚刚离婚？试试市场吧！你祖辈享受的宁静是不是正在远离你？试试市场吧！你受够了意识形态和意识形态的宣传？试试市场吧！"①

于是，我们看到了新古典自由主义经济学家面临的道德困境：自由市场通过侵蚀传统的道德观念和制度安排来增进个人自由，但同时它的个人主义却无能力创造出足够的新"道德资本"来维系有效的社会经济秩序。之所以会陷入这种困境，是他们奉行纯粹的个人主义和自由市场的必然结果。自由市场对社会道德的"资产负债表"究竟会产生什么样的最终结果，这是一个有争议的问题。例如，福山认为，自由资本主义确实在摧毁传统的忠诚、责任等意识。但是，与此同时，它也在创造新的道德规范，以代替它所破坏的规范。这部分是因为人类的本性使然，部分是因为人类在追求自身利益的过程中行为规则的调整。也就是说，自由资本主义在市场社会的资产负债表中会创造出净值。② 且不说福山的观点，有一点应当是明确的，那就是迈克尔·桑德尔所说的："市场是组织生产活动的有用工具，然而，除非我们想让市场改写那些支配社会制度的规范，否则我们就需要公开讨论市场的道德限制。"③

---

① 伊曼纽尔·沃勒斯坦：《资本主义市场：理论与现实》，许宝强、渠敬东选编：《反市场的资本主义》，中央编译出版社2001年版，第92页。
② 弗朗西斯·福山：《大分裂：人类本性与社会秩序的重建》，刘榜离等译，中国社会科学出版社2002年版。
③ 迈克尔·桑德尔：《公正》，朱慧玲译，中信出版社2011年版，第313—314页。

五 结束语

新古典自由主义经济学当然改进和深化了人们对市场机制及其制度基础的认识,[①] 否则,我们就很难理解为什么弗里德曼、哈耶克、布坎南、科斯、卢卡斯、贝克尔等人能够获得诺贝尔经济学奖。例如,弗里德曼有力地指出了凯恩斯主义总需求管理政策存在的致命缺陷,布坎南令人信服地解释了"政府失败"(即政府没有能力表达公共利益的现象),哈耶克把价格体系视为信息交流机制的经典论点。但是,这些事实并不能否定新古典自由主义经济学阵营内部存在严重的理论困境和问题。一种理论存在着自身的困境,这没有什么特别之处。真理都是相对的。任何一种理论体系都存在着还有待进一步解决的问题。但是,有一点是可以肯定的,那就是,在自由市场倡导者的推理和政策建议中,市场所受到的重视程度远远超过了它应有的限度。因此,真正严重的问题是它的片面性,特别是把从本身就存在严重缺陷的理论中推导出来的政策主张付诸实践可能带来的严重后果,尤其是那种对"市场的自我监管优于政府监管"的自负。一旦技术性的学术分析转化为一种意识形态的断言时,这种后果尤其严重。新古典自由主义经济学家使相当多的各类精英痴迷于市场解决各种社会问题(不限于经济问题)的能力。这不仅使公共领域观念遭到侵蚀,而且也动摇了公共生活的根基。这些东西对健全的社会是至关重要的。当然,作为学者,他们只应负道义上的责任。因为,选择政策的最终权力掌握在政治家手中。

新古典自由主义经济学的影响,虽然遍及世界,但是,从根本上来说,它是美国环境的产物。它最显著的思想特征是:认定自由市场是一个与个人自由生死攸关的核心问题;在论证自由市场、有限政府和道德秩序的过程中充满乌托邦式的因素。对这类观念所带

[①] 杨春学、谢志刚、王瑶:《对自由市场的理解:芝加哥学派和奥地利学派的比较研究》,社会科学文献出版社2013年版。

有的乌托邦色彩，哈耶克有着清醒的认识，认为经济学家就是要有"思考乌托邦的勇气"。"不可否认，从某种程度上看，根据某种模式指导创建整个的秩序，一向都是某种乌托邦，现实只能不断地逼近它。但只有坚持下面的指导性观念——通过始终如一地运用这些原则，就可以实现某种保持内在连贯性的模式，才可能建立起有助于自生秩序正常运转的某种有效的框架。"① 可以说，新古典自由主义经济学家意识到了，其所倡导的"自由市场"蓝图是永远无法实现的，但坚持认为自由社会应当朝着这个方向努力。

（原载《经济研究》2018 年第 10 期）

---

① 引自阿兰·艾伯斯坦《哈耶克传》，秋风译，中国社会科学出版社 2003 年版，第 272 页。

自由主义与主流经济学:基于经济思想史的考察

在西方社会中,自由主义一直是主流经济学的意识形态,很大程度上是由于主流经济学家对市场中的"无形之手"抱有"敬畏之心"。在他们的意识中,市场秩序本身就蕴涵着一种奇妙的个人自由,不仅给个人以自由的空间,还会带来社会经济的繁荣。于是,他们一方面颂扬市场制度,另一方面高举自由主义的旗帜。但是,对这二者之间的关系以及由此引出的市场与政府之间的关系,不同时代的主流经济学家的观点有着微妙而重大的差异。在主流观点的转化过程中,重大的历史事件起着关键性的作用。有关方面的讨论存在某些模糊之处。本文力图在重新表述这种转换的过程中做一些补充,注意其中可能存在的理念盲点。

自由主义是一个谱系,虽然存在一些共识,但却有不同的类型或分支。古典经济学属于古典自由主义(Classical Liberalism),持有消极的国家观,认为国家管得越少越好。20世纪经济学家的分类名称有些混乱。例如,凯恩斯及其追随者自称或被称为自由主义者,他们坚持一种积极的国家观,希望通过政府发挥更大的作用来保障个人自由。在这种意义上,可以说他们属于形成于19世纪末和20世纪初的新自由主义(New Liberalism)。与此同时,以哈耶克和弗里德曼为代表的一批经济学家力图在经济学中复兴和发展古典自由主义观点,被称为Neo-liberalism(在中文中也被译为"新自由主义",依其义,译为"新兴的古典自由主义"最贴切)。为了区别后两类观点,在美国的文献中,通常把凯恩斯主义者(但不限于此)称为自由主义

"现代派",简称"自由主义";把后者称为自由主义"保守派",简称"保守主义"。在本文中,我们将把凯恩斯及其追随者称为自由主义,把哈耶克和弗里德曼及其追随者称为新古典自由主义。

一 工业革命与古典自由主义经济学

古典经济学是西欧启蒙运动的重要组成部分,产生于从封建主义向资本主义转型的关键时刻(18 世纪),并于 19 世纪中期达到鼎盛,这也正是古典自由主义发展的关键时期。这种转型最重要的特征是市场经济伴随着工业革命而走向成熟,并带来根本性的社会变革。人们迫切期望用新的理念来解释这种"商业文明社会"。

古典经济学的先驱们认为,作为社会组成部分的经济,可以与其他社会部分分开讨论。相对独立的经济似乎具有不同于社会其他部分的系统规律。他们自认为在其中发现了一种世俗的秩序,虽然对每个人在追求自身利益时需要设定某些界限,但在这一秩序的界限之内,可以赋予个人以巨大的自由空间。在这一空间内,不仅可以在很大程度上实现个人的利益,还会给社会带来经济繁荣。① 斯密的《国民财富的性质和原因的研究》(简称《国富论》)(1776)把以前一直处于片断状态的思考,组织成对资本主义市场经济如何运转的第一个系统理论,标志着一种不同于重商主义体制的主流思潮的正式确立。这种新思潮的基本特征是强调私有财产、市场自由和有限政府。

在《国富论》之前,托马斯·霍布斯在《利维坦》(1651)中提出了一个影响深远的观点:如果允许每个人追求自身利益而不受社会约束,那将会产生一种噩梦,陷入各自为政的境地,最终使自己生活在"孤独、贫困、污秽、野蛮又短暂的状态"。唯有创造一个手握绝对权力的主权者,才足以终结这种状态,形成一种平等相待

---

① 参见阿尔伯特·赫希曼《欲望与利益——资本主义胜利之前的政治争论》,冯克利译,浙江大学出版社 2015 年版。

的社会秩序。

斯密认识到追求自身利益的个人之间会发生冲突,但拒绝霍布斯的强势政府观念。在他眼中,这种政府观不可避免地会与专制君主联系在一起。《国富论》表述的核心思想就是经济世界发生的一切,包括价格、收入分配、分工、财富增长等,都是每个人追求自身利益的行为互动作用过程的产物;只要建立起"简单明了的自然自由制度",赋予并保护个人充分按照其利益行动的自由,仿佛受一只"无形之手"的引导,个人的自利行为会无意识地带来社会经济的繁荣,创造最大量的财富,并惠及"最下层人民"。

这种"自然自由制度"的两个关键构成部分是私有财产和自由市场。它意味着,"每一个人,在他不违反正义的法律时,都应听其完全自由,让他采用自己的方法,追求自己的利益,以其劳动及资本与任何其他人或者其他阶级竞争。这样,君主们就被完全解除了监督私人产业、指导私人产业、使之最适合于社会利益的义务。要履行这种义务,君主们极易陷入错误;要行之得当,恐不是人间智慧或知识所能做的"[1]。当然,在这种"自然自由制度"中,政府也不是无事可做,而是必须履行私人无法完成的三项重要义务,即建设和维持国防、法律秩序、公共基础设施。其中,最重要的是建立和维持公正的法律秩序,让每个人充分享有自由的权利,避免他人的侵犯。斯密甚至非常坦诚地直言,法律和政府之所以成为必要,是因为社会内部存在着私有财产的不平等及可能由此而产生的社会冲突。

对于如何创建"自然自由制度",斯密为当时的执政者指出的道路,是一个内容广泛的立法议程,包括废除《学徒法案》,允许劳动者自由择业;取消长子继承和限嗣继承法律,允许土地自由交易;取消地方关税,实现国内自由贸易;取消国际关税、退税、商业保护和特权贸易公司,实现对外自由贸易,等等。

---

[1] 亚当·斯密:《国民财富的性质和原因的研究》下卷,郭大力、王亚南译,商务印书馆 1979 年版,第 252 页。

我们不知道斯密是否知晓同时代的潘恩在《常识》中的著名论断（即"政府，其最好的形态也仅仅是一种必不可少的恶而已；至于其最差的形态则是不可容忍"），但可以肯定的是，基于历史和现实的观察，他对政府行为确实抱有一种很深的怀疑态度，"如果政治家企图指导私人如何运用他们的资本，那不仅是自寻烦恼地去注意最不需注意的问题，而且是僭取一种不能放心地委托给任何个人、也不能放心地委之于任何委员会或参议院的权力。把这种权力交给一个大言不惭地、荒谬地认为有资格行使的人，是再危险不过了"[①]。他之所以反对政府涉足具体的私人经济活动，除了不信任政府的能力和意图之外，更重要的基点是天赋人权观念，"禁止人民大众制造他们所能制造的物品，不能按照自己的判断，把自己的资财与劳动，投在自己认为最有利的用途上，这显然是侵犯了最神圣的人权"[②]。

不同的古典经济学家对"自然自由制度"的解释和宣讲有着微妙而重大的差异，但都把斯密的上述观点视为经典教义，赞同"除了军事保障、司法审判以及私人经营无利可图的公共工程和公共设施之外，政府的干预都应该受到谴责。任何超出那些被称为'政府正当法案'以外的规章制度，都被认为对商业和工业具有破坏性"[③]。

在古典经济学时代，斯密的信徒们打着原本流行于法国重农学派的"自由放任"旗帜，倡导这种"自然自由制度"。[④] 虽然"自由放任"这一术语是约翰·穆勒在其《政治经济学原理》（1848）中专章讨论之后才开始流行于英国经济学界的，但在此之前就已经成为流行

---

① 亚当·斯密：《国民财富的性质和原因的研究》下卷，郭大力、王亚南译，商务印书馆 1979 年版，第 27—28 页。

② 亚当·斯密：《国民财富的性质和原因的研究》下卷，郭大力、王亚南译，商务印书馆 1979 年版，第 153 页。

③ E. 雷·坎特伯里：《经济学简史——处理沉闷科学的巧妙方法》，礼雁冰、刘莹等译，中国人民大学出版社 2011 年版，第 29 页。

④ 参见罗杰·巴克豪斯、斯蒂文·米德玛《经济学家与自由放任》，史帝文·N. 杜尔劳夫、劳伦斯·E. 布卢姆主编《新帕尔格雷夫经济学大辞典》第 4 卷，经济科学出版社 2017 年版。

的观点,曾被19世纪初的英国评论家简洁地表达为"统治者要想更好地促进整个国家的发展,就应将其权力严格限制于立法职责,而让资本自我寻找最有利可图的渠道,让商品自我发现其公平价值,让努力和智慧得到它们应得的回报,让懒惰和愚蠢受到上天的惩罚,并且要做到维护社会的稳定、保护财产、减小法律成本、严格控制国家部门的花费。政府的职责应仅限于此,而人民大众有把握将其他事情做得尽善尽美"①。换言之,与"自然自由制度"相匹配的国家机关即为"廉价政府"(Cheap Government)。这是18世纪后期至19世纪中叶流行于英法的一种政府论,其格言出自 John L. O'Sullivan(1813—1895):"最好的统治(政府)就是最少的统治(政府)。"②

在这里需要强调如下几点:第一,这种"自由放任"是以法治为基础的。古典经济学家都深受洛克下述思想的影响:"法律的目的不是废除和限制自由,而是保护和扩大自由。这是因为在一切能够接受法律支配的人类状态中,哪里没有法律,哪里就没有自由。这是因为自由意味着不受他人的束缚和强暴……在他所受约束的法律的许可范围内,随心所欲地处置或安排人身、行动、财富和他的全部财产的自由,在这个范围内他不受另一个人的任意意志的支配,而是可以自由地遵循自己的意志。"③ 因此,他们不会倡导一种无条件的"自由放任",但带有把市场神圣化的强烈倾向。④ 第二,与斯密的乐观主义不同,古典经济学家对自由放任的赞美带有一种残酷无情色彩的宿命论。斯密对"自然自由制度"抱有一种乐观主义,因为他相信它将会带来"普遍富裕"。他并不认为贫困是市场社会必要且恒常的特征,"有大部分成员陷于贫困悲惨状态的社会,并不能

---

① 转自 E. 雷·坎特伯里《经济学简史——处理沉闷科学的巧妙方法》,礼雁冰、刘莹等译,中国人民大学出版社2011年版,第29—30页。
② 转引自李非《富与德:亚当·斯密的无形之手——市场社会的架构》,天津人民出版社2001年版,第126—127页。
③ 洛克:《政府论》下篇,叶启芳、瞿菊农译,商务印书馆1996年版,第36页。
④ 参见安东尼·阿巴拉斯特《西方自由主义的兴衰》,曹海军等译,吉林人民出版社2004年版。

说是繁荣幸福的社会"。但是，随着工业革命的深入，斯密"普遍富裕"的前景日益暗淡，社会中少数人拥有大量的财富与大量工人的悲剧生活形成鲜明对比。这些情形使英国古典经济学家持有的自由主义信念从乐观转变为宿命论。他们对市场社会的经济进步仍然抱有信心，但对改善由此产生的各种不良后果却持宿命论。一部分人认为，这类不良后果是社会进步和自由的必然代价，有人甚至认为，这是维持社会进步的必要条件。[1] 这在当时围绕贫困、济贫法等问题的争论中有较充分的体现。针对这些问题，古典自由主义经济学家倡导"自由放任"，就带有了残酷无情的色彩。例如，埃德蒙·伯克就反对救济穷人。他呼吁读者坚决反对这样一种想法："不管是推测性的还是实践性的，即借助政府的力量，甚至富人的财产，把那些取悦于上帝的恩赐而保留给他们的生活必需品拿去供养穷人。"[2] 马尔萨斯则给这种观点穿上了"科学"的外衣。在《人口论》中，他似乎证明了一条"经济规律"的存在：对穷人的慈善行为，只会带来穷人的懒惰和贫穷人口的增长，而不能促使食物的增长，从而与社会生产力的发展是相悖的。在他看来，任何社会改良的努力都必定是反生产性的。据此，他否认穷人有获得救济的权利，"一个降生到已人满为患的世界上来的人，如果父母无力担负他的责任，而社会又不需要他的劳动，他就没有权利得到一点食物，实际上，他在地球上就是个多余的人。在大自然的盛大宴席中，没有他的座位。大自然会请他离开，从而实现自身的秩序"[3]。第三，他们承认在社会生活领域中存在着"自由放任"的例外情形。这种看法在约翰·穆勒的教科书中获得充分的体现。他写道："一般应实行自由放任原

---

[1] 参见安东尼·阿巴拉斯特《西方自由主义的兴衰》，曹海军等译，吉林人民出版社 2004 年版，第 13 章。

[2] 参见安东尼·阿巴拉斯特《西方自由主义的兴衰》，曹海军等译，吉林人民出版社 2004 年版，第 339 页。

[3] 转引自夏尔·季德、夏尔·利斯特《经济学说史》上册，徐卓英、李炳焕、李履端译，商务印书馆 1986 年版，第 190 页注（12）。我们在中译本中看不到这句话，因为马尔萨斯在后来的版本中删除了这段话。

则，除非某种巨大利益要求违背这一原则，否则，违背这一原则必然会带来弊害。"[1] 他还用若干例子来说明"自由放任有许多例外"，包括消费者不能鉴别商品质量、合理的劳动时间、教育等。

如果说"自由放任"思想对19世纪的英国实践产生了直接的影响，那么，最典型的案例就是三大立法行动。约翰·格雷认为，三大立法行动在19世纪中叶英国建立自由市场机制过程中具有决定性的意义。[2] 第一个行动是1834年出台《济贫法修正案》（史称"新济贫法"）。该修正案直接以伯克、马尔萨斯等人的上述观点为基础，主旨是强调陷入贫困者必须对自身的处境承担责任。它的具体做法是取消济贫院之外给穷人提供的任何救济；确立的最低生活补助低于市场确定的最低工资；让济贫院成为穷人最不想去的恐怖场所。实施这一法案的结果是济贫院确实成为令人恐惧的地方：劳动繁重、住宿拥挤不堪、食物低劣。因此，"新济贫法"被称为英国历史上最可恶的立法之一，但直到第一次世界大战爆发时才失效。第二个行动是1833年出台并在其后不断修订《工厂法》。这是清除阻碍市场决定工资的立法行动。这种立法在理论上有李嘉图等经济学家正统观点的支持，即"工资应反映市场竞争的公平和自由度，永远不能被立法干涉"。第三个行动是1946年废除《谷物法》，标志着自由贸易的胜利。为了废除此法，1838年工厂主科布顿和布莱特创立反谷物法同盟，形成一个传播自由贸易思想的庞大机器（即曼彻斯特学派），反对贸易保护主义的原则，要求减免关税和奖励出口，废除有利于土地贵族、规定高额谷物进口税的《谷物法》。除此之外，通过政府立法将公共土地转变为私有财产并创造出一个自由劳动市场的圈地运动，从英国内战开始，一直持续到维多利亚时代早期。所有这类立法行动都在有意或无意之间，创建了一个自由市场的新体制，让所有的商品（包括劳动力）可以在不用考虑其社会影响的基础上

---

[1] 约翰·穆勒：《政治经济学原理及其社会哲学上的若干应用》下卷，胡企林、朱泱译，商务印书馆1991年版，第539—540页。

[2] 约翰·格雷：《伪黎明》，刘继业译，中信出版社2011年版。

自由交换。

其实，即使是在19世纪中叶的英国，"自由放任"就已经不能适应由工业革命带来的社会结构的根本性转变。在这种转变过程中，伴随着工业化和城市化而发生的各种社会经济问题凸显，迫使国家行使更广泛的社会管理职能，以减轻自由资本主义的弊端。例如英国颁布《矿井法》（1842）、《工厂法》（1844）、《十小时工作日法案》（1847）以及《公共卫生法》（1848）等，旨在改善工人的劳动和生活条件。不过，在古典经济学家眼中，这类政府行为只是自由放任主张的例外。当然，在这一过程中，人们的态度也在不断改变，一直存在要求政府积极行动的各种呼声。诚如季德所说："19世纪开始时，人们对任何形式的政府都抱着蔑视态度，而且至少任何一个政论家都对经济自由和个人积极性的优点抱着无限的信心。但19世纪却是在人们要求国家干涉一切有关经济组织和社会组织问题的喧嚣声中结束的。"①

二 大萧条与自由主义"现代派"经济学

在19世纪和20世纪之交的英国，主张国家干涉社会经济生活的"喧嚣声"颇为复杂。其中，影响最大的是费边主义者，他们基本上是社会民主主义者，承认自由资本主义在生产方面的效率优势，但对它的财富和收入分配结果持强烈的批判态度，期望通过逐步扩大公有制、实行再分配政策等方式，纠正财富和收入的不公平分配状态。② 正是这类讨论，让人们注重对贫困现象的因果解释，认为贫困者在道德上不应对自己身处其中的困境负完全责任。与此同时，实践也在不断偏离"自由放任"。英国紧随德国，在20世纪初通过

---

① 夏尔·季德、夏尔·利斯特：《经济学说史》下册，徐卓英、李炳焕、李履端译，商务印书馆1986年版，第475页。

② 参见伊丽莎白·德宾《费边经济学》，载《新帕尔格雷夫经济学大辞典》第3卷，经济科学出版社2017年版。

《失业工人法》（1905）、《养老金法案》（1908）和《国民保险法》（1911），开始建立社会保障体系。①

虽然人们无论在思想上还是在实践中都正在抛弃"自由放任"的教条，但自由市场能够实现自我完美调节的经典教义仍然有其余威，以至面对20世纪30年代初的经济大萧条带来的惨烈结果，仍然有一些经济学家还抱着经典教义，主张市场清算主义。但是，大萧条对之前主流经济学观念最终产生了毁灭性的打击。在此之前，经济危机总是按照"繁荣—萧条—复苏"的方式发展，且每次周期不过四年，从来不像这次一样在持续三年的危机之后还陷入长期的严重萧条。大萧条使西欧和北美社会陷入风雨飘摇之中，大批破产的企业、不断下降的工资和价格、大量处于饥饿状态的失业者及其家庭以及随之而来的社会冲突，充斥着整个20世纪30年代，危及资本的统治。在这里，人们看到的是价格体系的崩溃，而不是无形之手的积极作用。即便是自由放任主义思潮最深厚的美国，也因为受大萧条影响最大而不得不实施"新政"。这种"新政"被后人称为"罗斯福自由主义"。

如果说是大萧条最终摧毁了人们对之前主流经济学的信任，那么，正是凯恩斯的《就业、利息和货币通论》（以下简称《通论》）（1936）、庇古的《福利经济学》（1920）、贝弗里奇主持的《贝弗里奇报告》（1942）树立起了一种新的主流思想，即政府的积极行为有助于改进市场的运行效率，并实现一种较为公平的市场社会。而大萧条的冲击、第二次世界大战期间严酷的生活磨难等因素则使这种思想转变为第二次世界大战后西方社会实践中的政策思路。

凯恩斯的《通论》证明，由于存在着边际消费倾向递减、流动性陷阱以及投资行为的"动物精神"等因素，自由市场具有一种内在的不稳定机制，从而否定了新古典经济学的宏观教义。这种经典教义包括萨伊定理和货币中性论。庇古的《福利经济学》阐述了市

---

① 参见尼古拉斯·巴尔《福利国家经济学》，邹明泇、穆怀中等译，中国劳动社会保障出版社2003年版。

场机制的自由运转并不一定会导致新古典理论所设想的完美结果。例如，当存在负的外部性（例如污染的情形）或正的外部性时，私人成本与社会成本、私人收益与社会收益之间就会出现背离，自由市场就不可能实现资源的最优配置，这成为市场失败的经典微观分析。《贝弗里奇报告》则为社会福利政策提供了方案和证据，认为基于私有财产和自由交换的不受阻碍的市场并不能带来公平的分配和社会福利最大化，只有通过集体行动才可能产生社会福利的改进，走向一种较公平的健全社会。

凯恩斯是这种新主流思潮的精神领袖。早在经济大萧条之前的整个20世纪20年代，英国经济就已经陷入长期的慢性萧条之中。面对这种困难，弥漫朝野和学界的是对第一次世界大战前政策思想的怀念，认为应当设法恢复原来的政策，包括金本位制、预算平衡、紧缩政策。凯恩斯认为，这是一种错误的政策方案，不能适应已经变化了的时代要求，并在《自由放任主义的终结》（1926）中批评这种方案的思想基础。在他看来，自由放任主义是建立在有重大缺陷的个人主义基础之上的。缺陷之一是声称根本就不曾存在所谓的"天赋自由"，缺陷之二是错误地认为个人对自身利益的追求会自然地带来社会的利益，进而对政府行动持有消极的怀疑态度。要解决20世纪的核心问题，即建立能"把个人自由、经济效率和社会公正这三者结合起来"的社会经济体制，就必须抛弃这种社会哲学。在《通论》的最后一章，他指出，以个人主义为基础的分散化市场机制，基本上就可以解决经济效率与个人自由的结合问题。至于社会公正，却必须借助于国家的力量，通过保障适量的就业、较公平的财富和收入分配的各种政策设施方案来实现。这类政策不是对个人自由的限制，而是在清除自由资本主义体制的弊端。弊端的清除还将促进经济效率。[①]

如果说凯恩斯是新主流经济学思潮的精神领袖，那么，萨缪尔

---

① 参见杨春学《凯恩斯》，中华书局2000年版。

森的《经济学》（初版于 1948 年）则是这种经济学精神的具体化身，被称为"新古典综合"形态。大多数原来的新古典经济学家不断地自愿加入了此阵营。萨缪尔森努力把新古典经济学与凯恩斯主义融为一体。政府被视为以集体的方式提供一种公平、良好的社会所必需的有效工具，通过福利政策实现公平，借助总需求政策减缓经济波动，实现充分就业。在这类有效工具的帮助下，个人和企业将对市场激励作出反应，进而带来经济增长。这本教科书一直努力倾听批评者的声音，把其中的合理观点纳入相关理论部分，不断更新版本，我们可以在书中较清晰地看到限制自由市场的三类理论证据。第一类证据来源于对《通论》的解释和发展，认为自由资本主义存在内在的不稳定性，需要政府运用需求管理政策在宏观上进行调控，以实现充分就业。第二类证据来源于按照一般均衡模型定义的"市场失败"。真实的现实市场并不是模型假设的"完全竞争市场"。如果放松理想模型的假设，就会面对各种可能的市场失败，包括自然垄断带来的效率损失、公共物品的生产不足、负的外部性、非对称信息阻碍潜在的有利交易等。在这类情形中，追求自身利益最大化的个体理性行为会导致集体的非理性结果。政府直接参与解决这类问题，可以改善市场社会的资源配置效率。第三类证据涉及以社会福利函数形式讨论的再分配问题，争议最大。从支持政府福利政策的角度来看，影响较大的是功利主义。它力图证明只要能进行人际效用比较，把财富从富人流向穷人的再分配就是合理正当的。在这里，边际效用递减成为一种重要的理论支撑点，是通过再分配实现社会福利最大化的重要根据。Harsanyi 解决了其中存在的人际效用比较的理论难题。他以如下的思想试验开始分析：每个人都会设身处地地考虑其他人的处境，并通过重建其"移情偏好"，在意识上接纳其他人的偏好；进而，对每一种可能事态中的社会福利作出的评价会具有这样的特征，即每个人对社会福利的评价会趋同。[1] 借助

---

[1] John C. Harsanyi, "Cardinal Welfare, Individualistic Ethics, and Interpersonal Comparison of Utility", *Journal of Political Economy*, Vol. 63, No. 4, 1955, pp. 309 – 321.

于思想试验，Harsanyi 解决了人际效用的可比较性以及指派给每个人的权数是相等的这两个问题。罗尔斯则借助"无知之幕"的思考来支持再分配政策。所谓"无知之幕"就是假设每个人事先不知道自己的社会地位、资源禀赋，就像一张白纸。在这种情形下，人们会选择什么样的制度安排和收入分配？罗尔斯认为，人们会考虑处于社会底层的贫困者的利益。因为每个人都有同等的概率会陷入贫困，因而会支持一种最大限度地提高贫困者福利的制度安排。这种制度安排既体现了共同利益的存在，也体现了一种伦理观即社会同情心（即对公正、博爱和对处境比自己差的人的关心）、合乎伦理的善，这也是理性的。因此，在某种意义上可以说罗尔斯把"公共利益"概念化了。

就本文的主题来说，我们还需重点关注的是为什么信奉上述观点的主流经济学家自称或被称为"自由主义者"或自由主义"现代派"。原因在于他们以自由主义的名义对政府行为范围进行拓展。第一，与其他类型的自由主义经济学家一样，这些主流经济学家仍然认可个人自由具有极高的价值。这种自由包括在法律框架内的人身、财产、思想、结社、交换、契约等。这被视为自由社会的基础。第二，这些经济学家仍然信奉"无形之手"的基础性功能，只是与古典自由主义经济学家相比较，信仰的程度要低一些。[①] 这一点从他们坚持新古典微观经济学的基本理论中即可体会，无需再述。第三，这些经济学家抱有与凯恩斯相同或类似的愿景，即把个人自由、经济效率与社会公平有机地结合在一起。在理论上，他们力图通过对某些关键概念（特别是对自由、社会公平）的重新解释，寻求在市场均衡（效率）和社会均衡（公平）之间实现某种平衡。他们基于自由的理由支持对市场的干预，在宏观经济学方面来源于凯恩斯主义，但在其他方面则不限于凯恩斯主义。在这所谓"其他方面"中，最重要的是他们倡导的"积极自由"。古典自由主义倡导的是一种"消极的"自由观，强调自由的本质是"免于干涉和强制"，与此不

[①] 参见马克·史库森《朋友还是对手：奥地利学派与芝加哥学派之争》，杨培雷译，上海世纪出版集团、上海人民出版社 2006 年版。

同，他们力图在消极自由的基础上融入"积极自由"，即充分意义上的个人自由应当包括拥有自我实现的能力，因此，必须超越机会平等。它的政策内涵是，如果某些资源（包括个体的人力资本）是有效地实现个人自由所必需的，那么，拥有这些资源就必须视为实现自由本身的重要组成部分。正是基于这样的考虑，凯恩斯主义及其追随者才会为福利国家政策辩护，认为这类政策将保障个人获得真正的、完整的自由。在他们看来，积极的政府是社会保障、工会运动等制度的真正捍卫者；保护中产阶级，给予劳工讨价还价的政治权利，结束富裕精英的政治统治，是使社会更加民主、自由和平等的重要基础。

这种自由观在英国源于 T. H. 格林（1836—1882 年）和 L. T. 霍布豪斯（1864—1929 年）等人在 19 世纪和 20 世纪之交倡导的"新自由主义"（New Liberalism）。他们力图以"消极自由"和"积极自由"有机统一的方式，重新思考个人、社会和国家之间的关系。他们明确坚持市场竞争、个人自立和私人财产权，但以"积极自由"的名义，呼吁拓展政府的经济职能。

T. H. 格林在《自由立法和契约自由》中以一种系统的方式阐述了不同于古典自由主义的新自由观，批评古典自由主义的本体论。按照这种本体论，个人是第一位的本源；社会不外乎个人的集合体，本身没有什么实质性的意义。在这种理论看来，个人是带着某种并非来自社会的"天赋权利"进入社会的。格林认为，这是一种错误的理论。个人的权利不可能离开社会而存在，"没有社会成员的共同利益，就没有权利"。在他看来，个人自由不能仅仅界定为"摆脱束缚或强制的自由"，"真正的自由理想是人类社会的所有成员充分实现自我能力的最大化"[①]。对此，阿巴拉斯特评论这种新自由观通过三种方式拉开了与古典自由主义的距离："首先，格林使自由从消极观——免于束缚——转向积极观——做某事的实际能力，自由从概念上来说受到能力的限制。其次，在格林的思想中存在着一种道德因素，一种人们

---

① 转引自安东尼·阿巴拉斯特《西方自由主义的兴衰》，曹海军等译，吉林人民出版社 2004 年版，第 381 页。

应该有能力同样有机会去做那些值得做的事情。最后，这种观念中存在着明显的平等主义因素，所有人都有能力充分实现自我。"①

新自由主义的另一位杰出代表霍布豪斯，提供了比格林更符合积极的国家福利行动的解释。在《自由主义》（1911）、《社会正义的要素》（1922）中，他把一种可以得到承认的福利哲学融入集体主义的框架。这种哲学包括平等、收入再分配和国家的积极作用等。他强调自由的社会整体性，人既然不能脱离社会而存在，人的自由必然涉及合乎理性的社会目的（即平等）。自由以平等为基础，建立在不平等之上的自由只会导致特权。19世纪的"消极国家"奉行放任主义，把失业、低薪、疾病、工伤强加于社会，既加剧了不平等，也扼杀了自由。因此，国家有责任以集体利益的名义，纠正这类弊端，实行广泛的福利政策。②

可以说，格林及其追随者试图以自由主义来证明干涉主义的合理性，以消除古典自由主义敌视国家行动的思想。正是这种思想，加上费边主义等的影响，在19世纪、20世纪之交的英国培育出一种积极的国家观，其影响波及凯恩斯及其追随者。

三 "滞胀"与新古典自由主义经济学

以凯恩斯为精神领袖的经济学居主流地位之时，"自由市场"思想并没有消失，只是被迫接受被边缘化的现实。早在这种主流经济学草创之时，哈耶克就与凯恩斯进行着争论。哈耶克在《通向奴役之路》（1944）中力图以德国为主要案例来论证一切形式的集体主义经济都必然走向极权主义的政治独裁；1947年，哈耶克与勒普克创建朝圣山学社，组织了一批学者，包括日后的诺贝尔经济学奖获得者弗里德曼、布坎南等，旨在恢复和发展古典自由主义。弗里德曼

---

① 转引自安东尼·阿巴拉斯特《西方自由主义的兴衰》，曹海军等译，吉林人民出版社2004年版，第382页。
② 参见霍布豪斯《自由主义》，朱曾汶译，商务印书馆1996年版。

及其追随者，以自然失业率、理性预期等概念为基础，力图证明宏观政策无效甚至有害。布坎南及其追随者则通过"政府失败"的概念，致力于揭露政府行为的真相。

20世纪70年代的滞胀终于让他们获得了"登堂入室"的机会，促使主流经济学思想再次发生了根本性的转变，并促成政策制定者对政府职能产生普遍的质疑。与古典自由主义经济学相比，这种新主流经济学思想强调的是自由市场的内在价值、自愿交换性质、自发秩序和小政府概念。

20世纪70年代徘徊于西方社会经济中的"滞胀"现象，对广大民众而言，意味着改善生活的机会日渐渺茫。企业界的保守派代言人则获得了批判政府管制市场的现实依据，认为正是政府的过度管制和干预导致价格和工资的扭曲，并使个人自由、创新精神以及它们可能带来的财富和增长消失在庞大的政府管制之中。有些政治家也在强化这种态度。这一切使主流经济学思想的转变有了重要的社会基础。凯恩斯主义的统治最终让位给新古典自由主义经济学。

这种潮流的转变体现在两个方面。经济学界的标志是哈耶克、弗里德曼分别于1974年和1976年获得诺贝尔经济学奖。此后，亲市场的教科书不断增多。[①] 实践方面的标志是撒切尔和里根这两位推崇自由市场的政治人物在英国和美国大选中胜出，代表着政策向亲市场方向的转变。里根在1981年就任总统时说："就目前的危机而言，政府不能解决我们的问题，政府本身就是问题。"

在这次思想的转变中，美国经济学家充当着急先锋的角色。在此之前不被主流经济学认可的哈耶克和弗里德曼成为英雄般的人物和精神领袖。他们自视为古典自由主义的发展者和复兴者。对于如何"复兴"，则主要通过强调下述观点，倡导"自由市场"。

第一，自由市场是自由社会的先决条件。这种观点认为，经济自由和政治自由是孪生兄弟，且只有自由市场才能充分保证它们的

[①] 参见马克·斯考森《现代经济学的历程：大思想家的生平和思想》，马春文等译，长春出版社2006年版。

实现。在《通向奴役之路》《自由宪章》等著述中，哈耶克力图证明，经济自由是其他类型自由的保障，是对抗"国家万能"的实质性力量。没有经济自由，就不可能获得公民自由和政治自由。因为经济自由是一种行动自由，能为个人自由的实质性实现提供坚实的物质基础。自由市场作为独立于政治势力的力量，是经济自由的保障。正如蔡勒特评论的，"对哈耶克来说，古典自由主义的权力论有中心意义。一个国家如果为了达到社会期望的目标而干涉经济自由，就危害了整个古典的个人自由权利。经济自由被理解为反对国家万能的对抗力量"[1]。在哈耶克那里，经济自由虽然极端重要，但仍然是工具性的。弗里德曼则更进一步把自由市场带来的经济自由视为整体自由的直接组成部分。他认为，"经济安排中的自由本身在广泛的意义上可以被理解是自由的一个组成部分，所以经济自由本身是一个目的"[2]。

第二，基于私有财产权的自由市场，能够让追求自身利益的人们在经济活动中找到自愿合作的复杂途径，从而实现各种资源的有效配置。弗里德曼重申市场自愿交换的互利性质，认为"斯密在《国富论》中给出的极为重要的洞见是如果交易是自愿的，那么除非双方都认为自己能从交易中获益，否则交易便不会发生"[3]。因此，所有的自愿交换都具有帕累托改进的性质。在这种意义上，所有限制交易的政策和制度都带有反帕累托改进的性质，最低工资法、消费者保护法等均属此列。哈耶克则以"自发秩序"理论，用复杂的方式来阐述这种观点。在自由市场中，价格机制允许时间和空间上分散于个人的知识得以充分利用和有效传播，系统地消除市场参与者之间彼此的无知状态。在竞争过程中，企业家通过努力发现潜在的交易机会，并以不断的创新来利用机会，形成新的价格，拓展市

---

[1] 参见克里斯托夫·蔡勒特《自由和法治国家》，载格尔哈特·帕普克主编《知识、自由与秩序》，黄冰源、赵莹、冯兴元等译，中国社会科学出版社 2001 年版，第 140 页。
[2] 米尔顿·弗里德曼：《资本主义与自由》，张瑞玉译，商务印书馆 1986 年版，第 9 页。
[3] 米尔顿·弗里德曼、罗斯·弗里德曼：《自由选择》，张琦译，机械工业出版社 2013 年版，第 15 页。

场空间，最终形成一种不断拓展的自发秩序。① 自发秩序理论的政策含义比较明确：只有让买卖双方的自愿互惠成为获取个人利益的最简单方式，自发秩序才会不断拓展。在这里，政府唯一合理的行动是清晰界定产权和有关行为规则。任何对自由交易的人为阻碍，只会破坏自发秩序的拓展。

第三，否定纠正市场失灵的政府努力，认为对经济生活的干预几乎只会带来无效率的结果。弗里德曼以对经济大萧条重新解释的结论作为基础，批评凯恩斯主义。在与安娜·施瓦茨合著的《美国货币史（1867—1960）》中，他们认为，大萧条并不是自由市场的产物，而是美联储错误的政策使原本一场普通的衰退演变为大萧条。② 这种解释虽然受到各个方面的批评，却严重地削弱了学者们对凯恩斯主义的信心。哈耶克则从更根本的角度否定凯恩斯主义宏观经济学。在他看来，用国民经济的加总形态来描述由无数个体利益主体构成的经济体的相互作用，不仅在科学上是站不住脚的，而且还会推导出危害经济的政策。在哈耶克和奥地利学派信奉的市场过程理论中，根本就不可能出现以均衡模型定义的"市场失灵"。市场本身就是一个包含着时间、不确定性、发现、试错、竞争的复杂过程，其间，人们因为受到真实时间内生的无知问题而必然出现失败。但是，这种失败是动态的市场过程的内生现象，并不是真正的市场失败。③ 所谓的"市场失灵"政策，只会阻碍自发秩序的不断扩展。其他新古典自由主义经济学家虽然不否定"市场失灵"的存在，但却认为政府不可能有效消除这类现象。原因在于：（1）支配和履行政府职能的官员也是追求自身利益最大化的经济人，因此，他们的行为未必符合整个社会的利益。（2）即便假设政府是"仁慈的"，

---

① 参见弗里德里希·冯·哈耶克《法律、立法与自由》第 1 卷、第 2 卷，邓正来、张守东、李静冰译，中国大百科全书出版社 2000 年版。
② 米尔顿·弗里德曼、安娜·J. 施瓦茨：《美国货币史（1867—1960）》，巴曙松、王劲松等译，北京大学出版社 2009 年版。
③ 参见王廷惠《微观规制理论研究——基于对正统理论的批判和将市场作为一个过程的理解》，中国社会科学出版社 2005 年版。

官员也不可能获得决策所需要的充分信息,从而无法实现改善资源配置的目的。

以各种形式揭露的"政府失败"给这类观点提供了经验支持。研究似乎表明,各种规制和福利制度实施的结果,是一种从富人和穷人流向中间收入群体的再分配现象。[①] 新古典自由主义经济学家努力通过多种方式重新确认新古典的传统教义,即创造自由市场。例如,对于外部性问题,较保守的新古典自由主义者会争辩说,基于外部性的税收和补贴政策只会对市场产生特别的影响,将经济推到帕累托最优位置。一种较好的解决方案是允许相关利益者就他们经受的外部性进行私人的讨价还价,使外部性内在化,从而消除市场交易中这类现象的社会成本。这类方案以科斯定理为基础,有批评者指出,如果私人讨价还价的成本高昂,则方案不可行。在这类情形中,基于科斯定理的方案肯定不如基于政府行为的庇古方案。对于批评声,新古典自由主义经济学家的回复是:那就采用污染配额交易的方法。

第四,批评"福利国家"政策,认为任何企图带来更大的经济平等的政策尝试,都注定具有压迫性质。在这方面,新古典自由主义者再次展示"自由市场"教条的残酷无情。例如,按照哈耶克的观点,以基尼系数之类表达的收入和财富分配模式,根本就不存在"公平分配"或"社会正义"的问题。"正义"或"公平"只适用于评判人的有意识行动,讨论支配市场交换的一般规则。收入分配是市场过程的自然结果,虽然它源于个人的行动,其中,相关的技能、运气、出身、受教育的程度、机会等发挥着重要的作用,但它并不是某些人有意谋划的结果。虽然每个市场活动者都怀有自己的意图,但是,市场最终会带来什么样的分配结果,却并不是任何人事先安排和谋划的产物。在这种意义上,市场既无法提供社会正义的结果,也无法提供社会非正义的结果。不论自由市场经济会带来

---

① 参见亨利·勒帕日《美国新自由主义经济学》,李燕生译,北京大学出版社1985年版。

多么不平等的分配，只要不违反支配市场秩序的一般规则，它们都是公正的。对此，诺齐克提供了一种更直白的哲学基础。他认为，分配公正取决于两个条件：（1）初始获得的公正。这一条件要回答的问题是：你现在用于赚钱的财产是否一开始就是以合法的方式取得的？（2）财产转移的公正。这一条件要回答的问题是：你是通过在自由市场上自愿交换的方式赚钱，还是通过他人的自愿赠送而获得钱财？只要人们对上述问题的回答是肯定的，那么，源于自由市场的任何分配都是正当的，无论它的结果是均等的或是非常不均等的。力图纠正这种不均等结果的所有政策都是对个人自由权利的侵犯。诺齐克推论如下：如果政府有权索要我的一部分财产和收入，那么它就有权索取我的一部分时间，强迫我为它的利益而工作。这本质上是对我的"自我所有权"的侵犯，相当于政府是个人"自身"的部分所有者。[①] 这种推论的极端性显而易见：难道征税等价于侵犯人身权利？弗里德曼甚至以一种轻松的笔调写道："生活是不公平的。如果认为政府能够纠正自然的产物，这种观点确实很吸引人。但是，认识到以下这一点也同样重要：即我们从自己强烈反对的不公平中获得了多少利益。阿里天生拥有使他成为一个伟大的拳击手的技能……这里没有什么公平可言。阿里一夜能赚好几百万美元，这当然也不公平。但是，为了追求某种抽象的平等理想，而不允许阿里在一晚上的比赛中挣的钱比处于社会最低层的人在码头上做一天没有技术含量的活赚的钱多，那么，这对于喜欢观看阿里比赛的人而言，难道不是更加不公吗？"[②] 言下之意，我们不应当去试着纠正由此带来的收入和财富分配的不公平，而应当学会去适应它，并享受它带来的益处。

对这类观点，有一种强有力的批评认为，作为市场过程的结果，

[①] 罗伯特·诺齐克：《无政府、国家和乌托邦》，何怀宏等译，中国社会科学出版社1991年版。

[②] 米尔顿·弗里德曼、罗斯·弗里德曼：《自由选择》，张琦译，机械工业出版社2013年版，第137页。

收入分配状况确实可以说是人类意识的非故意产物，但却是可以被人类预见的。只要由此产生的收入分配导致某些人处于极端贫困之中，那么，我们就可以说它带有非正义的性质。更何况，虽然社会并不是一个人或一个"分配者"，但它有一个机构，即政府。政府有道德上的责任来减轻可以改变的痛苦。更有力的批评者是罗尔斯。在他看来，在某种意义上，生活就像是一场凭运气取胜的游戏。在这场游戏中，苍天以某种随机的方式赐给每个人以品质、社会地位和某些机会。这种随机决定既不是公平的，也不是不公平的。但是，对社会来说，纯粹只是接受这些随机的结果，甚至于实施使这些结果强化和永久化的制度，却是不公正的。对于批评，哈耶克及其追随者的回答是：谁能确定符合"正义的"分配标准？即使是能确定标准，政府也无法获得实施这种政策的确切知识，因为它不可能获得精心注意市场分配过程的不利后果所需要的关于特定环境的知识，即便政府能获得这类知识，这种政策也会带来有害的影响，破坏市场机制的建设性作用。

最后，有必要对新古典自由主义者倡导的"有限政府"做一些说明。所谓的"有限政府"，意味着事先受到限制的、非专断的和职责明确的政府。在自由市场社会中，政府最重要的职能是"游戏规则的制定者和裁判员"，强制实施普遍接受的规则，解决自由人之间因违背规则而发生的冲突。但是，除此之外，不同的倡导者之间存在着很大的差异。例如，弗里德曼认为，政府的重要职能涉及对严格的自愿交换不可能带来对社会有效结果的领域的直接参与，例如技术垄断和负外部性的情形；涉及对无责任能力人的保护，等等。哈耶克则强调，国家对个人自由干涉的合法性在于以法律为准绳，拒绝为政府的合理行为范围列出一份清单。为此，他激起了其他古典自由主义者的批评。他们认为，需要毫不含糊的实质性限制来确定国家干涉的界限。例如，James M. Buchnanan 在立宪政治经济学中建议将"一致同意规则"作为一种限制。至于罗斯巴德，几乎就是无政府主义者。

结　语

确切地说，本文所说的主流经济学基本上限于英美。不同时代都存在经济学主流思潮，因应时代变革的要求，会明显地影响所处时代的政策思考。但是，在实践中，政治决策很少允许任何政府完全服膺于任何单一的理论体系。常见的情形是混合利用，不同的政策强调不同的理论观点。这在经济学家看来是不合逻辑的，却是政治作为妥协过程的真实反映，符合现实生活的逻辑。同时，我们也应当认识到，不论不同时代的主流经济学家是否相信自由市场可以运转自如，他们的争论、讨论和宣讲的主旨，都是为了证明市场是创造财富的最优制度。

所谓"主流经济学"，其实是以某种自由主义的名义对各种具体理论和观点的组合，并不是一种完全崭新的经济学。更确切地说，它们是通过修正某些假设和增添某些新论点，重新确定解决社会经济问题的基本方向和路径。例如，新古典经济学被萨缪尔森"综合"时，用于分析"市场失灵"，成为干涉主义的理论基础；当它被弗里德曼及其追随者重新组合时却被视为对自由市场机制的证明。

即便是主流经济学阵营内部，支持主流思潮的理论观点也是多样化的，而且这些观点并非在逻辑上彼此相容，而是存在着大量的争论。最典型的是新古典自由主义经济学阵营，甚至对于自由市场的机制这一核心问题，他们的理解也存在着实质性的差异。弗里德曼及其追随者借助于新古典主义经济学的均衡理论，而新奥地利学派的经济学家基本上否定这种理论对市场的论证，认为这种理论歪曲了市场的本质。在新奥地利学派的经济学家看来，只有把市场视为一种竞争性的过程，才可能揭示市场的本质。[①] 任何一种主流经济

[①] 参见杨春学、谢志刚、王瑶《对自由市场的两种理解》，社会科学文献出版社 2013 年版。

学思潮都存在盲目、固执和被滥用的倾向。凯恩斯主义曾经有盲目信任政府的倾向,后来吸收了批评者的观点(包括"政府失败"等),降低了信任程度。新古典自由主义经济学家对自由市场有盲目信任的倾向,以至于面对 2008 年的国际金融危机,虽然也认为那是"凯恩斯时刻",但在言论上仍然坚称自由资本主义本身可以治愈任何可能暂时出现的经济不稳定现象。

(原载《社会科学战线》2018 年第 12 期)

西方经济学在中国的境遇：
一种历史的考察[*]

中国改革开放 40 年的伟大经济成就已经在世界范围内得到了普遍称颂，但如何从这种经验中总结和提炼出一组独特的命题，并使之升华至理论的高度，从而对经济学的发展做出自己独特的贡献，仍然是中国经济学界面临的一项艰巨的任务。习近平同志在"5·17"重要讲话中指出，发展和繁荣中国特色哲学社会科学，要把握好三方面"资源"。其中，第三方面的资源就是"国外哲学社会科学的资源"。这其中当然包括西方经济学。如何把握好这类资源？那就是要立足于中国的国情，"比较、对照、批判、吸收、升华"。面对经济学界的这样一个时代课题，对中国引进、学习和传播西方经济学的历史，做一番回顾、分析和总结，是很有意义的。

一 晚清民国：西学东进

从鸦片战争至抗日战争，中华民族屡受列强欺辱。这极大地激发了有志之士为强国而求知识于西学的潮流。鸦片战争的失败给中国带来了史无前例的"巨震"，"中央帝国"再也无法维持它在传统上历来傲视其他国家的精神资本。战败使一部分国人看到英国之强大。林则徐、魏源等人提出放眼世界，"师夷长技以制夷"的主张。

---

[*] 本文是国家社会科学基金重点项目"经济思想史的知识社会学研究"的阶段性成果。

第二次鸦片战争之后,洋务派开始了"师夷长技"的实践。西方经济学的引进也是在这种潮流中发生的。

最早比较完整地引入西方经济学著作的人是 1869 年任京师同文馆总教习的美国传教士丁韪良(W. A. P. Martin,1827—1916 年)。他在同文馆以"富国策"的名义讲授英国学者 H. Fawcett(1833—1884 年)的 A Manual of Political Economy,并与汪凤藻合译,于 1880 年以《富国策》的书名由上海美华书馆出版。此书成为京师同文馆改为京师大学堂之后的教材。① 第二本被译为汉语的经济学著作是英国经济学家 W. S. Jevons 的专著 Primer of Political Economy,该著作由英国传教士艾约瑟翻译,并于 1886 年以《富国养民策》的书名交由总税务署出版。这些译本均采用"西译中述"的方法(即传教士口译,中国人笔录和润色),故其翻译质量并不出色。在 1895 年之后,这种译法逐渐消失。

实际上,真正具有里程碑式影响的译著是由严复(1854—1921 年)所译的亚当·斯密的名著《国富论》(原译名为《原富》),该书于 1901 年交由南洋公学书院出版。严复所译的西学名著还有《天演论》《法意》《群己权界论》等。严复是引进西学的第一功臣,被誉为"西学圣人"。在严复身上,可以看到国人对西学态度的一种根本性的转变。此前,国人倡导的是"中学为体,西学为用"。中日甲午战争的失败使一部分社会精英思考如下问题——列强强大的真正奥秘难道只是"夷之长技"吗?"严复通过比较研究,认为东西方不同的关键就在于思想文化。因此,对于文化所包含的全部内容——价值观、制度、风俗、思想,必须用同一个维度来衡量,即它是否维护和强化民族国家。凡是阻碍这一目标的传统,没有什么会是神圣的。"② 基于这种认识,严复反对洋务派"中学为体、西学为用"

---

① 傅德元:《〈富国策〉的翻译与西方经济学在华的时期传播》,《社会科学战线》2010 年第 2 期。
② 史华兹:《寻求富强:严复与西方》,中译本,中信出版社 2016 年版,第 260 页。此处所引的是书中《译后记》。

的观点，他认为"体用者，即一物而言之也。有牛之体则有负重之用，有马之体则有致远之用，未闻以牛为体以马之用者也。中西之学异也，如其种人之面目然，不可强为似也。故中学有中学之体用，西学有西学之体用，分之则并立，合之则两亡"①，对西学的学习应做到"体用一致"。为什么选译《国富论》？他认为，"夫计学者，切而言之，则关于中国之贫富；远而论之，则系乎黄种之盛衰"②。

自严复始，基于强国而广求知识于世界的认识逐渐蔓延开来，中国经济学人开始了引进西方经济学的热潮。有学者统计，至1919年五四运动前夕，我国出版的西方经济学论著约40部，其中2/3为中国学者的介绍性著作，1/3是译作；译作中多译自日文③④。即便是国人撰著的介绍性著述，也多取材于日文文献。例如，梁启超所著的《生计学学说沿革小史》（1903）是国人所撰写的第一部经济学说史，该书上自古希腊、古罗马，下至德国历史学派，包括重商主义、重农学派、古典经济学说等，均有所述。但它所述的素材基本上都取自日文文献。之所以如此，一是因为甲午战争中国败于历来被视为"蕞尔小邦"的日本，使得一大批仁人志士赴日留学，意图探究日本在短时间内变得如此强大的奥秘。他们回国之后大量介绍日本的学术成果。二是"和制汉字"使国人较容易阅读和理解日文书籍。

---

① 转引自胡寄窗《中国近代经济思想史大纲》，中国社会科学出版社1981年版，第232页。
② 转引自梁捷《启蒙及其转向——清末民初思想界对西方经济学的认识与阐发》，《现代中文学刊》2009年第1期。
③ 赵晓雷：《西方经济学对现代中国经济学发展的影响》，《经济学家》1994年第4期。
④ 另根据《增版东西学书录》《译书经眼录》《广学会译著新书总目》《上海制造局译印图书目录》四种书目资料，晚清时期公开印行的经济学相关书籍大约81种，其中，译著64种，本国人辑著17种。在这些译著中，前期主要是欧美传教士翻译和编著英国经济学说（约24种），后期主要是中国人或日本人翻译日本人的书籍（约22种），还有一些未注明译著者的书籍。参见岳清唐、周建波《民国时期西方经济学在中国的传播及其影响》，《贵州社会科学》2014年第9期。

总体上说，这一时期的西学引进质量并不高，国人的著述基本上都是拼凑之作，但是，这也的确"给中国的经济学研究带来了一股清新的空气"①。特别值得提及的是，日文经济学著作的翻译对中国经济学的发展带来了一种特殊的贡献——经济学词汇的翻译，尤其是对专业术语的翻译。例如，Political Economy 中的 Economy 应当如何翻译？严复主张译为"计学"，梁启超主张译为"生计学"，但这两种翻译均未被大量采用。相反，据考证，1896 年的《时务报》上发表的《日本名士论经济学》一文，也许是我国最早出现的运用"经济学"一词的汉语文章。② 受京师大学堂之邀，由日本学者杉荣三郎编写的《经济学讲义》（1903 年商务印书馆发行）是取名为汉文"经济学"的第一部书籍。此后，全国各地出现了众多以"经济""经济学"命名的译自日文的著作。在这一时期，直接从日文移植过来的汉语经济学词汇有 50 多个，包括经济学、经济、生产、消费、资本、交易等③。

五四运动之后，随着一批在欧美留学的学者的加入，经济学的引进、传播和学习的格局发生了根本性的变化。仅据《民国时期总书目（1911—1949）：经济》统计，民国期间出版经济类著作就达 16000 余种，相比于晚清时期呈现出爆炸增长的态势。此书目将经济类书分为 9 大类。其中的"经济总论"类有 736 种，涉及西方经济学的书目有 701 种，包括译著 339 种，自著 362 种。译著中，译自英国的有 58 种，译自美国的有 29 种，译自苏俄的有 76 种，译自日本的有 80 种，译自德国的有 48 种，译自法国的有 28 种，译自奥地利的有 9 种，匈牙利的有 4 种，瑞典 2 种，其他 5 种。④ 在这一过程

---

① 唐任伍：《"五四"前后经济学在中国的发展》，《北京师范大学学报》（社会科学版）1999 年第 2 期。
② 任金帅、王先明：《从"生计"到"经济"——西方经济学在清末民初的历史演进》，《历史教学》2012 年第 3 期。
③ 实藤惠秀：《中国人留学日本史》，中译本，生活·读书·新知三联书店 1983 年版。
④ 北京图书馆编：《民国时期总书目（1911—1949）：经济》，书目文献出版社 1993 年版。

中，成立于1923年的中国经济学社起到了重要的作用。中国经济学社是一个以留美学者为主体，集合政、学、商界等上流人士组成的学术团体。这一学社最初由留美归国的经济学家刘大钧、陈长衡、陈达等12人创立，目的是提高经济学的教学质量。1924年，马寅初等人渐次加入，并于1925年通过新的章程，将学社的宗旨确定为：（1）提倡经济学精深之研究；（2）讨论现代经济问题；（3）编译各种经济书籍；（4）助中国经济界之发展与改进。在马寅初、刘大钧等人的主持下，这个学社不断发展和壮大，大部分知名的经济学家均为其成员，其一时成为经济学界的主流团体和"中国传播和研究现代西方经济学的中心组织"[1]。它的社刊《经济学季刊》在1930年4月至1937年5月共出版8卷29册，是当时公认的经济界权威刊物。

自然地，引进和传播西方经济学说者，也有中国经济学社之外的成员。在民国时期，若要论翻译经济学名著最有力者，当推王亚南、郭大力。他们合译或独译的名著有斯密的《国富论》、李嘉图的《政治经济学及赋税原理》、马尔萨斯的《人口论》、穆勒的《政治经济学原理》、杰文斯的《政治经济学》等。此外，读者甚众的还有王开元译自德文版的李斯特的《国家经济学》（原书名实为《政治经济学的国民体系》），以及众多个译本的马歇尔《经济学原理》，等等。

至民国结束之时，引介和学习西方经济学的影响大致可以总结为如下几点：

第一，经济学家在总体上抛弃了"西学为体，中学为用"的态度，译介西方经济学的宗旨是"输入文化，拯救衰亡"，寻求国家富强的知识。

这是始自严复所形成的主流态度。例如，梁启超在其所著的《生计学学说沿革小史》（1903）的《发端》中写道，"今日则全世界赴于开明之时也。故凡立国于天地者，无不以增殖国富为第一要

---

[1] 孙大权：《中国经济学社的兴衰及其影响》，《经济学家》2006年第4期。

务，而日演无形之竞争以斗市场，岂好事哉，势使然矣"。又言，西国"其所以兴者种因虽多，而生计学理之发明，亦其最重要之一端也"。

夏炎德表达了当时多数译者的心声："经济之学以非吾国所固有者，欲真正输入先进国经济学说，莫如翻译各家原著，盖翻译能使读者窥其全貌，较之杂凑编译为彻底也。"① 自然地，不同的学者会偏爱和倾心于某种西方经济学说，呈现出"百花齐放"的状态。例如，马寅初认为，中国宜采用德奥学者所倡导的"全体主义"，故颂扬亚当·米勒、李斯特、斯潘等人的思想。唐庆增倾向于英国古典学派，其倾心于亚当·斯密，宣扬个人主义和经济自由思想。②

第二，通过西方经济学的引进、传播和学习，中国终于有了经济学这样一门正式的学科，出现了经济学学术群体。

在此之前，中国并无经济学。长期的自然经济统治使中国形成的是一套以"地产、地租、赋税"为基础的经济思想范畴，诸如裕民、富国、均田、薄赋敛、强本抑末、重义轻利、黜奢崇俭、漕运、屯垦等。这类思考只有片断式的经济思想与政策主张，散见于历代文献的"集部"，既缺乏体系，且立场多拘于伦理，鲜有从经济学理的角度出发来讨论经济问题的，已经无法适应民国时期中国社会经济的分析③。

通过对西方经济学的引介和学习，国人开始用现代经济学的语言和思维来讨论中国的经济问题。时逢国家内忧外患的、动荡不安的混乱局面，虽然引介的西方经济学著述中有大量的理论内容，但中国学者更多的精力是借此讨论中国的各种社会经济政策问题，例如币制、金融、财政、贸易、工业、农业等方面的具体问题，实属"应用经济学"的范围④。诚如夏炎德所评论的，当时经济学家的思想不是一种"纯理经济学"的形态，而是"社会经济学或国民经济

---

① 夏炎德：《中国近百年经济思想》，商务印书馆1948年版，第189页。
② 参见夏炎德《中国近百年经济思想》，商务印书馆1948年版，第189页。
③ 唐任伍：《"五四"前后经济学在中国的发展》，《北京师范大学学报》（社会科学版）1999年第2期。
④ 参见胡寄窗《中国近代经济思想史大纲》第18章，中国社会科学出版社1981年版。

改革的思想"的表现①。

各类大学、高级中学、职业学校、商科学校等纷纷讲授经济学课程。其中，较为流行的教材包括马寅初著的大学教科书《经济学概论》、赵兰坪编著的职业学校教科书《经济学》。前者从1938年初版到1948年第9版，后者从1928年到1946年再版15次。②民国时期出现了各种经济学学术团体，比较著名的有中国经济学社、中国合作学社、中国统计学社、中国农村经济研究会、新生命派、新思潮派、中国经济派等。相应地，还出现大量的经济学刊物。③

第三，在译介西方经济学的过程中，学界出现经济学中国化的诉求，即把世界学术理论的最新成果应用于中国社会经济现实问题的解决，理解和消化外来理论，使之符合中国的需要，转变为中国文化思想的有机组成部分，进而构成国际学术积累过程的参与者。④

这种意识在经济学界早有反映。早在1929年，李权时在其《经济学原理》中即言，"提倡国货的最初是在于仿照洋货，所以提倡国货的最初步是在于翻译外国教科书。进一步则为自己监制或编述。再进一步则为自己能够精致以与洋货逐于市场，或自己能够卓立一家以与世界学术并驾齐驱"。20世纪40年代初，王亚南先生提出"中国经济学"的命题，并以此为自己的研究重心之一，认为这有待经济学界同人的共同努力。⑤

之所以会发出这种声音，是学者们对当时中国经济学的状态不满。夏炎德很好地表达了这种不满："溯经济学之传入中国，于兹已四五十年，时间不可谓太短，而检讨过去，果有博通各国各家思想，

---

① 夏炎德：《中国近百年经济思想》，商务印书馆1948年版，第162页。
② 岳清唐、周建波：《民国时期西方经济学在中国的传播及其影响》，《贵州社会科学》2014年第9期。
③ 严清华、李詹：《民国时期经济期刊的经济思想文献述评》，《经济学动态》2012年第7期。
④ 程霖、张申、陈旭东：《选择与创新：西方经济学中国化的近代考察》，《经济研究》2018年第7期。
⑤ 谈敏：《中国经济学的过去与未来——从王亚南先生的"中国经济学"主张所想到的》，《经济研究》2000年第4期。

针对中国国情与需要，而自成一体系之经济学乎？曰：蔑有也。以视德国，自英国古典学派思想传入，不久即反动，而自本国文化背景中产生历史学派，建立国民经济学，且由此而引出保护主义政策建议国家施行。美国少壮经济学者，留德受历史学派熏陶，卒能在国内发展成一制度学派，而与古典学派相颉颃，于经济学上盖已自树自帜。还观吾国经济学界，犹停滞于接受外来思想之时期，不少学者且视为固然，各以其留学国或师承之学说奉为圭臬，曾不想转而自谋创造。多数学者未尝不知创造之重要，惜真能致力创造不多，致力创造而已有圆满收获者，更未之见。"①

第四，与"西方经济学"同时引介而传入中国的，还有马克思主义政治经济学。

中华人民共和国成立之前，马克思主义政治经济学也被归为西学。如果说引入古典和新古典经济学说的中国学者想讨论的主要是经济的"术"的问题，那么，引介马克思主义政治经济学的学者想讨论的是"道"的问题，即根本性社会制度的选择问题。如果说在"中国化"的学理方面有成就的话，那也主要是集中在对当时中国社会性质的讨论之中。这种讨论必然涉及中国社会的经济基础问题。这种讨论相当一部分是以马克思主义政治经济学的方法论和思维方式进行的。其中，代表性的著作有沈志远的《新经济学大纲》（1934）、李达的《经济学大纲》（1935）、王亚南的《中国经济原论》（1946）、许涤新的《广义政治经济学》（1949）等。他们均致力于分析中国社会经济的性质问题。这种讨论得出的一个结论是：中国处于半殖民地半封建的社会形态；资本主义成为社会经济的主流形态，且采取了官僚资本主义的形式。

二 改革之前 30 年："西学东进"的没落②

中华人民共和国成立之初，即于 1952 年按照苏联模式对高校

---

① 夏炎德：《中国近百年经济思想》，商务印书馆 1948 年版，第 195 页。
② 此部分的写作深受黄范章的文章的影响。详见黄范章《西方经济学在中国》，载张卓元主编《中国经济学 60 年》，中国社会科学出版社 2009 年版，第 578—630 页。

进行院系调整，经济学教材换成苏联教科书。1952年秋季开始，苏联专家在中国人民大学开设马列主义研究班（历时五年），包括政治经济学分班，培养研究生。与此同时，原高等教育部"搭便车"，把全国高校20多所政治经济学的骨干教师召集到燕京大学，开办了一个"政治经济学师资培训班"。给这两个班上课的苏联专家主要有阿尔马卓夫、然明、焦姆斯基、诺罗肖洛夫等。然明和卡拉达耶夫讲授经济学说史课程。然明编写的《经济学史讲义》于1958年出版。之后，翻译了卢森贝的三卷本《政治经济学史》，分别于1959年、1958年、1960年出版。卢森贝写道："自从无产阶级和资产阶级之间的阶级斗争发展到了相当阶段，而资产阶级已经获得了政权以后，科学的资产阶级经济学的丧钟便已经敲响。然而，这当然不是说，资产阶级的经济学已经不复存在了，已经不再在某种意义上继续'发展'了。庸俗化的和辩护论的方法和形式之交替，便是它的'发展'。"①

这就是当时社会主义阵营对待西方经济学的基本态度。所引证的是马克思《资本论》的下述著名论断："只要经济学是资产阶级的政治经济学，就是说，只要它把资本主义制度不是看作历史上过渡的发展阶段，而是看作社会生产的绝对的最后的形式，那就只有在阶级斗争处于潜伏状态或只是在个别的现象上表现出来的时候，它还能够是科学。……1830年，最终决定一切的危机发生了。法国和英国的资产阶级夺得了政权。从那时起，阶级斗争在实践方面和理论方面采取了日益鲜明的和带有威胁性的形式。它敲响了科学的资产阶级经济学的丧钟。现在问题不再是这个或那个原理是否正确，而是它对资本有利还是有害，方便还是不方便，违背警章还是不违背警章。不偏不倚的研究让位于豢养的文丐的争斗，公正无私的科学探讨让位于辩护士的坏心恶意。……1948年大陆的革命也在英国产生了反应。那些还要求有科学地位、不愿单纯充当统治阶级的诡

---

① 卢森贝：《政治经济学史》第1卷，中译本，生活·读书·新知三联书店1959年版，第3页。

辩家和献媚者的人，力图使资本的政治经济学同这时已不容忽视的无产阶级的要求调和起来。于是，以约翰·斯图亚特·穆勒为最著名代表的毫无生气的混合主义产生了。这宣告了'资产阶级'经济学的破产。"①

　　据此，学术界把西方经济学分为两个部分——古典政治经济学和庸俗经济学，时间以1830年为界。相对而言，对古典经济学的研究和评论比较客观。这是因为，第一，马克思对古典经济学家有相对正面的明确评论。因此，研究者承认它包含着科学的成分。第二，英国政治经济学是马克思主义学说的三大来源之一。因此，这一时期，翻译、整理和研究有关古典经济学著述相对较多。但翻译和整理的目的截然不同于民国时期。王亚南先生写于1965年《国富论》的《改订译本序言》中说道："1931年，我和郭大力同志，又把它重译成中文出版，改题为《国富论》，我们当时重新翻译这部书的动机，主要是鉴于在十月社会主义革命以后，在中国已经没有什么资本主义前途可言。我们当时有计划地翻译这部书以及其他资产阶级古典经济学论著，只是要作为翻译《资本论》的准备，为宣传马克思主义政治经济学做准备。我们知道《资本论》就是在批判资产阶级经济学，特别是在批评亚当·斯密、李嘉图等经济学著作的基础上建立起来的马克思主义经济学。对于亚当·斯密、李嘉图的经济学著作有一些熟悉和认识，是会大大增进我们对于《资本论》的理解的。事实上，我们在翻译《资本论》的过程中，也确实深切感到亚当·斯密、李嘉图著作对我们的帮助。《资本论》翻译出版以后，对于我们来说，翻译斯密的《国富论》的历史任务已算完成了。"②可见，王亚南和郭大力对经济学著作的翻译目的不同于严复，不是把亚当·斯密的《国富论》看作国家走向现代化的一种历史经验的经典著作。

----

　　① 《资本论》第1卷，人民出版社1975年版，第16—17页。
　　② 亚当·斯密：《国民财富的性质和原因的研究》，中译本，商务印书馆1972年版，第7—8页。

至于古典经济学家之后的经济学,都被视为"庸俗经济学",处于被批判的地位。可以说,这在当时是整个社会主义阵营中经济学界的基本态度,中国也不例外。例如,在 20 世纪 50 年代中期的中国人民大学,吴大琨、项冲给经济系本科生开设的课程名称是"凯恩斯主义介绍与批判",高鸿业给青年教师和研究生开设的课程名称是"资产阶级经济学介绍与批判"。[1] 这之后发生的两次有组织的批判事件直接恶化了国人对西方经济学的研究。

其中的一个事件是对陈振汉、徐毓楠、罗志如、谷春帆、巫宝三、宁嘉风关于《我们对于当前经济科学工作的一些意见》的批判。另一个事件是对马寅初《新人口论》的批判。

20 世纪 60 年代初,情况曾一度有所变化。1961 年,中宣部和教育部组织编写文科教材,供大专院校教学之用。之所以会有此举,一个重要的背景是,此前国内大学文科所用的教材几乎都源于苏联,但此时中苏两国关系破裂,再使用这些教材似乎是不妥的。所要编写的教材包括"当代资产阶级经济学说"。参与编写者黄范章曾写道,组织者曾专门指示说,"对西方经济学,也要了解和借鉴,为此就着重要求介绍要客观、要系统,使人们能了解西方经济理论的原貌。为了解除编者的顾虑,还着重指示:你们编写者负责学术关,我们组织者负责政治关;介绍是否客观和是否系统,你们要负责;批判得够不够,你们不负责,你们不必多考虑。……这是自新中国成立以后对西方经济学直接采取全盘批判态度达十年后第一次显得有所松动。"[2] 此次编写的西方经济学教材原定为两本:《经济学说史》和《当代资产阶级经济学主要流派》。《经济学说史》由中国人民大学的鲁有章、李宗正主编,上册于 1964 年由人民出版社发行。《当代资产阶级经济学主要流派》由北京大学的罗志如任编写组组

---

[1] 吴易风:《新中国成立以来的西方经济学教学与研究》,《企业家日报》2017 年 7 月 28 日。

[2] 黄范章:《西方经济学在中国》,张卓元主编:《中国经济学 60 年》,中国社会科学出版社 2009 年版,第 587 页。

长、中国科学院（现中国社会科学院）经济研究所巫宝三、中国人民大学高鸿业任副组长，所编写成的《凯恩斯主义》《垄断经济学》《经济计量学》《人民资本主义》四个分册陆续于 1962—1965 年由商务印书馆出版，而原计划中的《福利经济学》直到 1984 年才以《西方福利经济学评述》的书名出版。

　　与这种官方态度的松动相适应，"庸俗经济学家"著作的翻译和出版也出现了一个小高潮。商务印书馆出版的就有十多种，包括庞巴维克的《资本与利息》（1959）和《资本实证论》（1964）、李斯特的《政治经济学的国民体系》（1961）、萨伊的《政治经济学概论》（1963）、马尔萨斯的《政治经济学原理》（1962）、马歇尔的《经济学原理》（1963）、凡布伦的《有闲阶级论》（1964）、《资产阶级庸俗政治经济学选辑》（1963），等等。但是，所有这些书籍的译者言中，都强调这些著作为资本主义辩护者的庸俗性质。

　　在这种背景下，学者们开始艰难的学术转型，并逐渐放弃对西方经济学的研究。与此同时，外文著作翻译量开始大幅度萎缩。据统计，1949—1979 年，翻译并出版的西方经济学论著共计 68 部，其中，译自英美的有 52 部。相比之下，译自苏联的经济学著作达 151 部，仅 1949—1959 年就有 136 部[①]。而在"文化大革命"时期，西方经济学的译介工作几乎处于停止状态。

　　"西学东进"之所以陷入这种状态，究其原因，第一，就客观基础来说，经过社会主义三大改造运动之后，中国建立起来的是以公有制为基础的计划经济体制，而基于私有制而展开市场经济分析的西方经济学自然不适用于解释这种体制中的经济活动。因此，重点引介的经济学著述以苏联为主。其中，最具有代表性且影响最大的，是斯大林的《社会主义经济问题》和苏联科学院经济研究所主持编写的《政治经济学教科书》。第二，在理论上，当时把公有制和计划经济视为社会主义，把私有制和市场经济视为资本主义，因此，在

[①] 赵晓雷：《新中国经济理论史》，上海财经大学出版社 1999 年版，第 39 页表二。

意识形态上，就必然要把西方经济学视为资本主义的辩护之物而加以批判，能学习的就只剩下马克思主义政治经济学，且基本上是苏联版的马克思主义政治经济学。第三，就主观方面来说，就像卢森贝那样，把英国古典政治经济学之后的西方经济学视为只是发展和深化古典政治经济学中的"庸俗成分"。这种态度实际上是教条化地理解马克思的论断的结果。如果说英国古典政治经济学之后的西方经济学只是前者"庸俗成分"的发展，那么，如何看待现代西方经济学对市场机制更准确的分析和论证呢？

三 改革 40 年："西天取经"的繁荣

随着 1978 年"实践是检验真理的唯一标准"大讨论带来的思想解放和随即开启的引入市场机制的改革开放，经济学界重新开始了对西方经济学的引介活动。这是历史的必然。是时，中国经济学界早已脱离了现代经济学的发展轨道，但改革的实践急切地需要新的经济学知识来支撑和拓展改革的视野。于是，人们把求知的目光指向外部。其中，一大部分目光指向东欧经济学家。因为这些国家先于我国对计划经济体制进行了市场化改革。中央政府组织各个部门对南斯拉夫、匈牙利进行了考察。中国社会科学院邀请布鲁斯、奥塔·锡克、科尔奈进行讲学，中国社会科学出版社翻译出版了一批东欧经济学家的著作。与此同时，国内学者也非常重视"西天取经"。

在 20 世纪 80 年代的"西天取经"中，最引人注目的是三项活动。

第一项是中华外国经济学说研究会的成立，成为"中国引进、传播和研究西方经济学的主阵地和核心平台"[1]。

1979 年 5 月，陈岱孙、宋则行、张培刚、吴斐丹、朱绍文、李宗正、宋承先、刘涤源、厉以宁、吴易风等 17 位研究西方经济学说

---

[1] 方福前：《引进西方经济学 40 年》，《教学与研究》2018 年第 12 期。

的学者聚于杭州，联名发起《成立"外国经济学说研究会"创议书》（以下简称《创议书》），公推许涤新为名誉会长，陈岱孙为会长。《创议书》提出，"必须积极开展对外国经济学说的研究，研究它的历史和现状，批判一切反动、错误的思潮和理论，吸取一切可供我们在社会主义经济建设中借鉴、利用的东西"[①]。

当年，研究会就组织业内专家学者翻译了《现代国外经济学论文选》（以下简称《文选》）。《文选》由研究西方经济学的学者从英文文献中选出外国当代主要学说和流派中具有代表性的著述，译为中文后，交由商务印书馆出版。这套《文选》的第一辑于 1979 年出版，至 1997 年，共出版 17 辑。所涉及的范围较广，既包含西方学者对这些学说和理论的评论，也包含西方学者对马克思主义政治经济学的研究。学会的成员还积极参与商务印书馆编辑和出版的《马克思主义来源研究论丛》（以下简称《论丛》）工作。此《论丛》于 1981 年开始，至 2000 年，共出版 20 辑，成为经济学说史研究者发表研究成果的主要园地。

1979 年 6 月，国务院财经委员会决定成立 4 个调研小组（即经济管理体制组、经济结构组、技术引进和企业现代化组、经济理论和方法论组），对中国经济情况进行调查研究。受于光远先生领导的经济理论和方法论组的委托，研究会于 1979 年 11 月至 1981 年春在北京大学开设国外经济学讲座，43 位学者共讲了 60 讲，主要听众是国家机关中有实际工作经验的干部、高等院校的教师和学生、经济研究机构的研究人员。讲座涉及的面很广，包括宏观经济学、微观经济学、增长理论、发展经济学、国际经济学、法经济学等方面的理论，也包括企业管理、跨国公司、国际分工、经济预测、国民收入核算、统计方法等比较具体的专题，还包括主要经济学说和流派，等等。这些讲稿汇编成四册，以《国外经济学讲座》的书名由中国社会科学出版社于 1980—1981 年出版。这是第一套较为全面和系统

[①] 参见《成立"外国经济学说研究会"创议书》，《经济学动态》1979 年第 9 期。

地介绍当代经济学的书籍，影响很大。

第二项是商务印书馆以《汉译世界学术名著丛书》为旗帜，开始系统地组织翻译和出版西方经济学名著。1981—1990 年，列入《汉译世界学术名著丛书》出版的经济学著作有 53 种。其中，一部分是原有译本的重译，一部分是新译出的著作。读者最多的有两种，即凯恩斯的《就业、利息和货币通论》和萨缪尔森的《经济学》。特别是后一种，仅仅在 1979—1991 年的 12 年间，就重印 10 次，发行量达 103900 套[①]，成为当时学习西方经济学基本知识的重要工具书。

这一时期，影响比较大的译著还有中国社会科学出版社出版的《当代比较经济研究丛书》和北京经济学院出版社出版的《诺贝尔经济学奖获得者著作丛书》。

第三项是高校经济类专业（特别是政治经济学专业）逐渐开设"外国经济思想史""资产阶级经济学流派""西方经济学概论"课程。

当时，流行较广的教材有鲁友章、李宗正主编的《经济学说史》（1983），胡代光、厉以宁编著的《当代资产阶级经济学主要流派》（1982），厉以宁、秦宛顺编著的《现代西方经济学概论》（1983），梁小民编著的《西方经济学导论》（1984）。

特别需要提及的是，在 1987 年，当时的国家教委在世界银行经济学家和国内一些教授的建议下，决定把"西方经济学"列为财经类专业的 13 门核心课程之一，并于 1989 年组织国内学者开始编写这些核心课程的教学大纲和教材。高鸿业和吴易风合著的《现代西方经济学》（1989）就是其产物之一。

在 20 世纪 80 年代，学界对西方经济学的主流态度在实质上仍然是"中学为体，西学为用"。这种态度典型地反映在陈岱孙 1983 年所发表的《现代西方经济学的研究和我国社会主义现代化》一文之中。他认为，西方经济学研究的对象是以私有制为基础的资本主

[①] 方福前：《引进西方经济学 40 年》，《教学与研究》2018 年第 12 期。

义经济。这种经济制度截然不同于中国的经济制度，因此，对这种经济学的体系和基本内容应持批判态度；但是，它的某些内容，例如企业组织理论、市场机制分析、定量方法等，具有借鉴价值。[1]

考虑到当时的时代背景，这种态度是可以理解的。当时，中国经济体制改革处于初期的摸索阶段，虽然人们基本上同意以"发展商品经济"的名义引入市场机制，但是，经济体制以计划为主还是市场为主，仍然存在争论。在实践中，虽然计划体制受到市场因素的不断冲击而显得越来越难以维系，但其仍然处于主导地位。1992年，中央把经济体制改革的目标模式确定为"社会主义市场经济"。随着市场化改革的深入和初见成效，西方经济学的引入逐渐发生了一些根本性的变化。

第一，翻译出版、介绍和研究西方经济学书籍、文章无以计数，且类型繁多。

其中，影响比较大的译丛有：商务印书馆的《汉译世界学术名著丛书》、上海三联书店和上海人民出版社的《当代经济学译库》和《当代经济学教学参考书系》、中国人民大学出版社的《经济科学译库》和《当代世界学术名著·经济学系列》、首都经济贸易大学出版社（原北京经济学院出版社）的《诺贝尔经济学奖获奖者学术精品自选集》、经济科学出版社的《新制度经济学名著译丛》和《经济学方法论译丛》、中国社会科学出版社的《西方现代思想丛书》、华夏出版社的《现代西方思想文库》、上海财经大学出版社的《新世纪高校经济学教材译丛》，等等。此外，还有大量并没有以"丛书""译库"的名义出版的各类书籍。

可以说，只要在西方出版界出现反响比较大的书籍，就会立即有汉译本问世，并配之以媒体相应的介绍。一个典型的案例是，2014年，法国经济学家托马斯·皮凯蒂的《21世纪资本论》一出版即成西方出版界的畅销书，中信出版社立即组织翻译出版中文版，

---

[1] 陈岱孙：《现代西方经济学的研究和我国社会主义现代化》，《北京大学学报》（哲学社会科学版）1983年第3期。

且配之以导读本,在中国学界和媒体掀起一股讨论的热潮。更为典型的案例是:每年诺贝尔经济学奖获得者名单一公布,国内学界和媒体就会出现一个介绍获奖者理论贡献和影响的小高潮①;出版界也会立即组织人手来翻译获奖者的主要著述。

第二,在教学的课程设置中,逐渐地很少使用"西方经济学"的名称,代之以"微观经济学""宏观经济学"等称呼,且按照初级、中级和高级的不同程度来设置课程。相应地,在教材的使用上,也从自编教材转向直接使用从英美国家翻译过来的教材,甚至是直接使用英文版的教材。

较为流行的汉译版教材包括萨缪尔森和诺德豪斯的《经济学》,曼昆的《宏观经济学》,斯蒂格利茨的《经济学》,平狄克和鲁宾菲尔德的《微观经济学》,多恩布什、费希尔、斯塔兹的《宏观经济学》,范里安的《微观经济学:现代观点》,安德鲁·马斯—科莱尔、马克尔·温斯顿、杰里·格林的《微观经济学》,戴维·罗默的《高级宏观经济学》,等等。

最早直接使用英文原版教材的,也许是"福特班"。1984年,原国家教育委员会与美国经济教育与研究委员会合作成立了中美经济学教育交流委员会。作为这种合作的一个项目就是,从高校研究生中选出一批学生,集中学习;教学完全按照美国大学的模式进行,旨在培养一支能在中国高校开设西方经济学课程的青年教师队伍。委员会委托中国人民大学(1985—1996年)和复旦大学(1988—1993年)具体承办,由于受福特基金会的资助,故称为"福特班"。"福特班"直接使用英文版的研究教材,由欧美教授授课。中美经济学教育交流委员会为这两个教学点提供的经济学教科书、工具书和参考书达8000多种。② 此后,北京大学中国经济研究中心等机构也使用英文教材。自进入21世纪以来,使用英文教材授课的学校开始不断增多。

---

① 《经济学动态》是其中的主要发表阵地。
② 方福前:《引进西方经济学40年》,《教学与研究》2018年第12期。

第三，在科研中，直接利用西方经济学的分析工具、概念和思维方式来讨论中国现实经济问题成为一种主流趋势。

其中，最突出的是分析工具的运用。改革开放之初，中国经济学人以阐释经典和政策为主，且基本上以定性的分析和表述为主，最多再加上一些统计数据和分析。据调查分析，1984—2007 年发表在《经济研究》的论文中，以计量经济分析为主要工具的论文所占的比重，1984 年为 0，1992 年为 5%，1998 年为 11%，2004 年为 40%，2007 年为 53%；2000 年发表于《管理世界》的论文中几乎还没有以计量分析为主的论文，但是到 2009 年这类论文的比重占到 55%。[1] 自然地，这类论文必然要遵循西方经济学的逻辑，并大量使用其语言和术语。因为这类计量模型是以数理经济学为基础建构的，而有关数理经济学则是对西方经济学原理的论证和表述方式。

只要西方经济学开辟出一种新的研究领域和研究方法，就会出现国内学者的跟进研究。例如，西方学者提出"包容性发展"的概念，国内学者就会立即使用这类概念来讨论中国的问题。在这方面，比较典型的例证就是行为经济学和实验经济学。[2]

第四，与上述情形相伴随的是，对西方经济学放弃了原来那种"中学为体，西学为用"的态度，从承认其存在科学的成分，到逐渐走上了基本肯定的道路，并常用"现代经济学"来指称"西方经济学"[3]。

北京经济学院出版社《诺贝尔经济学奖获得者著作丛书》的《编者献词》（作于 1988 年）强调："西方经济学是资本主义的意识形态，获奖的经济学家是资产阶级学者，因而在这些著作中必然有这样那样的问题，在阅读时我们应当注意这一点。但是，西方经济学作为人类文明发展的成果之一，有其不可忽视的精华，资产阶级学者对经济问题的研究有其可取之处。从这种意义上，只要我们以分

---

[1] 李子奈、齐良书：《关于计量经济学模型方法的思考》，《中国社会科学》2010 年第 2 期。

[2] 方福前等：《引进西方经济学 40 年（1978—2018）》，中国社会科学出版社 2018 年版。

[3] 最早用"现代经济学"指称"西方经济学"且影响较大的，也许是留美经济学会编辑并由商务印书馆出版的《现代经济学前沿专题》。

析的态度认真阅读这些著作,必将得到许多有益的收获"。首都经济贸易大学出版社(原北京经济学院出版社)《诺贝尔经济学奖获奖者学术精品自选集》的《出版说明》(写于2000年)则是这样表述的:"西方经济学研究了市场经济条件下经济发展的基本规律,对各国在市场经济发展过程中的经验和教训进行了科学的归纳和总结。作为人类经济思想的精华,其成果是全人类共同的宝贵财富。从这个意义上讲,其对中国建立健全市场经济体系,加快经济发展具有无可辩驳的借鉴作用。因此,我们应注意研究和学习西方经济学,并在批判吸收的基础上创立有中国特色的社会主义经济理论。这也是我们出版本丛书的初衷。"

中国人民大学出版社《当代世界学术名著》中的《"经济学系列"策划人语》(写于2002年)的表述更为肯定:"走进经济学的神殿,人们不禁生出高山仰止的感慨。……这些著作在学术的演进过程中起到的更多是传承的作用。它们是20世纪经济学的集大成者,也是21世纪经济学的开路先锋。这些著作的作者大多有一个共同的特征。他们不仅是当代最优秀的经济学家,而且是最好的导师。他们善于传授知识,善于开拓新的前沿,更善于指引遥远的旷野中的方向。"

与上述四大趋势相对应,西方经济学引入的影响是巨大和深远的。它从根本上改变了各界的经济学知识结构和思考问题的方式。现在,国人在思考中国经济问题时的术语主要来源于西方经济学。这不仅体现在学术讨论、媒体发表的文章之中,也体现在政府政策的表述和解释之中。

这种运用和影响有一个发展过程。例如,这种影响在20世纪80年代末和90年代初,比较突出地反映在运用新制度经济学的工具来讨论中国产权制度改革和体制转轨问题。之后,随着国家宏观管理体制的改革和完善,更多地借助于西方经济学的宏观政策理论来讨论中国的总需求管理政策。"三驾马车"的比喻及其相关部分的理论基础在很大程度上来自西方经济学。随着市场化体制改革的深入和不断完善，运用于讨论中国经济问题的西方经济学成分不断增加，范围也不断拓展。从实践的角度来看，这是市场化改革的必然结果。

西方经济学确实在如何让市场机制有效发挥作用的逻辑上提供了比较一致的基本思路，诸如明晰的产权结构、激励相容的制度设计、有序的自由竞争、价格的市场化、企业有效的内部治理、政府恰当的职能、稳健的货币、可持续的债务等。这类思想确实对国人思考和讨论中国经济改革问题产生了有益的影响。但是这不等于说中国经济改革的成功应完全归于这种影响。因为，中国改革的核心问题是如何从计划经济体制走向市场经济体制。对这一问题的思考，西方经济学的上述思想提供的是一种参照系的作用。即便是正确的经济学原理，也不可能直接转化成为具体的政策建议。这种转化不能只进行理论推导，必须充分考虑到与经济和政治环境有关的许多因素，识别和判断复杂的约束条件。中国改革远比西方经济学标准理论所阐述的复杂得多，走出的是一条明显不同于西方经济学标准政策方案（例如所谓"华盛顿共识"）的道路。中国的成功当然是市场化改革的成果，但这不能成为"华盛顿共识"政策方案正确性的证明。更确切地说，中国的改革是基于国情而对上述思想的灵活应用，结果产生的是不同于"华盛顿共识"的具体制度安排，被称为"中国道路"。

在西方经济学的引介和学习过程中，一直存在着警告的声音。这种声音重申西方经济学的二重性，即既有市场经济的一般理论的内容，也包含着为资本主义辩护的意识形态，因此，学界必须以马克思主义作为指导思想，批判性地借鉴其中的合理部分，并把这种态度贯穿于研究和教学之中。这在流行很广的高鸿业主编的《西方经济学》中获得具有代表性的说明。在此书题目为《西方经济学与中国》的第十三章中，编者认为，西方经济学在整体内涵上维护的是资本主义制度，宣扬的是西方国家的意识形态，对此，要进行否定；它"对西方市场经济运行的经验总结和总结的方法有许多内涵是值得而必须加以借鉴的"，但是，"绝不能生搬硬套，必须注意到国情的差别"①。据调查，有些高校政治经济学与西方经济学的课时比例已经从 20 世纪 90 年代的 1∶1 变成目前的 1∶4。另外，西方经济学课程从西方经济学原理一门课"膨胀"为西方经济学原理、中级微观经济学、中级宏观经济学、高级微观经济学、高级宏观经济学、经济学流派等多门主课；且在课堂上"述而不评"。针对这类现象，中华外国经济学说研究会于 2007 年召开西方经济学教学专题研讨会，并把讨论中形成的意见总结为《关于西方经济学教学工作存在的问题和改进意见的报告》，报送教育部高等学校经济学教学指导委员会，就教育方针、教师队伍建设、教材和教学内容、课程设置等方面，提出改进的建议。②

四　进一步讨论

习近平总书记在《关于〈中共中央关于全面深化改革若干重大问题的决定〉的说明》中指出，"理论和实践都证明，市场配置资源是最有效率的形式"。③ 实践的证明当然包括中国改革的成就。那么，谁的理论能够给出这种证明？我猜想，在各类理论中，至少应当包括西方经济学研究市场经济的一般理论和方法。虽然这种理论被证明是不完善的，还存在着明显可以大量讨论的余地，但即使是强调西方经济学带有强烈意识形态色彩的中国学者，也承认它包含着"市场经济的一般理论和方法"的科学部分。

这就引出来两个重要的问题：一是如何识别和分离西方经济学中市场经济的一般理论和方法与其为资本主义辩护的意识形态部分？二是如何本土化？

---

① 高鸿业：《西方经济学》，中国人民大学出版社 2006 年版，第 382 页。
② 吴易风：《新中国成立以来的西方经济学教学与研究》，《企业家日报》2017 年 7 月 28 日。
③ 《十八大以来重要文献选编》（上），中共中央文献出版社 2014 年版，第 499 页。

（一）西方经济学的意识形态问题

这是长期游荡在中国经济学界的一个重大问题。作为解答这一问题的一个基础，必须弄清楚它的意识形态究竟在何处。我认为，西方经济学的意识形态至少表现在两个层面上。

首先，它表现为信奉以私有制为基础的市场经济制度。

这是它最根本的意识形态，也是西方社会的主流态度。在西方经济学家看来，所谓资本主义，就是一种以私有制为基础的市场经济制度。如果说西方经济学的意识形态偏见是为资本主义辩护，那么，这种意识形态主要存在于它对私有制进行的辩护之中。那就是认为，只有私有制，才可能做到产权界定清晰，从而实现激励相容的制度安排。与之密切相连的另一个意识形态因素是，不承认以私有制为基础的市场经济存在剥削的现象，从而为资本的行为进行辩护。就此而论，意识形态较明显地潜伏于微观经济学的前提和产权经济学领域，而在宏观经济学中似乎不存在这类因素。

其次，在上述根本性的意识形态基础上，西方经济学还有各类次级的意识形态，潜伏在经济学家的"愿景"之中，表现在他们的政策主张之中。

这个层次的意识形态主要集中体现在一般经济学理论的运用过程之中。经济学家建构的模型本身就决定着所要选取的事实，并对选取的事实进行简化。其中的限制性假定强调某些特定的事实特征。利用这些假设，经济学家就可以像他认为"好"的那样去讨论问题。意识形态使西方经济学家拥有自己的某种要阐明、捍卫和批判的主题。不同的经济学家和学派之间的最重要差异就在于"愿景"和与之相匹配的意识形态的不同，从而决定着经济学家所选择的重点研究课题和特定假设。例如，西方主流经济学的核心基石是一般均衡论。如果说以芝加哥大学为典型代表的新古典自由主义经济学是所谓"华盛顿共识"的理论基础（自由市场是最有效率的制度），那也并非一般均衡模型必然的推论结果，而是把某些特定的假设施加于这种模型的产物。这些特定的假设带有明显的倾向性。"政策无效论"是如何推导出来的？那就是把一般均衡模型改造为随机动态一般均衡模型。改造的方法是增添一些特别的假设，包括理性预期、卢卡斯供给函数等。通过这些特定的假设，某些市场的不良结果和市场失灵现象，例如失业、经济泡沫等，就完全被排除在讨论视野之外。以萨缪尔森为代表的"新古典综合派"则利用一般均衡模型定义出各类"市场失灵"，从而提出不同于新古典自由主义经济学的政策方案，包括宏观需求管理、政府规制、社会福利制度等，明显不同于新古典自由主义经济学所倡导的"自由化、私有化、市场化"方案。

为什么从一般均衡模型中会推论出完全不同的政策处方？皆因为附加的特定假设不同，从而引入了不同的意识形态因素；而且，所引入的特定假设深受不同类型自由主义的影响。也就是说，经济学家不可能从基本理论中直接推导出政策结论。他们的各类政策建议是通过引入带有倾向性的特定假设而得出的。

因此，在批判西方经济学时，应当充分认识到，意识形态本身就是一个非常复杂的问题。

（二）"本土化"问题

即便是西方经济学中所包含的有关市场经济的一般理论也存在一个基于国情的运用和发展问题。这是更艰难的细致问题，需要逐一进行认真努力研究和分析。经济学的最优逻辑只能阐述一般化的原理，而对它的运用则要面对复杂的历史和现实约束。

例如，一般理论表明，有效的产权制度必须保证现有和潜在的投资者能够充分享有其投资的收效，且要使生产者的激励与社会的成本收益相匹配。对这种观点，可以用最优逻辑来给出证明。但是，采取什么样的具体产权制度安排呢？私有、公有还是共有？这种选择既涉及历史基础、现实利益格局等复杂的因素，也涉及意识形态方面的问题。中国公有制实现形式的改革经验证明，这种原理并不直接映射为唯一的制度安排。农村集体土地的农户承包制、乡镇企业的形态和发展、集体和国有企业的改制等，遵循的并非最优选择的逻辑，而是实践问题导向的创造性制度选择。虽然这类改革还存在各种问题，但至少是一种次优选择。

如何把中国的这类改革经验上升为更高层次的理论总结，还需要中国经济学界的不懈努力。

"中国道路"是一个远比西方经济学讨论的主题复杂得多的宏大问题。西方经济学无法解释"中国模式"及其创造的"经济奇迹"是必然的。从更根本上说，"中国道路"是马克思主义政治经济学中国化的指导思想的结果，因为这些制度安排必须充分考虑社会主义市场经济的本质。中国改革的实践证明，经济学的一般原理必须与具体的国情和本土的知识有效结合起来，才可能为制定出有效的发展政策提供参考。在这种意义上，即便是西方经济学中可以"为我所用"的部分，也存在着本土化的问题。在这方面，中国学者应该有自己的独特贡献。

（原载《经济学动态》2019 年第 10 期）

所有制适度结构：理论分析、推断与经验事实

经过四十多年的改革，中国特色社会主义的基本经济制度已经确立。所有制结构已基本形成以公有制为主体、多种所有制经济共同发展的格局。这是中国共产党领导中国人民进行改革开放实践的伟大创造。必须毫不动摇地巩固和发展公有制经济，毫不动摇地鼓励、支持、引导非公有制经济发展。这既是我国社会主义初级阶段社会生产力发展的内在要求，更体现着社会主义制度的优越性。关于我国公有制和非公有制两种经济相结合，形成的生产资料所有制总体结构的动态量变，以及其中公有制主体地位的测度，由于缺乏统计部门公布的正式数据、估算口径差异及抽样调查范围等原因，学术界的认知并不完全一致，[1] 从而引起诸如"国退民进"和"国进民退"的争论。[2] 这些不同的认识和争论背后都隐含着一个亟待讨论的重大理论，那就是所有制的最适度结构问题：基于社会主义初级阶段的语境，如何把握生产资料所有制适度结构的变化，识别公有制为主体的市场经济中所有制结构调整的内在规律。厘清这方面的认识，有利于明确社会主义初级阶段中国特色社会主义市场经济

---

[1] 参见刘国光《"两个毫不动摇"的当前价值——公有制是社会主义初级阶段基本经济制度的基石》，《人民论坛》2012年第10期；杨新铭、杨春学《对中国经济所有制结构现状的一种定量估算》，《经济学动态》2012年第10期；裴长洪《中国公有制主体地位的量化估算及其发展趋势》，《中国社会科学》2014年第1期；赵华荃《关于公有制主体地位的量化分析和评价》，《当代经济研究》2012年第3期；郑志国《怎样量化分析公有制的主体地位？——与赵华荃先生商榷》，《当代经济研究》2012年第10期；郭飞《深化中国所有制结构改革的若干思考》，《中国社会科学》2008年第3期。

[2] 参见裴长洪、杨春学、杨新铭《中国基本经济制度》，中国社会科学出版社2015年版，第25—26页。

所有制结构改革的长期方向。

本文叙述的安排如下：一是相关文献综述；二是公有制经济适度规模：一个理论模型和三个推断；三是某些经验事实或判断；四是所有制结构问题的进一步思考。

一　相关文献综述

关于我国从计划经济体制向市场经济体制转型中，所有制结构的重大调整，引出了中国特色社会主义市场经济的生产资料所有制适度结构问题。学术界讨论中比较有代表性的研究有樊纲、平新乔等。他们说的"均衡值"或"均衡解"，实际上就是所有制适度结构问题。樊纲认为，在理论上，如果时间足够长，那么无论经济结构的初始状态如何、初始时非国有经济所占比重多小，只要非国有经济的效率及增长率比国有部门高，国有经济在整个经济中的比重将趋于缩小，并达到某种均衡值。[①] 但樊纲没有严格讨论趋近于"均衡值"的机制。平新乔采用国有企业追求社会福利最大化的假定，从市场结构、成本函数、目标函数等入手分析，认为国有企业或国有经济的相对比重，是国有企业最优决策与非国有企业最优决策互动过程的一个均衡解。[②] 但平新乔没有将国有企业目标函数内生于模型之中。刘怀德认为，国有经济的规模是内生决定的，其规模既不会无限制地增强，也不会无限制地缩小，会在运营成本和效用约束下在某种区间进行调整。对于中国国有经济适度规模的判定，可以通过国有经济的绩效加以衡量，生存法则对此也有检验作用。[③]

用什么样的指标度量国有经济的绩效，是一个难题。基于公有制经济的外部性，左大培倾向于认为，国有企业要维持一个相对大的规模，

[①] 樊纲：《论体制转轨的动态过程》，《经济研究》2000年第1期。
[②] 平新乔：《论国有经济比重的内生决定》，《经济研究》2000年第7期。
[③] 刘怀德：《论国有经济的规模控制》，《经济研究》2001年第6期。

才能更好地发挥它们促进整体经济发展的外部性作用。① 田卫民和景维民从另一个角度进行分析,把所有制结构纳入巴罗自然效率条件的经济增长模型,认为国有企业规模必须达到一定的比例,才对经济增长有利。② 他们研究的缺陷在于,没有考虑国有经济的微观效率,也忽略了国有经济与非国有经济在目标函数、约束条件等方面的差异。

上述文献基本上是基于微观经济效率的视角,讨论所有制的适度结构,没有充分重视背后起决定作用的社会主义根本制度③和初级阶段基本经济制度的性质。习近平总书记指出:"我国基本经济制度是中国特色社会主义制度的重要支柱,也是社会主义市场经济体制的根基,公有制主体地位不能动摇,国有经济主导地位不能动摇。这是保证我国各族人民共享发展成果的制度性保证,也是巩固党的执政地位、坚持我国社会主义制度的重要保证。"④ 其中,"国有企业特别是中央管理企业,在关系国家安全和国民经济命脉的主要行业和关键领域占据支配地位,是国民经济的重要支柱,在我们党执政和我国社会主义国家政权的经济基础中也是起支柱作用的,必须搞好。"⑤ 正是中国社会主义根本制度的这些本质特征,促使我们在生产资料所有制结构的调整中,要注重权衡微观经济效率与社会公平之间的关系。这是中国特色社会主义市场经济体制的内在要求。将这一根本制度因素纳入对所有制进行思考的经济学分析之中,给出逻辑一致的理论分析和某些经验事实,是论证中国特色社会主

---

① 左大培:《中国需要大规模的国有经济》,《探索》2005 年第 6 期。
② 田为民、景维民:《基于经济增长的最优所有制结构安排》,《经济问题》2008 年第 8 期。
③ 党的十九届四中全会对"根本制度""基本制度""重要制度"三类制度的重要地位有所区别,并强调,"突出坚持和完善支撑中国特色社会主义制度的根本制度、基本制度、重要制度","把我国制度优势更好转化为国家治理效能,为实现两个一百年奋斗目标、实现中华民族伟大复兴的中国梦提供有力保证"。[《中共中央关于坚持和完善中国特色社会主义制度 推进国家治理体系和治理能力现代化若干重大问题的决定(2019 年 10 月 31 日中国共产党第十九届中央委员会第四次全体会议通过)》,《人民日报》2019 年 11 月 6 日第 1 版。]
④ 习近平:《在十八届中央政治局第二十八次集体学习时的讲话》,《习近平关于社会主义经济建设论述摘编》,中央文献出版社 2017 年版,第 63—64 页。
⑤ 习近平:《共同为改革想招 一起为改革发力 群策群力把各项改革工作抓到位》,《人民日报》2014 年 8 月 19 日第 1 版。

初级阶段适度所有制结构的一个关键所在。

为了简化模型分析，并进行国际经验的比较，我们以国有经济与民营经济的分类来讨论所有制结构。以此论证公有制经济存在的合理性及其合理规模，尤其需要明确国有经济与民营经济在目标函数上的差异。我们假设：民营企业以利润最大化为目标；公有制企业发展的本质则在于社会福利最大化，同时也要兼顾微观经济效率。[①] 本文构建社会主义市场经济条件下的一个两部门数理模型，以图证明，即便国有企业只考虑社会福利最大化（即公平问题），而使其微观经济效率低于民营企业，它们仍然可以以合理的规模存在；更何况，如果国有企业兼顾微观经济效率，就更充分地证明国有企业有存在的必要。一个数理模型只能讨论非常有限的结构关系，需要通过放松假设，以"推断"方式进一步讨论国有经济与民营经济之间相对规模和结构变化的复杂机制。之所以用"推断"而不是"推论"，是因为模型无法同时处理竞争与合作并存的实践。本文的经验部分，旨在为"推断"提供一些可供进一步思考的经验事实。需要指出，本文在论证国有企业关注社会福利程度的过程中，借鉴了 Matsumura 的经典方法。[②] 即由政府根据社会福利最大化原则，确定国有企业关注社会福利的程度，而国有企业则根据政府给定的关注社会福利程度来决定自身的规模。通过这一过程，政府完成了效率和公平的综合权衡，也力图实现资源的合理配置。不仅如此，关注社会福利的机制设置，便于将以人民为中心的发展理念具体化。

[①] 在现实中，国有企业的生产目的是综合性的，包括促进发展、应对国际竞争、自然垄断、再分配、财政、经济安全等。我们认为，社会福利最大化可以作为衡量这些多重目标的一个近似的综合性描述指标。而且，将社会福利作为国有企业目标函数，实际上也体现了中国社会主义根本制度的本质特征，反映了人民群众对美好生活的向往这一奋斗目标。

[②] T. Matsumura, "Partial Privatization in Mixed Duopoly", *Journal of Public Economics*, Vol. 70, No. 3, 1998, pp. 473 - 483. 也有文献采用了与本文相似的处理方式，参见陈林、王凤生《混合寡头理论研究进展》，《经济学动态》2017 年第 1 期；J. S. Heywood, X. Hu and G. Ye, "Optimal Partial Privatization with Asymmetric Demand Information", *Journal of Institutional and Theoretical Economics JITE*, Vol. 173, No. 2, 2017, pp. 347 - 375.

二 公有制经济适度规模：一个理论模型和三个推断

现以代表性国有企业和私有企业分别标记国有经济部门和民营经济部门，并在国有企业目标函数可调整的假设下，构建两部门竞争模型。[①] 竞争表现为资源在这两个部门之间的配置，竞争的结果是资源配置的优化（即做大蛋糕），且随着隐含的收入分配改善带来的社会福利增进，体现以人民为中心的发展。因此，两者的关系不是就市场份额展开的简单竞争。而是设定国有企业的竞争策略已将目标函数内生于经济效率，通过论证国有与私有企业相对规模的调整过程，以及国有企业依据其与私有企业效率差距调整目标函数，最终确定适度规模的条件。将目标函数内生于国企经济效率的设定，说明国有企业与私有企业相比，更着眼于整体利益而不仅仅是眼前自身利益的得失。它们对社会福利的关注程度表现为，国有企业根据政府关注社会福利最大化的总体目标，权衡企业自身的发展战略，包括对经济效率的考量。也就是说，政府所设定的国有企业关注社会福利的程度是国有企业和私有企业经济效率的函数，国有企业目标函数随着其经济效率的差异而调整。结果表明，从纯理论考量，只要国有企业不亏损，即使其微观经济效率低于私有企业，也不会完全退出市场，而是会通过选择一个能够改善社会福利的程度来调整目标函数，从而确定一个适度规模，继续进行生产。相反，如果国有企业微观经济效率高于私有企业，私有企业将被驱逐出市场。这是因为私有企业不会违背利润最大化的目标函数从事生产。此时，所有制结构将归于国有企业一元化形态。

（一）模型假设及其基本框架

以国有企业 S 和私有企业 N 分别代表国有经济和民营经济。S 和 N 生产同一种产品，其边际成本和产量分别为 c_S、c_N 和 q_S、q_N；

[①] 为了简化分析，本文的理论模型没有区分国有企业的类型（商业类和公益类）。

价格由市场需求曲线 P = a − bQ 决定（a，b > 0），产量 Q = q_S + q_N。假定 S 和 N 存在经济效率差异，为便于分析，将 N 的边际成本标准化为 0，相应的 S 的边际成本为 c（c < a/2）。① 两类企业的生产决策采取产量竞争方式。其中，N 始终以利润最大化为目标，而 S 的目标函数则根据自身利润和社会福利的线性组合进行决策。② 究竟国有企业选择怎样的线性组合为自己的目标函数，受政府在社会福利函数基础上根据经济效率的决策约束。③ 于是，S 和 N 的目标函数可表示为：

$$\pi_N = q_N [a - b(q_S + q_N)] \tag{1}$$

$$\pi_S = q_S [a - b(q_S + q_N)] - c q_S + \alpha \{q_N [a - b(q_S + q_N)] + \frac{b}{2}(q_S + q_N)^2\} \tag{2}$$

其中，π_N 和 π_S 分别为私有企业与国有企业的目标函数，$\alpha \in [0, 1]$ 为国有企业 S 对社会福利的关注程度。显然，α 的取值直接决定着国有企业发展战略。先讨论 α 的取值范围。如果 $\alpha = 0$，则国有企业 S 与私有企业 N 都按照市场规则，只关注自身利润最大化而不顾及社会福利。如果 $\alpha = 1$，国有企业 S 将完全以社会福利作为目标函数，而不关注自身盈利状况。更为一般的情况是 $0 < \alpha < 1$。即国有企业 S 根据政府给定的 α，将自身利润和社会福利的线性组合作为目标函数。

将式（1）对 q_N 求导数，根据一阶条件 $\left(\frac{\partial \pi_N}{\partial q_N} = 0\right)$，整理得到 q_N 关于 q_S 的反应函数：

---

① c > 0 意味着 S 效率低于 N；c = 0 说明二者效率相等；c < 0 则意味着 S 效率高于 N。
② 这里将社会福利和利润共同纳入国有企业的目标函数，意在说明国有企业不只是在所有权上区别于私有企业，更重要的是国有企业承载的社会价值属性与私有企业具有本质不同，因此，公有制经济（国有企业）在国民经济中的相对规模将决定一国社会和政府的性质。关于国有企业的目标函数涵盖社会福利的假定，参见 T. Matsumura, *Partial Privatization in Mixed Duopoly*。
③ 这意味着，政府根据国有企业的生产效率为国有企业指定一个目标函数，国有企业在确定的目标函数下完成生产。

$$q_N = \frac{a - bq_S}{2b} \qquad (3)$$

式（3）表明，q_N 与 q_S 呈负相关关系，即私有企业产量会随着国有企业产量的增加而下降。同理，将式（2）对 q_S 求导数，根据一阶条件 $\left(\frac{\partial \pi_S}{\partial q_S} = 0\right)$，整理得到 q_S 关于 q_N 的反应函数：

$$q_S = \frac{a - c - bq_N}{b(2 - \alpha)} \qquad (4)$$

式（4）同样说明 q_S 和 q_N 的负相关关系，结合式（3）、式（4），当达到均衡时，可以得到国有企业与私有企业的最优产量，以及国有企业相对规模。即有：

$$q_S^* = \frac{a - 2c}{b(3 - 2\alpha)} \qquad (5)$$

$$q_N^* = \frac{(1 - \alpha)(a + c)}{b(3 - 2\alpha)} \qquad (6)$$

$$s^* = \frac{a - 2c}{a(2 - \alpha)c} \qquad (7)$$

q_S^*、q_N^* 分别为均衡状态下国有企业与私有企业的最优产量，s^* 为国有企业占总产量的比重，即国有企业的相对规模。因为 $0 \leq \alpha \leq 1 \Rightarrow 1 \leq 3 - 2\alpha \leq 3$，因此有 $\frac{\partial q_S^*}{\partial c} = -\frac{2}{b(3-2\alpha)} < 0$，$\frac{\partial s^*}{\partial c} = -\frac{a(3-2\alpha)}{[b(3-2\alpha)]^2} < 0$。从符号上看，国有企业的产量及相对规模与其生产成本 c 之间呈负相关关系。即 c 越小国有企业经济效率越高，而其产量以及相对规模也就越大。

（二）国有企业关注社会福利的程度与适度所有制结构

国有企业关注社会福利程度 α 的上述三种情况（$\alpha = 0$、$0 < \alpha < 1$ 和 $\alpha = 1$），在 α 不同取值下，它们的最优产量和相对规模的决策都是不同的。下面分别讨论这三种情况下，国有企业、私有企业的最优产量和国有企业的相对规模。

（1）$0 < \alpha < 1$。首先，由政府根据社会福利最大化目标决定 α 值。社会福利函数由生产者剩余和消费者剩余组成，生产者剩余来自

国有企业和私有企业的利润。因此，社会福利函数可由式（8）表示：

$$W = R_S + R_N + CS \qquad (8)$$

其中，W 为社会福利函数，R_S、R_N 分别为国有企业和私有企业的利润，CS 为消费者剩余。将 q_S^*、q_N^* 代入式（8），整理得到式（9）：

$$W^* = \frac{3a^2\alpha^2 - 10a^2\alpha + 6ac\alpha - 8\alpha c^2 + 8a^2 - 8ac + 11c^2}{2b(2\alpha-3)^2} \qquad (9)$$

对于政府而言，a、b 为常数，c 为生产成本由国有企业调节决定。政府要在给定条件下，通过选择恰当的 α 值来最大化社会福利。式（9）两边同时对 α 求导数，得到 W^* 最大化的一阶条件：

$$\frac{\partial W^*}{\partial \alpha} = \frac{(a-2c)(a-5c-(a-4c)\alpha)}{b(3-2\alpha)^3} = 0 \qquad (10)$$

整理得到：

$$\alpha = \frac{a-5c}{a-4c} \qquad (11)$$

由式（11）可知，α 是 c 的减函数。这意味着，政府关于社会福利的总体目标影响国有企业关注社会福利的程度 α，而决定 α 的是国有企业经济效率。即国有企业效率越低（c 越大），政府赋予国有企业关注社会福利的程度越低。相反，国有企业生产效率越高（c 越小），其关注社会福利的程度越高。将 $\alpha = \frac{a-5c}{a-4c}$ 代入 q_S^*、q_N^* 和 s^*，可以得到 S 和 N 的最优产量以及 S 的最适度相对规模 s^*。即 $q_S^* = \frac{a-4c}{b}$、$q_N^* = \frac{2ac-8c^2}{b}$ 和 $s^* = \frac{a-4c}{a-2c}$。

（2）$\alpha = 0$。实际上，此时国有企业已经演变为与私有企业完全一致的市场主体，只追求利润最大化。国有企业、私有企业的产量演变为 q_S^{**}、q_N^{**}，国有企业相对规模演变为 s^{**}，即 $q_S^{**} = \frac{a-2c}{3b}$、$q_N^{**} = \frac{a+c}{3b}$ 和 $s^{**} = \frac{a-2c}{2a-c}$。

（3）$\alpha = 1$。此时，国有企业完全以社会福利作为目标函数，而不关注自身盈利状况。国有企业、私有企业的产量演变为 q_S^{***}、q_N^{***}，国有企业相对规模演变为 s^{***}，即 $q_S^{***} = \frac{a-2c}{b}$，$q_N^{***} = \frac{c}{b}$ 和 $s^{***} = \frac{a-2c}{a-c}$。

（三）国有企业的目标与规模选择

显然，α 的选择与国有企业生产成本 c 紧密相关。根据式（11），α<1 符合对 0<α<1 的条件设定，但 0<α，要求 $c < \frac{a}{5}$。这就意味着，当 $0 < c < \frac{a}{5}$ 时，政府根据式（11）影响国有企业对社会福利的关注程度。当 $c = \frac{a}{5}$ 时，α = 0，结合模型的初始条件，α 取值为 0 所要求的条件是 $\frac{a}{5} \leq c < \frac{a}{2}$。即国有企业生产成本在 $[\frac{a}{5}, \frac{a}{2})$ 区间时，其目标函数将演变为与私有企业相同的利润最大化形式，不再把社会福利纳入目标函数进行考量。此时，模型演变为一个标准的古诺竞争模型。另外，α = 1，结合式（11），则有 c = 0。这意味着，国有企业与私有企业具有相同的生产成本，并非国有企业可无成本地进行生产。结合这些条件设定，观察三种情况下最优产量和国有企业适度规模，则有：

$$q_S = \begin{cases} q_S^* = \frac{a-4c}{b}, & 0 < c < \frac{a}{5}, \ 0 < \alpha < 1 \\ q_S^{**} = \frac{a-2c}{3b}, & \frac{a}{5} \leq c < \frac{a}{2}, \ \alpha = 0 \\ q_S^{***} = \frac{a-4c}{b} = \frac{a}{b}, & c = 0, \ \alpha = 1 \end{cases} \quad (12)$$

$$q_N = \begin{cases} q_N^* = \frac{2ac-8c^2}{b}, & 0 < c < \frac{a}{5}, \ 0 < \alpha < 1 \\ q_N^{**} = \frac{a+c}{3b}, & \frac{a}{5} \leq c < \frac{a}{2}, \ \alpha = 0 \\ q_N^{***} = \frac{c}{b} = 0, & c = 0, \ \alpha = 1 \end{cases} \quad (13)$$

$$s = \begin{cases} s^* = \dfrac{a-4c}{a-2c}, & 0 < c < \dfrac{a}{5}, \ 0 < \alpha < 1 \\ s^{**} = \dfrac{a-2c}{2a-c}, & \dfrac{a}{5} \leqslant c < \dfrac{a}{2}, \ \alpha = 0 \\ s^{***} = \dfrac{a-2c}{a-c} = 1, & c = 0, \ \alpha = 1 \end{cases} \quad (14)$$

比较三种条件下的最优产量和相对规模，可以得到 $q_s^{**} < q_s^* < q_s^{***}$，$s^{**} < s^* < s^{***}$。由此可知，以社会福利最大化为目标函数的国有企业产量和相对规模最大；以利润最大化为目标函数的国有企业产量和相对规模最小。无论哪种情况，只要国有企业和私有企业之间存在经济效率差异，国有企业和私有企业就都会在市场上生存，都不会退出。但当国有企业经济效率与私有企业相当时，私有企业将退出市场，因为此时私有企业无利可图。

上述决策过程可以归纳为：政府依据国有企业生产成本 c，通过最大化社会福利，确定国有企业关注社会福利程度的 α 值；国有企业根据 c 和 α 以及私有企业产量确定自身的产量。国有企业在决策过程中，考虑的因素有多项，既要依据自身的经济效率，又要结合政府规定的社会福利目标，还要考量私有企业的生产情况。无论在哪种情况下的生产，整体社会福利都能在最大化条件下进行，即体现以人民为中心的共享经济发展。

（四）主要推断

上述理论模型分析了所有制结构的变化过程，以及三种经济效率状态下不同的所有制结构。尽管没法给出具体的量值，但不同状态下的所有制结构（公有制经济占总体经济的比重）是可以比较的。[①] 从理论推导过程可清晰地看到：将国有企业的目标函数内生于其微观经济效率后，随着经济效率的提高，国有企业对目标函数与自身规模的调整，会越来越逼近社会福利最大化目标。基

---

① 如果能给出参数 a、b、c 的具体数值，大致上就可给出三种具体的数量结构。但这里只是证明公有制经济存在的合理规模，以及不同经济效率状态下所有制结构本身存在的差异是能够量化的。要给出数值，则需要进行更细致的经验实证研究。

于这些分析结果,并放松模型的某些假设,我们有如下进一步的推断。

推断1：全社会所有制结构的决定因素是多元的,并非仅取决于企业的微观经济效率。

上述以微观经济效率为起点的论证表明,经济效率(利润)并不是决定所有制结构的唯一因素。按照市场规则,即使国有企业以利润最大化原则运营,也不会被私有企业排除在市场之外。因为私有企业只有以大于利润最大化原则的规模进行扩大再生产,才能将国有企业驱逐出市场,而这与它们追求利润最大化生产目的本身是矛盾的。国有企业之所以在微观经济效率低于私有企业时,还能够存在且具有合理性,是因为国有企业的存在可以弥补市场失灵,实现宏观经济效率和社会公平正义。

就单个企业来讲,遵循市场原则,追求利润最大化,尚无可厚非,还能引导社会资源配置更有效。但就一国的社会整体而言,严格按照市场规则行事,必然会把一部分弱势群体的需求排除于市场之外。结果便是社会消费的两极分化,不利于社会稳定与发展,也不符合全体人民共享发展成果、逐步实现共同富裕的价值追求。这类问题不可能由完全基于私有产权的市场来解决,这就是国有企业存在的自然基础。因此,不能单纯依赖微观经济效率,否定国有企业的存在,国有企业也不能像非国有企业那样,只追求利润这一微观经济效率。科斯定理认为,在交易成本为零的条件下,明确界定产权可以保障市场的有效性,实现资源配置的帕累托效率,而与初始产权归属无关。问题恰恰在于,交易成本为零的条件无法满足,于是才有了各种各样的产权安排。从这个角度讲,这一讨论必然要涉及市场功能的弊端和产权多元化的必然性。在一定意义上可以认为,西方产权理论分析了纯粹的私有产权本身的缺陷。正如巴泽尔指出的,"产权永远不会是完全界定"[①]。因此,对处于公共领域的

[①] Y.巴泽尔:《产权的经济分析》,费方域、段毅才译,上海三联书店、上海人民出版社1997年版,第88页。

物品，需要由公有制的公共产权来保障供给。

推断 2：公有制与非公有制并非完全排斥，必然并存于市场经济体制。

理论分析已经证明，在国有企业与私有企业存在经济效率差距的情况下，即使国有企业不以社会福利为目标函数，单一所有制也不是配置资源的适度所有制结构。即使是私有企业的微观效率高于国有企业，只要国有企业不亏损（即在成本线以上进行再生产），私有企业完全占有市场就不是最适度的。市场失灵的存在可以证明这一点。国有企业的存在将有助于社会福利的最大化。如果将社会福利明确纳入国有企业的目标函数，只要国有企业与私有企业效率相当，抑或有时高于私有企业，私有企业的规模也只会相对缩小而不会消失。因为，多种所有制并存是竞争性市场的基础。它们之间相对规模缩小的程度，不仅取决于市场的自由竞争程度，还取决于政府对社会福利最大化总体目标度的权衡。

推断 3：所有制结构并非一成不变，其阶段性的适度结构需在动态变化中探寻。

企业的微观经济效率，除了受自身管理的制约外，更多地还与产业周期性和结构性的经济波动密切相关，国有企业也不例外。受内外部双重条件的约束，国有企业的微观经济效率不是一成不变的。这就必然导致国有企业发展战略目标函数的调整，进而引起规模的调整。国有企业规模的变化，会引起私有企业相对规模的反向变化，从而带来所有制结构变化。这在以上模型中已经证明。在国有企业不同的经济效率水平上，存在着相应的最适度规模，因而在特定阶段，国有企业与私有企业存在着最适度结构。但由此认知的适度结构，是国有企业与私有企业按照市场原则互动调整的结果，排除了政府干预的积极或消极作用。在某种程度上，私有企业还可以作为国有企业的影子企业，评价国有企业的微观经济效率，降低信息不对称引起的政府监管国有企业的交易成本。国家以人民为中心发展目标的制定及其调节，对所有制结构动态变化的长期影响正在加强。

三　某些经验事实或判断

考察所有制结构的变化，或者说国有企业相对规模的变化应该从长期的历史中去寻找经验支持，而不能简单地观察特定阶段的情形或仅仅依据纯理论的推理。下述对非社会主义国家经验数据分析的主要目的在于，借此进一步深入讨论影响所有制结构变化的复杂的具体因素。我们知道，在不同的社会中，国有企业的性质是不同的。在西方社会中，国有企业只是缓和生产社会化与生产资料资本主义私人占有之间基本矛盾的一种工具；在拉美等发展中国家，国有企业是谋求民族经济发展和独立的重要工具。在中国，国有企业不仅具有工具性的价值（即一切行为和改革都是围绕着人民的整体利益），更重要的是还有其内在的价值，那就是，作为社会主义经济的最重要基础，它保证着中国改革开放的社会主义性质。对此，习近平同志指出，"国有企业是中国特色社会主义的重要物质基础和政治基础，是中国特色社会主义经济的'顶梁柱'"。[①] 在这里，我们的讨论就是以此为基础和前提的。利用这类国际经验数据并进行讨论，仅仅是想证明：现实要远比理论逻辑复杂，没有什么理由能够证明国有企业不能存在于一般性竞争领域，更不必说仅限于"公共物品"领域。即便在西方资本主义国家中，国有企业的活动领域虽然会因形势而有很大的变化，但绝不仅限于"公共物品"领域。

经验事实 1：决定所有制结构变化的因素是多元的，即便在私有化高潮时，微观经济效率也不是决定所有制结构、特别是国有经济规模的唯一因素。

以 20 世纪 80 年代以来私有化最剧烈的英国为例。如果用全要素生产率（TFP）的增长衡量微观经济效率的变化，1950—1995 年

[①] 《习近平在江苏徐州市考察时强调　深入贯彻学习党的十九大精神　紧扣新时代要求推动改革发展》，《人民日报》2017 年 12 月 14 日第 1 版。

间与美国相比，英国的私有化的全面加剧仅使煤炭、电信两个部门的经济效率得到改善，而航空、电力、天然气、铁路和制造业5个部门经济效率不但没有改善，反而大大降低了（见表1）。特别是，英国铁路部门的经济效率，私有化前就低于美国，私有化后与美国的差距更是扩大了；英国电力部门的经济效率，私有化前高于美国，私有化后下滑，反而低于美国。

表1　　　　　1950—1995年英国和美国TFP年均增长率　　　　单位：%

行业	1950—1973年		1974—1995年	
	英国	美国	英国	美国
航空	11.53	9.55	4.48	2.81
电力	5.51	3.93	1.53	2.57
煤炭	1.34	0.82	7.89	3.09
天然气	4.71	3.02	4.16	-4.09
铁路	1.60	4.45	1.17	5.90
电信	2.13	1.73	4.08	2.84
制造业	3.28	1.95	1.85	1.21

资料来源：Franco Amatori, Robert Millward and Pier Angelo Toninelli, eds., *Reappraising State-Owned Enterprise: A Comparison of the UK and Italy*, New York: Routledge, 2011, p.25.

进入21世纪以来，欧洲发达资本主义国家经济私有化的速度明显放缓。一个重要原因是，私有化的短期经济效率提高，抵消不了随之而来的社会成本增加。资本主义国家国有企业私有化后，微观经济效率短期往往会提高。但是，相应的社会成本将大大超过经济效率提高的收益，如众所周知的失业率增加，对资源和环境开发过度，公共物品和服务质量供给下降等。重建私有制主体地位的苏联和东欧经济转型国家，情况更是如此（见表2）。20世纪80年代末到90年代末，受新古典自由主义的影响，它们在短短10年间经历了大规模的私有化。但私有部门的急剧扩张并没有带来经济快速增长，在私有化浪潮停滞后，经济恢复了增长。这一方面意味着，这些转型国家力图寻找一个相对合宜的所有制结构；另一方面表明，对所有制结构的适度性和相对稳定，影响更大的是宏观经济基本面状态。

表2　　　　　　　　转型国家的私有化进程和经济表现　　　　　　单位：%

年份	1992	1994	1996	1998	2000	2002
私有部门占 GDP 比重							
捷克	30	65	75	75	80	80
匈牙利	40	55	70	80	80	80
斯洛文尼亚	30	45	55	60	65	65
爱沙尼亚	25	55	70	70	75	80
保加利亚	25	40	55	65	70	75
罗马尼亚	25	40	55	60	60	65
俄罗斯	25	50	60	70	70	70
乌克兰	10	40	50	55	60	65
经济增长率							
捷克	-0.51	2.91	4.22	-0.33	4.27	1.65
匈牙利	-3.06	2.95	0.08	3.90	4.48	4.74
斯洛文尼亚	-5.46	5.33	3.20	3.28	3.67	3.51
爱沙尼亚		-1.64	4.94	4.33	10.11	6.80
保加利亚	-7.27	1.82	0.70	6.35	4.77	5.94
罗马尼亚	-8.77	3.93	3.91	-2.03	2.46	5.70
俄罗斯	-14.53	-12.57	-3.76	-5.30	10.00	4.70
乌克兰	-9.70	-22.93	-10.00	-1.90	5.90	5.25

资料来源：私有部门占 GDP 比重，见热拉尔·罗兰编《私有化：成功与失败》，张宏胜等译，中国人民大学出版社 2011 年版，第 80 页，表 3-1；经济增长率数据来自世界银行数据库，https://data.worldbank.org.cn/。

从盈利性指标来看，国外经验研究显示，似乎没有足够的理由认定，国有企业的内部管理效率必然低于私有企业。[①] 1975—1999

---

① 参见 R. Millward, "The Comparative Performance of Public and Private Ownership", in E. Roll, ed., *The Mixed Economy*, Cambridge, MA: Cambridge University Press, 1982, pp. 58-93.

年国外公开发表的52篇研究国有企业效率的文献，按国家类型（低收入国家、发达国家、转型国家）、产业类别、产业结构、绩效指标等分类考察，有32篇认为私有企业的效率高，有5篇认为国有企业的效率高，有15篇认为两者没有显著差异；按竞争市场考察，有11篇文献认为私有企业绩效较高，有5篇为中性；按垄断市场考察，有6篇支持私有企业效率高，5篇支持国有企业效率高，5篇为中性，总体倾向为不确定。① 实际上，仅比较盈利性指标并不公平。即使是私有化力度很强的欧洲资本主义发达国家，都还保留着一定比重的国有企业。其功能在于为社会化生产提供必需的公共物品，干预经济生活，弥补市场失灵，从而提高经济整体运行效率，提升反抗经济震荡的能力。欧洲私有化浪潮中的战略部门（包括电信、公用事业、交通运输、能源等），除了英国、西班牙等实现了全面私有化改制外，其他国家的政府仍然控制着这些产业的大部分资产。②

经验事实2：生产资料所有制结构性调整是动态过程，在大震荡中不断寻求适度结构。

经历过第二次世界大战后国有企业发展黄金时期的西欧资本主义发达国家，如英法德三国，即使遭遇了大规模的私有化改制，仍保留相当规模的国有经济（见表3）。另据统计，1980—2007年，欧洲主要资本主义发达国家国有经济创造的GDP产值，在国民经济中的比重维持在4%—10%。其中，奥地利为5.37%，法国为7.53%，芬兰为6.58%，意大利为4.06%，挪威为10.36%，爱尔兰为4.78%，瑞典为4.62%，英国和德国相对较低，分别为2.14%和2.27%。③

---

① Mary M. Shirley and Patrick Walsh, "Public vs. Private Ownership: The Current State of the Debate", *World Bank Policy Research Working Paper*, No. 2420, 2001.

② 参见贝尔纳多·博尔托洛蒂、瓦伦丁娜·米莱拉《西欧的私有化：典型事例、结果和未决定的问题》，热拉尔·罗兰主编《私有化：成功与失败》，第39页。

③ Herbert Obinger, Carina Schmitt and Zohlnhöfer, "Partisan Politics and Privatization in OECD Countries", *Comparative Political Studies*, Vol. 47, No. 9, 2014, pp. 1294 – 1323.

表3　　　　1963—1999年英法德意国有企业的国民经济占比　　　　单位：%

年份	1963	1979	1982	1985	1988	1990	1995	1999
英国	10.0	19.0	16.2	13.0	7.4	4.0	2.7	2.3
法国	19.0	18.0	22.8	24.0	17.6	18.0	14.7	11.8
德国	11.0	13.0	14.0	12.0	11.6	10.0	10.7	10.9
意大利	12.0	20.0	20.0	20.0	19.0	19.0	14.2	9.6

注：表中数据为就业、投资与增加值三者比重的平均值。
资料来源：1963—1990年数据来自 Pier Angelo Toninelli, *The Rise and Fall of State-Owned Enterprise in the Western World*, Cambridge: Cambridge University Press, 2000, p. 21. 1995年和1999年数据来自 Judith Clifton, Francisco Comin and Daniel Diaz Fuentes, *Privatisation in the European Union: Public Enterprises and Integration*, New York: Springer-Verlag Inc., 2003, pp. 107–110.

在生产资料所有制结构上，全球几乎所有国家或地区都具有混合经济特征。OECD国家的国有企业所有权结构分为三类：国有参股（国家占少数股份）、国有控股（国家占多数股份）和国有独资企业。其中，将近一半的国有企业是以参股或控股的形式存在的，而且OECD成员国之间差异很小，[1] 混合所有制企业是发展趋势。这些国家以私有制为基础，其所有制经济结构调整过程，并非形而上学所思的非此即彼。从"二战"结束到20世纪70年代末，国有化是欧洲主要国家发展的主导趋势，其间伴有私有化过程。20世纪80年代以来，虽然私有化浪潮是主流，但西方国家为抵御2008年国际金融危机风险的扩散，转向凯恩斯主义，急忙采取国有化措施救市。例如，美国联邦政府在2008年对房利美、房地美、美国国际集团、花旗集团等大型金融企业注资，2009年对通用汽车进行破产重整，这些国有化措施使联邦政府占上述企业的股份分别高达79.9%、79.9%、79.9%、36%和60%。[2] 英国、德国也将部分金融企业国有化，防范金融危机蔓延。

---

[1] 参见经济合作与发展组织《国有企业公司治理：对OECD成员国的调查》，李兆熙、谢晖译，中国财政经济出版社2008年版，第26—28页。
[2] 参见金碚、刘戒骄《西方国家应对金融危机的国有化措施分析》，《经济研究》2009年第11期。

经验事实 3：国有企业与社会公平有着重要的内在关系。

Toninelli 曾经这样评论"二战"后西欧的国有化运动："这些国有化方案是以这样一种信念为基础的：扩大公共产权及其活动范围，可以在社会内部的权力分配中带来某种根本性的变化，通过削弱私有资本的权力和增强劳动的权力，形成一种新的社会经济均衡。进一步地，国有企业执行官的决策是要对整个共同体负责，而不是对私人持股者负责。在企业的金字塔科层结构中，应当赋予工人和管理层一种实质性的自治功能，以此拓展共同体生活的理念。因此，可以把国有化过程视为旨在实现一种'真正的'工业民主。激进政党——工党、社会主义党和社会民主党基本上都持有这种意识形态的理念。"[1] 这些政党对资本主义发达国家社会公平的呼吁，反映了困于雇佣劳动阶级和资产阶级的对立，他们试图通过社会改良运动缓解矛盾，甚至提出了公平优先兼顾效率的要求。

图 1 展示 1900 年以来，美英德法四国最高收入者占总收入比重的变化，结合表 3 可以发现，所有制结构中的国有企业规模与收入差距呈负相关变动。随着国有企业相对规模的增加，居民收入差距缩小；国有企业相对规模下降，则居民收入差距扩大。

欧洲资产阶级的右翼政党政府更偏好私有化，左翼社会民主党政府则偏好国有化运动。导致西欧国家所有制结构变化的国有化与私有化浪潮，与政党更替密切相关。国有化高潮基本上都出现在社会民主党执政时期。以英国为例，1945—1979 年的 10 次大选中，工党共获得 6 次胜利，累计执政超过 18 年，其间出现了两次国有化高潮。[2] 欧洲对富人征收的累进所得税或财产税，基本上都是在左翼政党执政时期完成的，而右翼政党上台则坚持对富人减税（英国情况见图 2）。显然，这些税收政策绝不是直接以提高经济效率为取向

---

[1] Pier Angelo Toninelli, *The Rise and Fall of State-Owned Enterprise in the Western World*, pp. 5 – 6.

[2] 1995 年修改前的英国工党党章第四条曾规定，把国有化作为实现社会主义的手段。参见刘成《英国工党与公有制》，江苏人民出版社 2003 年版，第 10—11 页。

的。只是在 20 世纪 90 年代中期后，随着苏联和东欧剧变冷战结束，社会民主党才纷纷转向所谓的"第三条道路"。

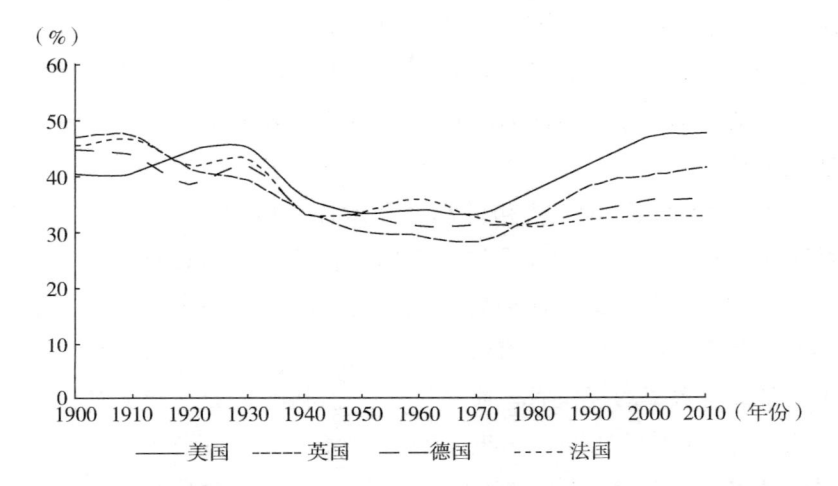

图1 美英德法人口中 10% 的最高收入者占总收入比重（1900—2010 年）

资料来源：http://piketty.pse.ens.fr/files/capital21c.

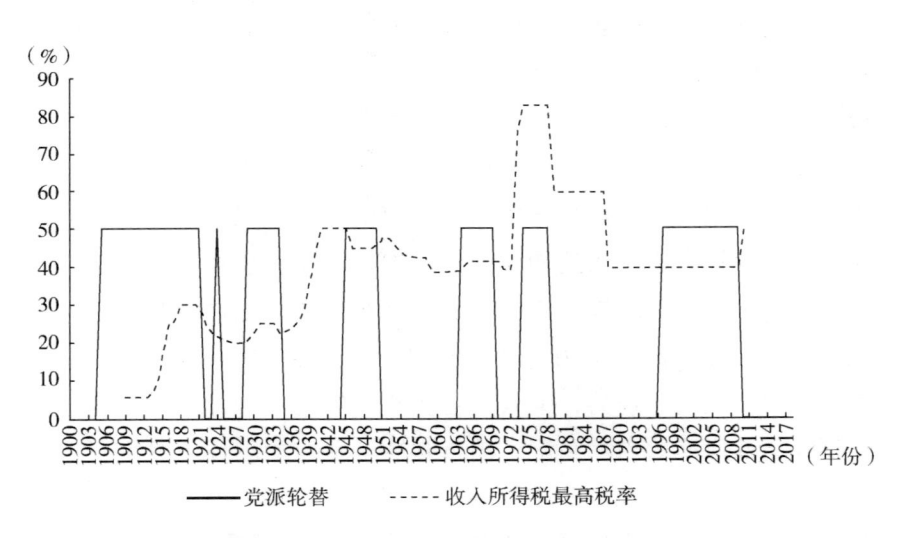

图2 英国政党轮替与收入所得税最高税率的关系（1900—2017 年）

注：纵轴 50 代表资产阶级左翼政党（工党/自由党）执政；0 代表右翼政党（保守党）执政，这里只为便于直观观察，不具有实际的数值意义。

西欧国有企业的发展注重调节收入分配和实现社会公平方面的功能：(1) 增加就业，提高劳动者实际收入，缩小收入差距；(2) 推广教育、医疗、养老等社会福利保障政策，保障天然气、水、公共交通等生活必需品和公共物品的低价供给，限定商品最高价格和最低产量，满足劳动者基本生活需求；(3) 国有企业职工的总体待遇一般要优于私有制企业。

始于 20 世纪 80 年代初的私有化改制，以提高经济效率为名，结束了西欧国有企业的大发展。市场原教旨主义的私有化改制，植根于新古典自由主义。这种自由主义把市场视为一种总体上无不良影响的普世机制，认定私有部门天生优于公共部门，认为自由市场不仅是经济效率的提供者，而且优于"福利国家"主导的社会组织形式。① 西欧国家对立统一的生产资料所有制结构变化，一方面内含对经济效率的追求，另一方面内含阶级矛盾与社会公平的压力，反映了资本主义市场经济内在矛盾的不平衡发展。

经验事实 4：国有企业在中国国民经济中的基本制度地位。

一般认为，为解放和发展我国生产力的所有制结构调整，始于 1978 年的改革开放。更早的历史变革，可追溯至 1953 年以"一化三改"为核心内容的社会主义过渡时期总路线。即至 1956 年年底，在逐步实现社会主义工业化的基础上，逐步实现对小农经济、个体手工业和资本主义工商业生产资料所有制的社会主义基本改造，社会主义建设和社会主义改造同时并举，体现了发展生产力和改革生产关系的有机统一，结果形成了公有制的绝对主体地位。这种所有制结构在应对外部敌对势力经济封锁和武力威胁的恶劣国际环境中，曾焕发出很强的生命力，但其运行依赖高度集中的计划体制，存在微观经济效率低的内在缺陷。改革开放就是在国际环境发生根本转变的新历史条件下，对上述所有制结构的大调整，形成了初级阶段中国特色社会主义市场经济体制，推动经济持续高速增长。其间动

---

① 参见 Iram Khan, "Public vs. Private Sector: An Examination of Neo-Liberal Ideology", MPRA Paper 13443, University Library of Munich, Germany.

态权衡经济效率与社会公平，在摸索中前进，面对不断发展变化的形势，及时总结经验进行调整，以适应新的实践发展需要。从"效率优先，兼顾公平"到"更加注重社会公平"，缓解地区之间和部分社会成员收入分配差距扩大的趋势。进入 21 世纪以来，公有制经济与非公有制经济的比重渐渐步入相对稳定状态，正在努力实现基本公共服务均等化、基础设施通达程度比较均衡、人民基本生活保障水平大体相当的区域协调发展总体目标。这种演变过程与前面理论模型分析中，从 s^{***} 到 s^* 再到 s^{**} 的过程相一致，后期则出现了由 s^{**} 到 s^* 的趋势。

从最近 20 年财务指标反映的经济效率数据看，国有企业与非国有企业的差距在缩小（见图 3）。从总资产贡献率看，2008 年国际金融危机爆发前的 2005 年和 2006 年，国有及国有控股工业企业的总资产贡献率已经超过规模以上工业企业的均值，工业成本费用利润率在 2000 年以后持续上升，并超过民营企业；但是国际金融危机以后有所降低，与民营企业大致相当。国有企业经济效率提高的结果，反映在所有制结构调整上，就是国有经济在整体经济中的比重已摆脱了 1997 年后的快速下降，趋向于相对稳定状态。图 4 展示规模以上工业企业中，国有企业三项指标的变化，增速变化节点为 2007 年前后。

当前中国的国有企业与民营企业之间已经形成既有分工合作又有竞争、相辅相成的相对稳定格局。中央所属企业主要分布于金融、能源（电网电力、石油和天然气开采）、邮政、电信、航运、汽车、石化、有色金属、军工等领域；地方国有企业主要集中于城市公用事业、市政工程、高速公路、钢铁、煤炭、矿业、冶金等领域。民营经济在轻工业，一般制造业，建筑，交通运输，仓储、住宿和餐饮，租赁和商务服务等领域占绝对优势，并且在重化工业、基础设施、公用事业等领域也有发展。即使在国有资本比较集中、关系国民经济命脉的重要行业和关键领域，如钢铁、有色金属、化工、建材、建筑、机械制造，也可以看到作为龙头企业的国有经济在产业

(A) 总资产贡献率　　(B) 工业成本费用利润率

——— 国有及国有控股工业企业　　– – 规模以上工业企业

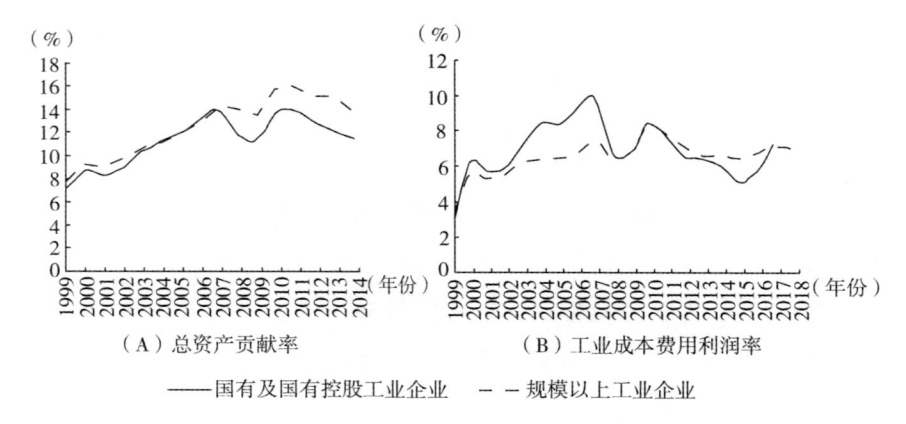

图3　国有及国有控股工业企业与规模以上工业企业财务指标变化

注：2015年以后总资产贡献率不再出现在《中国统计年鉴》中。

资料来源：根据中华人民共和国国家统计局编《中国统计年鉴2017》（中国统计出版社2017年版）及国家统计局网站（http://data.stats.gov.cn/index.htm）相关数据计算。

群集聚中，与民营经济既竞争又融合的发展态势。

从表面上看，我国国有企业的分布类似于西欧国有企业黄金时期的态势，但事实上，社会主义国有经济是社会主义市场经济持续稳定健康发展的基石，其影响力远远大于它们在各项指标中的比重，仅用其单个企业的微观经济效率难于衡量。它体现社会主义国家为人民利益服务的根本制度的社会性质，决定着社会主义基本经济制度发展的战略导向。它在社会经济发展中承担着许多重大使命，包括建设日新月异、世界一流的超大规模基础设施，缩小收入分配差距和地区发展不平衡，坚持人民当家作主，逐步实现全体人民的共同富裕，构建独立自主的国家创新体系，提升国民经济高质量发展的核心竞争力，成为宏观经济逆周期调节和供给侧结构性改革的中坚力量，等等。当代中国的非公有制经济不能简单地等同于西方国家的私营经济。在社会主义中国，它们是社会主义基本经济制度的重要组成部分，已经成为推动中国发展不可或缺的力量，成为创业就业的主要领域，技术创新的重要主体、国家税收的重要来源，为我国社会主义市场经济发展、政府职能转变、农村富余劳动力转移、

(%)

```
70
60
50
40
30
20
10
 0
```
1995 1996 1997 1998 1999 2000 2001 2002 2003 2004 2005 2006 2007 2008 2009 2010 2011 2012（年份）

－－ 产值占比　　‥‥‥ 就业占比　　—‧— 投资占比　　—— 综合占比

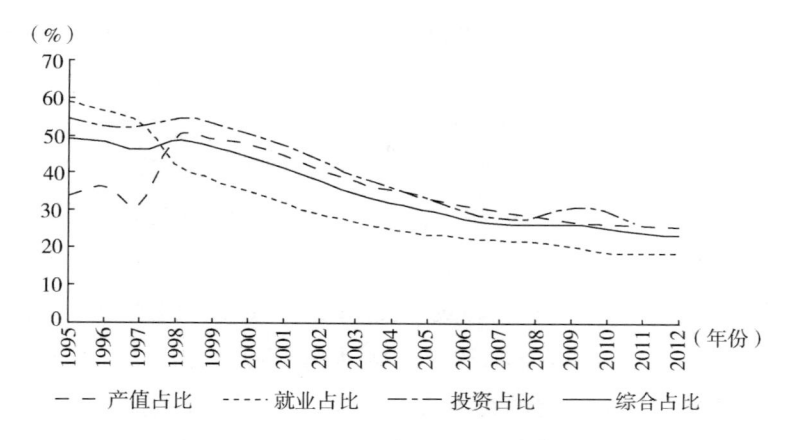

图 4　规模以上工业企业的国有及国有控股企业变化

注：数据只计算到 2012 年，2012 年以后统计年鉴不再报告工业总产值这一指标，2012 年数据根据插值法估算得到，1998 年之前总产值占比之所以变化较大，主要是存在大量集体企业，1997 年"抓大放小"改革后，国有企业逐渐走向正轨。

资料来源：根据国家统计局国民经济综合统计司编《新中国六十年统计资料汇编》（中国统计出版社 2010 年版）和中华人民共和国国家统计局编《中国统计年鉴 2014》（中国统计出版社 2014 年版）相关数据计算得到。其中，综合占比指产值占比、就业占比和投资占比三者的简单平均值。

国际市场开拓等发挥了重要作用。固根基、扬优势、补短板、强弱项，构建社会主义现代化经济体系，需要充分发挥国有经济的引领作用，充分发挥市场配置资源的决定作用，充分发挥企业家精神，充分发挥民营经济的作用。纵观中华人民共和国 70 年历程，中国共产党团结带领人民创造的经济快速发展和社会长期稳定两大奇迹，中华民族从站起来、富起来到强起来的伟大飞跃，离开国有经济的中流砥柱作用，离开国有经济最能体现社会主义集中力量办大事的制度优越性，离开广大民营经济的发展，是完全不可能实现的。

四　所有制结构问题的进一步思考

一国究竟应该选择哪种所有制结构绝不是由微观经济效率因素简单

决定的，而是由唯物史观揭示的生产力与生产关系、经济基础与上层建筑两对基本矛盾，在世界及一国范围长期相互作用不断寻求相互适应程度的结果。下面是本文对所有制结构问题研究引申出的一些思考。

（1）仅有微观经济效率的市场经济，并不能建立起一种公平的社会。从长期趋势看，基于私有制的自由市场内在机制，使资本回报率大于经济增长率，结果必然是收入和财富分配的贫富两极分化。[①]"二战"后大多数西方社会在黄金发展时期之所以没有陷入严重的两极分化，主要是因为它们在东西方两大阵营冷战和国内工人运动压力下，实施了较为广泛的社会福利政策，并通过公共部门和国有化来保证一定程度的社会公平。虽然后来的新自由主义私有化浪潮，削减了社会福利项目和国有部门规模，但毕竟不能将其全部清除。社会福利政策和制度并没有根除西方社会内部的矛盾和冲突。历史没有终结于福山所描述的，以私有制为基础的"民主政治＋自由市场经济"[②]的单一轨道。

从理论上来说，一般均衡理论作为论证市场经济总能出清的基石，对于所有制结构没有特别的约定前提。但这实际上是在论证，无论生产资料所有权私有还是公有，只要以利润最大化为目标，都能实现竞争性均衡，宏微观经济都会有效率。如罗兰所言，"如果我们假定公有制企业也追求利润最大化，那么，在一般均衡理论看来，其结果就会与私有制没有什么区别。"[③] 但许多经济学家都认为，私有制自由市场无法有效解决宏观经济的稳定发展，需要政府的介入，以实现效率与公平的均衡。政府介入可采取多种形式，国有企业是一个重要选项。就公共基础设施项目运作中的政府—社会资本合作PPP模式（Public-Private Partnership）来说，不完全契约理论的研究表明，如果政府将公共职能外包给私人企业，以求降低成本，会对

[①] 参见托马斯·皮凯蒂《21世纪资本论》，巴曙松译，中信出版社2014年版。
[②] 弗兰西斯·福山：《历史的终结》，本书翻译组译，远方出版社1998年版。
[③] 热拉尔·罗兰：《私有制和公有制经济理论》，热拉尔·罗兰主编：《私有化：成功与失败》，第9页。

产品质量产生重大不良影响；或者在 PPP 模式的主要目标中，改善质量的创新不居于重要地位，而改善质量的溢出效应很强，那么，由政府自我供给要优于外包。① 社会化生产一般条件的满足有赖于公共物品的供给，其往往生产周期长且公益性强而利润率低，追求利润最大化的私人资本一般不愿承担，不断削弱前者将严重危及社会的生存、稳定和发展。

（2）公有制经济的相对规模决定社会主义国家的根本制度性质。离开国家根本制度的性质，抽象讨论国有经济规模的变化，对于什么是有利于一国社会经济发展的所有制适度结构调整，将不能得出真正意义上的客观判断。有学者测算，我国国有经济创造的 GDP 占 GDP 的 19.2%。② 但从资产（无论是总资产还是净资产）上看，我国公有制经济依然占据着主体地位。③ 更为重要的是，公有制经济对整体经济的影响力远远大于这些数量指标的比重，而且，随着生产力发展，社会化程度的提高，公有制经济必将在所有制结构不断优化的过程中得到强化。这将保证中国社会的国家和政府有一个坚实的直接经济基础，从而保证在重大制度和安排上是国家意志支配资本，保证我国社会主义制度的性质，④ 保证人民当家作主、以人民为中心发展有坚实和直接的经济基础。这是中国与西方社会的根本性差异。虽然西方社会的社会民主党曾带有非科学社会主义倾向，但是，它们的国家性质决定了它们仅仅只是把国有企业作为一种弥补市场失灵的工具。

（3）所谓"所有制结构的适度结构"，不是一种纯粹数量的概念（并不意味着"公有"与"私有"之间存在着一种泾渭分明的绝

---

① 参见 Oliver Hart and John Moore, "Property Rights and the Nature of the Firm", *The Journal of Political Economy*, Vol. 98, No. 6, 1990, pp. 1119 – 1158; O. Hart, A. Shleifer and R. W. Vishny, "The Proper Scope of Government: Theory and an Application to Prisons", *The Quarterly Journal of Economics*, Vol. 112, No. 4, 1997, pp. 1127 – 1161.

② 参见彭建国《关于积极发展混合所有制经济的基本构想》，《中国发展观察》2014 年第 3 期。

③ 参见裴长洪《中国公有制主体地位的量化估算及其发展趋势》，《中国社会科学》2014 年第 1 期。

④ 杨春学：《社会主义政治经济学的"中国特色"问题》，《经济研究》2016 年第 8 期。

对界线），而是一种包含着它们之间相互竞争、合作和融合的动态机制。"两个毫不动摇"是所有制改革的基本国策。所有制结构调整的内在长期趋势，主要取决于国有企业的改革成效、民营经济的发展、市场制度的健全程度和其他复杂的环境因素。在中国共产党的领导下，中国公有制经济的主体地位支持和引导着非公有制经济，使社会经济朝着以人民为中心的方向发展。中国拥有全球最完整的工业类别，中国制造业增加值已相当于美日德三国的总和，其中无数中小企业相互协作形成的制造产业链，成为人民广泛就业和国家安定团结的主要稳定器，也是中国制造业国际竞争力的基础。民营企业、中小企业在中国发展特别是产业发展中具有重要地位，中国中小企业有灵气、有活力，善于迎难而上、自强不息。

关乎全体人民福利和社会经济发展前景的所有制结构优化，涉及探寻并实现有效的激励机制。既要调动短期基于个人、企业和局部利益的积极性，更要调动基于全体人民整体和长远利益的积极性；既要重视终极所有权，更要重视使用权、处置权和收益权的匹配，在人民利益根本一致的基础上，形成充分调动建设社会主义积极性的有效激励机制。在所有制结构优化过程中，多种所有制成分相互交叉、转换、重组和融合，已经成为普遍现象。初级阶段中国特色社会主义市场经济的公有制与非公有制，不是非此即彼的简单对立关系，而是相互依存的对立统一有机体。正如习近平总书记强调的，"我们强调把公有制经济巩固好、发展好，同鼓励、支持、引导非公有制经济发展，不是对立的，而是有机统一的。我们国家这么大、人口这么多，又处于并将长期处于社会主义初级阶段，要把经济社会发展搞上去，就要各方面齐心协力来干，众人捡柴火焰高。公有制经济、非公有制经济应该相辅相成、相得益彰，而不是相互排斥、相互抵消。"①

（原载《中国社会科学》2020 年第 4 期）

---

① 习近平：《毫不动摇坚持我国基本经济制度　推动各种所有制经济健康发展》，《人民日报》2016 年 3 月 9 日第 2 版。

编选者手记

"为天地立心，为生民立命"，也许是所有中国学者的学术抱负。我对自己的研究领域自称为欧美经济思想史和现实问题政治经济学，但事实上，值得记述的只是几个狭小的领域。如果对所选取的论文进行分类的话，大致上可分为下述几个系列。

第一个是李斯特经济思想研究。

我的硕士学位论文是"李斯特经济发展思想研究"。毕业之后的最初几年，围绕着这篇论文的进一步深化，曾发表三篇论文。此后，李斯特不时地浮现于我的脑海，于是又有《李斯特与斯密：一种比较分析》（2001）等论文。自认为这些分析拓展了对李斯特研究的学术视野：（1）挖掘出了被思想史学界所忽视但有具体文献可证的李斯特关于个人自由、"精神资本"等方面的思想。（2）强调以广义生产力为基础的发展理论才是李斯特的核心思想。（3）充实和拓展了国际学术权威大河内一男的著名论断，即"李斯特是德国的亚当·斯密"。文集自然不能没有这方面研究的痕迹，于是选取《论李斯特对〈国富论〉的发展》一文。

第二个是有关"经济人"的研究。

亚当·斯密的《国富论》是欧美经济思想史专业的学生必须研读的第一部经典。我发表的第一篇学术论文就是《亚当·斯密的地租理论》（1985）。但是，当时《国富论》引起我浓厚兴趣的还是所谓的"亚当·斯密问题"。最初是通过阅读卢森贝的《政治经济学史》而认识到这个学术问题的存在，后来查阅文献，看到朱绍文先生的《〈国富论〉中"经济人"的属性及其品德问题》（1987）和陈岱孙先生的《亚当·斯密思想体系中同情心和利己主义矛盾的问题》（1990），自认为也有话要说，于是就有了《关于经济学史上"A. 斯密问题及一种可供参考的解释》一文。

正是对这一问题的进一步思考，引出后来的博士学位论文《经济人与社会秩序分析》（1997）。作为一种假设的"经济人"与作为一种假说的"经济人"存在着很大的差异。前者是在后者基础上进一步抽象的产物。作为一种假说，"经济人"体现的是经济学家关于人性与社会秩序之间关系的一种认知，其核心命题是：只要有良好的法律和制度安排，经济人追求自身利益最大化的自由行动会无意识地、卓有成效地促进社会的福祉。这是经济人假说的灵魂。在此基础上，第一次对经济人思想的起源、演变和现代发展状态做了综合性的系统分析，归纳为三种形态——古典经济人、新古典经济人和广义新经济人，并对一些相关的主要延伸问题进行了专门讨论。

之所以有《对英国产业革命中崛起的企业主阶层的经济学分析》《近代资本主义与新教伦理的关系——韦伯命题的历史评论》，是受朱绍文先生《〈国富论〉中"经济人"的属性及其品德问题》的启示和激励。在斯密眼中，经济人是一个内容丰富的概念形象。正如朱绍文先生所分析的，"经济人是中下等级平民的代表"，他们"走向致富之路与道德之路是一致的"。《对英国产业革命中崛起的企业主阶层的经济学分析》一文想描述和分析的是斯密时代这一群体的代表性对象，或者说是经济人的历史原型。而《近代资本主义与新教伦理的关系——韦伯命题的历史评论》初意是挖掘作为这种历史形态的"经济人"的道德基础。

之后，我一直没有放弃对相关理论问题的思考。《利他义经济学的追求》《经济人的"再生"：对一种新综合的探讨与辩护》《经济人与制度建设》等论文就是这种思考的产物。前面两文结合社会学、社会生物学等其他学科的研究成果，力图把个人的社会偏好、社会价值等概念引入经济人模型的讨论之中，为能纳入这一分析范式的行为（特别是利他行为）提供了更丰富的思想基础和更清晰的分类基础。我自认为，这些成果可以纠正倡导者和批评者共通的某些误解，拓展这类研究领域的视野。

第三个是对中国特色问题的政治经济学思考。

我本来就是政治经济学专业的学生，对现实问题也抱着深厚的兴趣，只是多年把写作的精力几乎都放在了欧美经济思想史方面而压抑了这种兴趣。这种兴趣哪是能长久压抑住的？

2007年，朱玲研究员邀我参加她主持的中国社会科学院重大课题"和谐社会建设与社会公平政策选择"，更是激起了我直接研究中国现实问题的政治经济学的强烈愿望和实际行动。参与这一课题时，我的大脑中一直缠绕着这样一个问题：我们最终将要建立一个什么样的市场社会？这种社会的某些制度基础是什么？《和谐社会的政治经济学基础》《"社会主义经济核算争论"及其理论遗产》《社会主义政治经济学的"中国特色"问题》《如何压缩贫富差距？——美国百年历史的经验与教训》等就是这类思考的产物。美国案例证明：贫富差距的变化在很大程度上取决于各种政治力量的博弈和政治家的权衡选择；决策者亲资本时代，必然出现贫富差距的扩大。

此后，借助于我主持的中国社会科学院创新工程项目"经济制度比较研究（2011—2015）"和参加裴长洪主持的国家社会科学基金特别委托项目"社会主义初级阶段基本经济制度研究（2012）"的机会，展开所有制问题研究。"两个毫不动摇"是所有制改革的基本国策。这种国策要求我们思考两个基础性的问题：第一，这种国策需要一种综合性的所有制理论，第二，是否存在一种基于中国国情的最适度所有制结构？只有对这些问题有一种明确的理论认识，我们才能摆脱不断出现的"国进民退"或"国退民进"的争论。《论公有制理论的发展》《私有财产权理论的核心命题：一种思想史式的注解和批判》是我力图解决第一个问题的初步努力。而《所有制适度结构：理论分析、推断与经验事实》（与杨新铭合著）则是解释上述第二个问题的一种努力，主要观点是：（1）在理论上，最优所有制结构是数理经济学的一个解。但是，这种解并不是唯一的，具体的解决定于国有企业（公有制经济的代表）在追求社会福利最大化目标过程中的微观效率，以及其与民营企业效率之间的差异。（2）对"以公有制为主体"，不能以纯粹可计量的数据来证明，它的内在价值体现为，在市场经济的语境中，它是国家在重大制度安排上得以摆脱资本意志的最重要经济基础。我们的论证给公有制经济规模的调整提供了一个弹性的空间。

第四个是经济学中的意识形态问题。

这方面的研究主要是借助于我主持的国家社会科学基金重点项目《经济思想史的知识社会学研究》而展开的。我本人专注的部分是欧美经济学家的意识形态谱系及其经济哲学基础，并在此基础上对各种经济思想进行分类和比较。《新古典自由主义经济学的困境及其批判》《自由主义与主流经济学：基于经济思想史的考察》就属于这一研究的阶段性成果。这两篇论文把自由主义视为对西方各种经济思想的意识形态进行分类的一个良好的透视镜。

《经济所人文库》第二辑总目(25种)

（按作者出生年月排序）

《汤象龙集》　　《李伯重集》
《张培刚集》　　《陈其广集》
《彭泽益集》　　《朱荫贵集》
《方　行集》　　《徐建青集》
《朱家桢集》　　《陈争平集》
《唐宗焜集》　　《左大培集》
《李成勋集》　　《刘小玄集》
《刘克祥集》　　《王　诚集》
《张曙光集》　　《魏明孔集》
《江太新集》　　《叶　坦集》
《李根蟠集》　　《胡家勇集》
《林　刚集》　　《杨春学集》
《史志宏集》